Mundane Astrology
マンディーン占星術

松村　潔
芳垣宗久
倉本和朋
賢龍雅人
共著

はじめに

　占星術は月と惑星と太陽を使います。月は衛星で、太陽は恒星です。ただし占星術で使う太陽は1年で1回転しており、つまりは地球のことを表しており、太陽系の中心としての太陽の役割の片鱗も反映していません。

　占星術で使う太陽に関する議論は長く続きましたが、結局、人間のエゴを示していると結論が出てきたのも、この占星術の太陽が地球そのもののサイズであることからきています。

　そこで占星術とは、衛星としての月、惑星としてのいくつかの天体という範囲のものを使っている体系だということになり、宇宙構造のごく部分的なことしかわからないという体系になるのです。

　宇宙の小から大の範囲、素粒子、原子、分子、内臓器官など、人間としての大きさの単位、月、惑星、全惑星、太陽、全太陽、絶対というところでの、月と惑星、かろうじて推理可能である全惑星という部分的範囲しかわからないのならば、あまり大きなことは期待できません。しかし反面、手頃なところで扱えるという意味では、趣味として楽しむにはよいのかもしれません。従来の占星術に、足りないものをつけ足すことで、本来の占星術の能力を取り戻すというのも不可能な話ではないと思うのですが、そのためには今後100年以上かかるかもしれません。

　この占星術の中で、特に「マンディーン占星術」は、人間個人のことではなく、集団意識に関係したもので、これを解読するには、よく使われている個人ホロスコープを読む知識では、とうてい足りないことになります。

　そもそも、私達には集団意識とは何かがほとんどわかっていないのです。集団意識を理解するには、宇宙的な法則の階層構造を知らなくてはなりません。

　集団意識の中で個人は生かされたりまた殺されたりしますが、それについて個人は選択することすらできません。人間の自由意志は幻想です。

人間個人を惑星意識とたとえた時、集団社会とか集団意識の最低限のサイズは、全惑星意識に対応します。全惑星意識とは、惑星のすべてを総和したところに成り立つ意識であり、惑星の一つひとつについてはあまり右往左往していないトータルな意識といえます。

　マンディーンのことを考えるには、通常のホロスコープの知識がある人もよくは知らなかった集団意識や全惑星意識の要素を考えなくてはならないということで、これはかなり難しい課題なのではないでしょうか。

　そもそも私達は、マンディーンを考える必要性を実感していません。自分個人の運勢とか、未来を推理することだけで手いっぱいです。

　私は毎年、来年予測などについての講座を依頼されるし、雑誌『ムー』や他の媒体で来年予測の原稿を依頼されます。これらについて、何となく本気になれないのは、個人は本気でこれを考えるつもりなのかということに対して疑問があるからです。

　個を超えた意識で生きている人、全惑星意識を自我にしている人ならば、個人というよりも国家や社会、集団、組織の動向についてはよりリアルに感じることができますが、そのベースで生きている人などいません。

　日本を統括する政治家でさえ、実際には自分の都合ということが重視であり、身を捨てて集団に貢献しているわけではないのです。マンディーンを考えるというのは、個人意識で取り組むべきではないのです。

　占星術は古い時代には個人のことを考えるツールではありませんでした。この古い時代には、まずは個人という単位の意識はかなり未発達で、個々の人々はばらばらに自由に生きるものではなく、いわば大きな存在の中にある細胞のようなものでした。ですから、個人の権利などもほとんど無視されていたかもしれず、あまり人道的ではなかったのです。

　今は何でも個人の視点から考えることが主流なので、かつて個人意識が全く発達していない時代に使われていたマンディーン占星術を、後天的に意識を統合化するかたちで再検討することで、今まで気がつかなかったところに新たな

光を当てて、個人がより進化するための手がかりとして利用することも可能かもしれません。
　集団意識占星術としてのマンディーン占星術を正面から考えるならば、個人の姿勢を捨てましょう。
　例えば、日本人ならば日本国家の中にある細胞とか歯車であり、自分の未来よりも国家の行く末を気にするべきでしょう。確かに、年寄りになると、視点はだんだんと個人よりも社会とか国家に重きを置くような人が増加します。若い人の場合は、それは現実味がなく、会社の社長になるとか、政治家になるなどの目的の人にしか実感はないかもしれません。
　基本的に私の姿勢としては、実生活での細かい変化はそう問題にするべきではなく、それらをホロスコープで読み取るというのは無益なものに見えます。
　占星術は、むしろ宇宙法則を学習するには優れています。地上にあるいろいろなツールの中で、人間の成長とか進化に役立つものはほとんどないといってもよくて、その中で占星術とタロットカードは有用な稀有(けう)なものだと思います。
　だから、占いは、この法則を学習するための例題、一つの遊び道具のようなものです。真面目に占いするのは馬鹿げています。それよりは、このまさに優れた体系を「ああでもない、こうでもない」と弄(いじく)り回して通暁(つうぎょう)するのがよいでしょう。
　ノストラダムスは、彼の予言の中で、最悪のパターンのみを記録したといいます。それを避けてほしいからという理由のようです。
　マルチな未来のコースがあり、これらを乗り換えることで、自分の望み通りの未来を生きる。ほとんどの人はただ流されるだけの流木のようなものだといいます。
　こうした複数の時間を乗りこなすための道具として占星術を使うことができたら一番楽しいのですが、それはかなり難しい話です。

松村　潔

Contents

はじめに（松村　潔）　3

第1章　マンディーン占星術とは何か？ ── その根本思想（松村　潔）　11

1　組織や集団を考えるのがマンディーン占星術　12
2　流れを止めてしまう抵抗点が、自我・自覚の場所　16
3　摩擦の中で認識が発生する　20
4　どの集団サイズか意識するべき　23
5　六方向圧力　26
6　「8正義」は全惑星意識であり、集中力を示す　28
7　「集団」とは何か　34
8　動物系の知覚と植物系の知覚　36
9　7の法則と12の法則　38
10　内臓は宇宙と共鳴している　41
11　改めて「月」とは何か考える　44
12　月に振り回された指導者　48
13　12サインの定義について修正しよう　53
14　土星枠で保護されることの安心感　59
15　牡牛座・乙女座・山羊座の三角形包囲網　64
16　四つの転回点を活用する四季図　68
17　2018年の春分図を例に　71
18　全惑星意識は太陽意識ではない　76
19　振動にふさわしい記憶が蘇る、階層ごとに違う12サイン　78
20　食べられるもの、存在の重心、何を食べるか　80
21　残酷な事件の例　84
22　ニュースでは正確な報道はされない　86

23	惑星意識で生きていると惑星衝動に乗っ取られやすい	88
24	太陽の真相	91
25	2018年のヘリオセントリックで見る春分図	99
26	縦波は大きな一撃	103
27	日食の驚くような作用	106
28	個人では日食図は何を意味するか	112
29	富岡八幡宮の例	119
30	安室奈美恵に参拝する	123
31	2011年1月4日の日食図の例	127
32	植物系知覚の扉は動物系知覚にとって傷口	131
33	2011年1月4日の日食の時のヘリオセントリック図	135
34	地球測地法	139
35	セントーサ島	146
36	予言と預言	148
37	レベルを確定すればアカシックリーディングは難しくない	150
38	夢見を利用するのは天秤座のやり方	152
39	科学は無の壁を越えられない	154
40	人の形と龍あるいは筒の形	157
41	ホロスコープと水晶球透視の併用	165
42	予言の間違い	168
43	アンゴルモアの大王の正体	170
44	イエスの言葉をそれぞれが多様に解釈する	178
45	原罪	180
46	象徴存在	182
47	霊能力	186
48	日本国憲法発布図	189
49	ソニーの事例	195

50	全惑星意識は惑星を乗り物にできる	200
51	ソニーのヘリオセントリック図	207
52	2012年魔の3回生	209

第2章　マンディーン占星術の歴史的背景（倉本和朋）　213

1　どこで生まれて、どのように広まったか　214
　古代メソポタミア時代〜ギリシャ時代（紀元前19世紀〜5世紀）　215
　ヨーロッパでの占星術の衰退・復興ならびにアラブ・イスラム占星術（6〜10世紀）　221
　11世紀〜17世紀半ばのヨーロッパ　223
　17世紀後半〜19世紀後半のヨーロッパ、そしてアメリカ　227
　19世紀末〜1970年代　229
　1980年〜2019年　231
　市場、企業、事故、地震等災害を扱う占星術　238
　まとめ　239
2　日本における隆盛　247

第3章　マンディーン占星術の読み解き方（芳垣宗久）　287

1　マンディーン占星術で使用されるツール　288
　惑星とハウス　288
　四季図　289
　月の位相図　290
　食図　291
　国家の始原図　292

	政治的指導者の出生図	293
	イベント・チャート	294
	外惑星のサイクル	295
	アストロマップ	296
2	マンディーン・チャートを解読するポイント	299

第4章　ケーススタディ（芳垣宗久） 301

ベルリンの壁の建設と崩壊	302
ベルリンの壁の建設	302
ベルリンの壁の崩壊	309

第5章　「Astro Gold」によるホロスコープ作成方法（賢龍雅人） 315

1	はじめに	316
2	アプリのインストール	318
3	チャートを表示させる	320
4	インターフェイス・メニュー	331
5	設定	335
6	ファイル操作	367
7	ファイル・エクスポート	375
8	サブシディアリー・チャートでの操作	378
9	レポート・メニュー	382
10	ダイナミック・レポートの設定	386
11	Transits Listing テンプレート作成	389

巻末資料 395
　　マンディーン占星術を理解するための用語（芳垣宗久） 396
　　マンディーン占星術における惑星とハウスの象徴（芳垣宗久） 399
　　マンディーン・チャートを解読するポイント（芳垣宗久） 400
参考文献 401
おわりに（村松　潔） 402
　　　　（芳垣宗久） 405
　　　　（倉本和朋） 408
　　　　（賢龍雅人） 410
執筆者紹介 414

Kiyoshi Matsumura

第1章
マンディーン占星術とは何か？
――その根本思想　松村　潔

第1章　マンディーン占星術とは何か？ ── その根本思想〈松村　潔〉

1　組織や集団を考えるのがマンディーン占星術

　「マンディーン占星術」。とは、個人よりもサイズの大きな集団、国家とか企業、組織などについて考える占星術です。

　もともとは、占星術はこれが主流で、後になって個人を考える占星術が生まれてきました。古い時代には今ほど個人の意義というのがクローズアップされていなかったのですが、これは個人を軽視していたのではなく、個人という輪郭のイメージがまだあまりはっきりとは確立されていなかったのです。とはいえ、今でも感情とか思考ではまだ個人という輪郭ははっきりしていません。感情面ではアメーバのように複数の人が共有し合い、一緒の温泉に入っているかのようです。

　個人のホロスコープは、たいていの場合、個人が生まれた時間、生まれた場所から見ての天体配置を記録することで作成されます。これを「出生図」と呼び、その人が死ぬまで有効なものであると考えられています。

　人間は身体を構成する素材もことごとく新陳代謝して、生まれた時にあったもので残っているものは何一つありません。自分は生まれた時からずっと連続しているというかもしれませんが、2秒気を失った時、この気を失った時には失っている以上は、自分は不在です。2秒の間に大きな変化があっても、出かけていると空き家に泥棒が入っても気がつかないように 自分はずっと連続していたというでしょう。そもそも私達は毎日寝て気を失っています。

　個人意識の連続性はかなりあてにならないものだと考えてもよいのに、それでも自分はここにいて、これこそ自分だと主張するのは謎です。この点で、私は生まれた瞬間には、思ったり考えたりする自分よりももっとトータルなレベルでの自分というものが打ち立てられると考えます。実際、生まれてしばらく、物心つくことはなく、意識的な自分を思い出す人はいません。この生まれてすぐの自分よりももっと細分化された小さなところで、「自分」という自覚が生まれて、考えたり思ったりします。この小さなところでどう考えたり思ったりしても、

この最初の自分という水準には到達できていないのではないでしょうか。

　この私達が意識できていないレベルの「私」が旗印となって、私達は日々自己喪失したり気を抜いたり、怪我(けが)したりしても、安心して自分は連続していると言い得るのです。

　私達が意識している自分は、この最初の自分よりも下位にあり、最初の自分というものを対象化できず、私達は最初の自分に生かされ、その周囲をぐるぐると回っているのです。最初の自分がちゃんとつかんでいてくれたら、ちょっと危ないことになっても、「私」は何とかなるのです。

　会社は一個人よりも寿命が短いものが多いのですが、しかし人の一生よりも長く続く組織、企業、家系あるいはまた国家などもあります。個人よりも長く生きる集合体は、それ独自の姿勢や思想、傾向、性格などが備わり、私の目から見ると、その中に属する一個人は、その細胞として、この集合体の傾向から逃れられなくなり、組織の力が重くのしかかってきます。

　会社の社員はそのことを意識しているでしょうか。最初は気がついているが、社員になってしばらくすると、もう見えなくなっているかもしれません。あるマンションに引っ越して、このマンションは一階が飲食店が並んでいて油臭いと思っても、しばらくすると、もうわからなくなってくるようにです。

　つまり、会社や組織は個人を乗っ取ります。最近、オリンピックの金メダル選手に対してのパワハラ問題で、スポーツ協会に所属する指導者がパワハラ認定され辞職しました。が、テレビのニュースを見ている限りでは、協会と協会に密接に関係している大学の指導者は、このパワハラを自覚していませんでした。パワハラ認定されても、協会の人は、選手とのコミュニケーション不足で行き違いがあった、だから話し合いをすれば誤解は解けるはずだというのです。

　これは組織の集合意識が実行しているパワハラで、自分のところに所属していない選手にはパワハラするという自衛本能を発揮した結果ではないかと思います。組織の中にいる人は、この事実を対象化できていません。組織の力に個人が飲み込まれており、冷静に判断する目がないので、協会に所属する人

の中にはパワハラ告発者に対して「これだけ世間を騒がせたのだから、お詫びに来るべきだ」とさえいう人がいました。自分を取り巻いているエネルギーに抗(あらが)って静止する必要があるのですが、中にいる人は、「まてよ」と立ち止まることができないのです。

　私は多くの会社と関わっていましたから、会社が性格を持ち、そしてそこに所属する人々は、知らず知らずのうちにその色に染まって、似た発想になることに気がついていました。

　私には相性の良い会社と相性の悪い会社があります。相性の悪い会社では、アルバイトの人でさえ、無意識に私に砂をかけるような行動をします。ところが相性の良い会社とだと、何でも話が通ってしまうのです。しかも同じ会社は、何年か隔てて違う部署と接触しても、たいてい似ています。

　組織や伝統的な集団、家系など、一個人の範囲を超えたものの持つ力は強く、そこに所属すると個人としてのびのびと生きることは許されなくなり、そういう伝統あるものに所属した人と結婚した人は、ある日、いきなりやってきた重圧に耐え切れなくなるかもしれません。人によっては逃げ出したり、それが不可能な場合、早めに死んだりすることもあります。

　体験してみなければ想像もできないことです。

> 「組織はどういう性質で、そこで何が起こるか?」

　これを考えていくのがマンディーン占星術です。

　占星術で活用されている惑星は休みなく公転と自転をしており、そこに節目をつけるのは難しいといえます。しかし、人はある時期に生まれ、ある時期に死にます。そこで個人の存在証明とは、この休みない流れのどこかにフラグを立て、フラグに名前を書き、ここから誰々という名前の個人が存在したと印をつけておくことで成立します。

この場合、名前の書かれたフラグに特徴はありません。このフラグが流れの中に立っており、フラグに流れの圧力がかかり、この流れの性質から、フラグの個性とか特徴があるとみなすのです。フラグに特徴はなく、フラグが受けている圧力にこそ特徴があるのです。

　坂上という名前の人は坂の上にいたからそういう名前になったのかもしれません。置かれた状況で名前がついたのです。

　そもそも一点に単独で個性ができたりすることはなく、それに関わる、他の要素との関係性で意味が成り立つものです。

　総理大臣の奥さんといわれ、本人の名前で呼ばれない時には、流れを受け止めているのは総理大臣というフラグであり、奥さんは自分からこの激流を受けて立ってはいません。何か起これば総理大臣の柱の後ろに隠れることができます。

　個人でも組織でも集団でも、成立した時に、川の流れに杭を打つように天体位置にフラグを立てるのです。この静止点がないと流れがあるということも認識できないのが重要な点です。私達を取り巻く周囲には、さまざまなエネルギーの流れが渦巻いていて、空中にいろいろな携帯電話の電波とか放送局の電波が飛び交っているようなものなのに、それらに気がつかないのは、この流れに対して抵抗するものを私達が持たないからです。

　流れを振動とみなすと、特定の振動と自分が同調している場合も、すなわち流れに一体化している場合にも、この振動は意識できず、それは存在しないと言い張ります。それを意識に浮かび上がらせるには、それに抵抗する点が必要です。

2 流れを止めてしまう抵抗点が、自我・自覚の場所

　休みない川の流れのように流れているところでは自覚というものは成立しません。川の流れの中で、ぷかぷかと惑星は流されています。これが浮き輪だと思って惑星につかまっても、惑星ごと流されていくので、川の流れを認識することはできないでしょう。

　マグロという回遊魚はずっと泳いでいるので、自分が泳いでいることを自覚していないかもしれません。動物の群れの中で、親と子は一度はぐれてしまうと、親は子供を二度と発見できないとアルバート・ズスマンはいいました。というのも、動物は休みなく動き静止することができないからというのです。人間のように直立して静止することができれば、自分の位置を知ることができて、すると子供がどこにいるのかもわかります。

　その点ではマグロでなくても、大地に接触せず、海の水の中をゆらゆらと動いている魚はみな自分がどこにいるのかわからないでしょう。ところが、魚が群れている時には、魚と他の魚の相対位置を認識することはできます。一匹の魚は、違う魚に隣接していれば、自分の位置が、隣の魚と離れたとか、近づいたということで自分の位置を確認できます。しかし魚は、自分が大きな範囲の中で、どこにいるのかはわからない。それを判断する視点を誰かに丸投げしています。海の底に行くと、そこに岩があったりして、自分の位置を確認できるかもしれません。川の流れも岸があれば川が流れていることに気がつきます。

　例のスポーツ協会の中にいると、この中で自分の位置を確認することになり、世間との落差については気がつかなくなるので、この集団がパワハラしても、内部では、それを自覚できなくなるのです。集団は無色透明で、彼らは常識の範囲で行動しているつもりで、自分は明るく正しいのです。

　例えば、自分は何者かということを、人と人の関係で定義したり、社会的な価値観の中で決めたりしている人は、魚が違う魚と位置関係を確認しているこ

とに似ています。隣の魚との位置か、あるいは自分に近いところの小集団との相対的な位置関係で決めている。魚の群れから離れると、もう自分は何者かわからない。ごく身近な人との関係でのみ自分を定義している人は、もう少し範囲の広い社会の中で自分がどういう存在か、どういう位置にいるかについてはわかりません。

　長い間、専業主婦をしていた人は、社会に参加するのが怖いといいますが、社会との相対的な位置関係を知らないからです。また社会の中での価値観で自分を定義している人は、さらに大きな、例えば宇宙のどういう位置にいるかはわかっていませんが、社会から生かされた存在であり続けるならば、そして一生そこから出ない限りは、知らなくても死ぬまでの間は何とかしのげます。

　人間には集団所属本能があるといわれていますが、そもそも集団に所属しないと、自分が何者かわからないし、何をしてよいのかさえ不明になるからです。集団は嫌いで、自分は集団には属していないと言い張る人でも、実は社会に属する誰かにぴったり張りついて自分の位置を確認しているということもよくあります。

　魚は魚の群れの中で自分を確認しており、この魚の群れが聖書での「見よ、羊の群れが崖から落ちていく」というふうに、いっせいに漁師さんが広げた捕獲の網の中に向かっても、一匹の魚が孤立して逃げることなど考えられません。孤立して逃げたらもう自分は存在しないのですから、一緒に網の中に飛び込みます。

　自我とは、川の流れに対して抵抗し、そこに静止することを表し、静止すると、むしろ川に流れがあることに気がつきます。しかし川の中で静止するには、川の流れの力よりも自分が優位にいなくてはなりません。でないと静止した杭を打った瞬間に、川の流れに押し流されてあっという間に杭は倒れます。

　某スポーツ協会の中に、実はやはりパワハラでないかと思う人がいます。しかしこのことをいうと自分の杭が倒されてしまいます。だから、「流れに竿差す」ことをしないで、協会の流れに一緒に乗っているのです。

ここで補足説明しておくと、本来は、流れに竿差すという言葉は上手に竿をコントロールすることで周囲に合わせて上手く世渡りすることでしたが、今は反対の言葉として使われています。夏目漱石の「情に棹(さお)させば流される」という有名な言葉も、漱石は正しく使っていたのですが、読者の大半が情に抵抗すると解釈したようです。

　いずれにしても、現象を認識するには、自分が止まる必要があるのです。自我とはいろいろなことを記憶し、自分の連続的存在性を認識することです。

　高校生の時も、老人になった時も、変わらない自分がいると思っている。これは自我があるからです。しかし流れに対して優位になくては、この自我は流されたり、また杭を立てたり、また流されたりします。そのたびに違う場所に杭を立て、そこが違う場所であることに気がつかないことさえあります。

　流れに超越する力を持ち、そこで静止点を立てる。超越する力がない場合には、もうちょっと弱い流れの中にフラグを立てて、この落差に自分の自我の位置を決めます。大きな社会の中では飲み込まれてしまうが、10人のグループの中でなら何とか自分を成り立たせることができる。この人は10人のグループの中では主張が強いかもしれませんが、社会の中では借りてきた猫のように従順です。

　鳥は電線の上では感電しない。なぜなら、電線の電位の上にいるからです。電線に止まっている鳥と隣の鳥の間には小さな電位差があります。その小さな落差で鳥は活動できるのです。電線と大地の間に著しい電位差があることに気がつくと鳥は一瞬で焼け死んでしまいます。物理学者であるポール・ディラックのこのたとえにつけ加えると、電線の上にいる鳥は隣の鳥との微弱な電位差程度でも、鳥との関係というところでは活動できるのです。

　私達は小さなことに没入すると、どうでもよいような小さなことで一喜一憂(いっきいちゆう)し、今日はから揚げ弁当を食べるか、卵だけ食べるかが人生の一大事になります。社会が作り出した価値観とか欲求の中で生きている人は、この社会の中で何事か為(な)すことが身を立てることで、それ以外で自分を証明する手立てを

持ちません。

　現状として自分が流れに抵抗して静止しても、自分が置かれている周囲の流れすべてを認識しているわけではなく、ごく一部の流れに対して抵抗し、それを根拠に知覚の集合体（アセンブリッジ・ポイント）としての自我を形成し、ほとんどのものは意識できないままであることは確かです。

　100種類の流れがあり、そのうち10個を意識して、その上に自我を打ち立てる。90は一生知らないままですが、それは無視しているのではなく、反対に90の流れに一点も抵抗していないということです。90の流れに生かされているのかもしれませんが、本人はそれを知らないままです。そもそも全部でいくつの流れがあるのかは誰一人知りません。

3 摩擦の中で認識が発生する

　ルドルフ・シュタイナーは、血液の中に自我があるといいました。血液は身体じゅうを駆け巡り、ほんの短い時間で心臓に戻ってきます。

　心臓の中に、この血液の流れに対して、摩擦と抵抗を感じる場所があり、そこではザーザーと音を立てているのかもしれませんが、この摩擦が自覚を作り出すとディートリッヒ・ギュンベルはいいます。心臓の中には相反する血液の流れがあります。この反対の流れが接触する場所に抵抗点があるのです。つまり血液の中に自我があるのではなく、血液の流れに抵抗するポイントが自我を作り出すのだと。血液の流れがあまり良好でなく、足先で一部の血液が止まってしまい心臓に戻らないと、この足先情報は自我に情報が上がってきません。その人は何か判断に見落としをするのです。

　人体はミクロコスモスといわれ、宇宙全体と共鳴しているといわれています。人体が宇宙の受信器と考えられているのならば、一部の血流の停止は、情報の欠落を起こし、偏った人生を歩んでいることになるでしょう。

　占星術のチャートでは、生まれた時の位置が静止点です。すると、この静止点をもとにして、いろいろなものが流れていることを意識できるのです。そして静止点の位置づけ、特徴によって、この流れの性格とか特徴は違ってみえます。しかし静止点そのものは、自分の特徴を意識することはできません。静止点に同一化しているので、それを対象化できないのです。

　ホロスコープでいうと、最初の静止点はアセンダントですが、それを本人は意識できません。

　マンディーン占星術で国家や組織、企業について考えるということは、国家や組織、企業にはそれぞれの静止点、自我があると想定することになります。日本という国が生まれ、日本としての自我ができたのはいつかと考えた時、建国記念日や憲法が発布された時とか、また日本国憲法の下に、深層意識とし

て明治憲法が隠れているなどを考えます。つまり自我の静止点は、一つだけではないと考えます。

　これに比較して一個人の生まれた時間は簡単に決められると思うかもしれませんが、そうはいきません。出生時は、頭が出た時か、足まで出た時なのか。出てくる時に途中で休憩する子供もいます。まるで便秘するかのようにどこかで詰まってしまい、苦しんでいる場合もあります。

　その有様は人生全体の傾向として影響が及ぶでしょう。息をした時。泣き始めた時。どこが個人自我の発祥地点かを断定できないのは、人によって、ここを自分とする、自分はもっと違う場所である、時には肉体的に生まれる少し前、母体の中で既に自我が発生を始めているというケースもあったりするからです。

　肉体的に生まれる前に、個人はもう存在するということから、プレネイタル図（出生前図）を作る人さえ出てきました。これは間違いではありません。その作成者は、その地点で目覚めたから、他の人もそうだろうと思ってしまうのです。

　そしてこのスタート点の違いは、世界の見方の違いを作り出します。暫定的にこの時だと決めても、それは嘘だと言い張る人が必ず出てきます。

　例えば、私個人は、肉体的に生まれ出るちょっと前に、自分の自我のポイントがあります。その結果として肉体の中に飲み込まれることに恐怖を感じるはめになりました。山の上の崖から落ちて、地面にある汚らしい茶色の水たまりの中にどうして自分が入らなくてはならないのか理解できませんでした。それは水死とほとんど変わらないとか、あるいはこれから刑務所に入るのだというところでしょう。

　そういう子供は、一生幽閉された理由をずっと考え続けます。物心つく時期が他の子供よりもずっと早かったりするので、他の普通の子供のようになることに憧れ、「なぜここで自分を見ているんだ？」と、自分の目覚めた意識をまるで邪魔なもののように感じます。

私達は個人としての自我で判断するので、日本国に自我があり、それは人間個人よりも大きな、いわば『ウルトラマン』に出てくる怪獣のように大きくて、思い、考え、生きていると思わないことが多いのです。

　企業や組織、国家はあたかも生き物であり、それ特有の性質を持って働くようになり、また防衛心さえも生まれます。個人はそれに飲み込まれ、魚の群の中の一匹の魚が、隣の魚との距離だけで自分の位置を確認することに終始しているように、この集団全体の思うこと、行動することを意識化できません。そのため、それが一斉に網に向かっても、一匹の魚は自分が網に向かっていることに気がつかないのです。そうやって日本は戦争に向かったりした場合にも、一個人は飲み込まれるしかありません。

　こう考えると、集団の図を読むことに興味がない人もいるかもしれませんが、気にかかることにはなるでしょう。日本の集団的な流れに飲み込まれて、それを意識化できないポジションにいる場合、ここでマンディーン図を作っても、日本の集団的な流れを読み取ることはできないでしょうが、読み取ってみようという努力は大切です。それはより大きな自分を作る足がかりにもなるからです。

4　どの集団サイズか意識するべき

　私は毎年、年末には恒例で、次の年の予測講座というものを依頼されます。この時に、たいていは日本国家というサイズの範囲を読むのですが、特に日本ということを意識しなくてはならないとは誰にもいわれていません。
　集団意識は家族、家系、県、地方、国家、民族、大陸、地球、太陽系、銀河系などのように複層しています。集団意識とは蟹座と山羊座が示すものでもあると説明していますが、集団を内側から見た視点が蟹座、外から輪郭を見たものが山羊座でもあります。
　日本という時、これを内的に気持ちで確認しているのが蟹座です。地図を見てこれが日本だという視点は山羊座です。蟹座と山羊座はぴったり噛み合っているわけではないのですが、蟹座の内側から外に爆発しようと広がることに対して、山羊座は外から締めつけています。太目の人が、自分の身体よりもサイズの小さな洋服を着ているような関係です。
　私は複層する集団意識の中で、日本という区切りは中途半端だと考えます。そもそも予測を聞きたい参加者が、どの集団層に属していると思うのかはっきりさせないといけません。横浜の特定のエリアで生まれた人は、一生そこから出られないというジンクスを聞いたことがあるので、そういう人は日本の図ではなく、横浜のその場所のマンディーンが重要なはずです。
　私が『先代旧事本紀大成経(せんだいくじほんきたいせいきょう)』が好きなのは、日本という区切りがまだうやむやの時期のアジア、ヨーロッパあたりの範囲の話を寄せ集めて、あたかも日本の話のようにこじつけているからです。日本の枠という表層自我よりもはるかに古層のものを扱っているので、逆に表層自我（脳の新皮質）からすると偽書として扱われます。『先代旧事本紀大成経』を読むと脳幹が刺激されます。新皮質の脳よりも古層にある情報だからです。この時代のものに日本という国家の枠を押しつけることがそもそも怪しげな話です。

来年予測では、日本の図を見ますが、それとは別に惑星がどのサインを通過したかなども取り上げます。この場合、占星術で活用する12サインは「トロピカル・サイン」といい、地球の赤道の延長の天の赤道と、太陽の通り道の黄道の交差した場所を春分点、牡羊座の0度とみなし、ここから30度ずつ12サインの区分けが生まれます。

　12サインや惑星の位置などを見るというのは、地球と太陽の関係性で成立している位置関係で考えていることになり、地球サイズの集団性です。地球から外に出ると通用せず、地球の内部ではどこでも通用します。つまり範囲を設定しないでサインとか惑星位置などだけで読むと地球マンディーンで読んでいるということです。

　そもそも占星術が12サインと惑星の位置で読む図式ならば、特定の社会集団の価値観を超えています。特定の社会の価値観、つまり魚の群れの中での位置関係で自分を考えようとしている人には、占星術は範囲がやたらに大きく、正体がつかめないものになります。

　太陽と月と地球の位置で決まる日食とか月食の図も来年予測には使いますが、これは日本という地域に縛られていないので、地球単位においての出来事ですが、しかし、東京という静止点で図を作ってしまうと、外廓は曖昧ながら、とりあえず日本の動きということになります。

　集団意識はどのくらいの大きさの怪獣なのかを見極めることはとても大切です。東日本大震災は東北の範囲からすると深刻な出来事です。ところが日本全体の枠からするとそこまででもありません。日本という人が整体に行って腰の治療をしたのです。「ちょっと腰叩いていいですか？」といわれて、少し痛いけど我慢していました。

　地震は大陸の複数のプレートの重なり部分を調整することで生じるとしたら、これは地球全体の中での日本の位置を修正する際の揺すぶりです。ですが、個人が住む地域のレベルでは甚大な出来事です。個人からすると避けたいのです。しかし日本からすると、健康になるために定期的に整体に行きたいわけです。

マンディーン図を読む時に、いったいどの範囲の視点で読むのかによって意義が変わるということです。惑星のアスペクト、惑星の示す事柄も、この範囲の設定次第で意味がころころ変わるのは当然のことなのです。

5 六方向圧力

　ルドルフ・シュタイナーは人間存在を、六方向の圧力の対消滅的な均衡点にあるものといいました。前から来るものに対して後ろから来るものをぶつけて静止する。右から来るものに対して左から来るものをぶつけて静止する。上から来るものに対して下から来るものをぶつけて静止する。そこで存在はそこにじっとしているように思えるのです。

　脳は静止するべきなのに、前方に興味がありすぎて、脳の一部が前に飛び出し、それが目になったといえます。このように考えると、それで納得してしまうイメージにもなりますが、この説明では不足もあります。前に対して後ろから、右に対して左から、上に対して下からとぶつけるのは、互いに相対的な関係で均衡点を作り出すもので、この相対的な枠組みの中では、六方向の壁で作られた立方体の箱の中においては静止しているように見えますが、箱全体はどこかに動いているものかもしれず、それについては箱内部ではわからないということです。

　より上位のレベルから見ての静止点、視点の座標があり、この箱の中に、下位の相対的な均衡点が作られます。目は前方を凝視しているというと箱の外に目が向かっていると思いがちですが、そうではなく前方の壁をじっと見ています。目は外を見ておらず、箱内部の世界で生起する諸事に没入するために、箱全体を意識することから、箱の壁の一つへと注意を集中させています。別に、前面でなく横の壁でもよいのですが。

　ぶれない人というのは静止できている人でしょう。本人からするとピタッとぶれていないつもりなのに、他人から見ると明らかにぶれていることもあります。脾臓(ひぞう)は生体の安定性を作り出すのだといいます。

　私達はたくさん食べる日もあれば、ちょっとしか食べない日もある。これでは生体の働きはギクシャクしますから、この凸凹(でこぼこ)した不安定な変化を吸収して、

毎日安定した働きに調整するのが脾臓だというわけです。

　脾臓は土星の働きに対応しているといいます。土星は山羊座の支配星で、山羊座は均衡感覚といわれていますが、変化するものの中で、ピタッと静止しているのだと感じる感覚です。速く走る新幹線の中で、倒れずに立っているというのは、脾臓、土星、山羊座のおかげです。これは上位の位置づけを忘れさせる効果です。箱はどこかに傾いているが、しかし中では、箱は中立公正で全く歪んでいません。土星とは外との関係を忘却させて、特定の範囲にあるコスモスの内部においてバランスを作り出す役割です。

　六方向の壁を持つ立方体があると想定し、それを作り出すための八つの点を手に入れることは、タロットカードの「8正義」のカードが示しています。アレハンドロ・ホドロフスキーは、「8正義」のカードの図柄にはあちこちに歪みがあり、決して均衡を取っているわけではないし、不正もあると説明していますが、しかし本人からすると完全な均衡を手に入れており、人から見てどうこうという視点は入っていません。

　某スポーツ協会は、外との関係では判断がおかしいが、内部では、自分達は公正で完璧なのです。

6　「8正義」は全惑星意識であり、集中力を示す

　「8正義」のカードを、八つの惑星の点で作られた箱と考えてみましょう。これを「全惑星意識」と呼びます。

　月という衛星を外して、水星、金星、太陽、火星、木星、土星、天王星、海王星で8個です。冥王星は外宇宙との扉なので、この箱を作り出す役割を担いません。むしろ力を持ちすぎると箱を壊してしまいます。閉鎖の立方体を作り出すには冥王星はいらないのです。

　全惑星意識を構成する八つの点に月は組み込まれないのですが、しかしこれは人間生活において月が重要ではないという意味ではありません。月は全惑星意識の地平や社会集団の視点からすると、階層が下の領域に折り畳まれたサブフォルダのようなもので、開いて見ればわかるが、最初からずっとないつもりでいても支障は来さないのです。

　月はより下のコスモスとのつなぎであり、この月の作用をないがしろにすると、物質の領域と断絶を起こします。私達は肉体を持って生きていますが、この肉体とのつなぎの役割である月は、肉体生活をしている個人にとっては重要な役割であるが、全惑星意識のパーツにはならないということです。

　もし、全惑星意識の項目に月を組み込んでしまうと、全惑星意識という「8正義」の判断力に、個人的な都合が入り込むことになります。

　例えば、前東京都知事の舛添要一氏は公用車を使って温泉に行きました。個人的な用件に公的なものを利用したというのは全惑星意識のパーツに月を組み込んでいるからです。仏陀がこの食事はまずいと文句をつけているとしたら、これは月が組み込まれた全惑星意識ということで中道が歪みます。まずいと思っても、それは個人的な問題なので、サブフォルダに畳んだまま話題に出さないのです。

　この八つの惑星意識のすべてを統合化した全惑星意識は、惑星八つのそれぞればらばらな流れに対して、トータルな静止点を持つことで、八つの惑星の

動きがすべて意識化できる統括センターのようなものとなります。すべての惑星をまとめて、その上に自分を打ち立てるので、それは一つひとつの惑星意識で大騒ぎになる事態に対しても動じません。

　全惑星意識は惑星上においては不死です。つまり惑星に妨害されたり損なわれたりしません。また全惑星意識の上に太陽意識がありますが、太陽は全惑星の上においては不死です。が、太陽意識は二重化されています。このことは後で説明します。

　この八つの点のうち一つ欠けたものは、「8正義」のカードの手前の「7戦車」のカードを表します。これは立方体の中心に静止できません。惑星のどれかの流れに飲み込まれ、しかも飲み込まれていることが意識に上がってきません。立方体の外に出ることはできず、しかし立方体の中で走っているので、私はこれを「ケージの中のハムスター」といいます。お釈迦様の手の平の上で暴れている孫悟空です。

　「7戦車」は八つ揃っていないので影が生まれ、影になったものがその人を動かすので、箱の中の人生においてその人を生き生きと突き動かすことになります。元気なのはよいけれども箱の外には出られません。「8正義」のカードは箱そのものに一体化しています。

　振動論的な定義では、意識の振動密度が高いと物質密度が低くなり、また振動密度が低いと物質密度は高くなります。創造の法則は数が増えることであり、振動密度の高いものが自己分割し、パーツとしてはそれぞれが振動密度が低く物質密度の高いものが出来上がるということです。

　太陽意識を分割したものが惑星意識で、法則としては、惑星意識は七つ形成されます。またこの惑星意識一つが七つの月に分割されます。この惑星意識を全部合わせたものが全惑星意識ですが、全惑星意識と太陽意識は等価ではありません。

　太陽を七つに自己分割すると七つの惑星意識が生まれます。しかし、七つの惑星全部を合わせて全惑星意識にはなっても、太陽意識にはならないのです。

つまり全惑星意識とは、惑星意識を統合化して叩き上げで作られるもので、もともとの太陽の心はまだわかりません。太陽は銀河の中にフラグを立てていますが、惑星を全部掻き集めた全惑星意識は銀河の中にフラグを持っていないのです。

太陽意識とは恒星意識のことです。恒星は七つ合わさり、この中心に全太陽意識があります。これを古くから「グレートセントラルサン」と呼んでいて、シリウスとかアルシオンとか、トゥバンとか、アルクトゥルスなどがよく知られていますが、これを取り巻く恒星には違いがあります。多くの人が混乱してしまう原因は、こうした恒星を天文学的な空間位置で確認しようとすることにあります。

ある時代に、科学は振動論から離れて空間的な位置などで考える方に重きを置くようになりました。これは個人意識が強まったということに大いに関係があります。振動論と空間的な位置ということを混同すると、グレートセントラルサンの周囲にあるべき恒星が、グレートセントラルサンからは遠く離れたところにあることに疑問を感じるようになります。

例えば、振動論においては同じ振動のものは同じ一つです。しかし空間的な位置で考える目では、同じ振動のものが空間的に三つあると、それは違うものが三つあると考えるように、ものの見方が全く違ってしまうのです。

振動論的に分類すると、今の占星術で扱われているのは、月意識、惑星意識、全惑星意識です。しかし全惑星意識のポイントというものは描かれておらず、惑星を配置した図全体を全惑星意識と考えるとよいでしょう。

占星術で使われている太陽は、1年で1回転するという地球の投影であり、つまりは惑星意識としての地球の性質が混じっており、太陽の作用についてきっぱりと決めにくいところがあります。真実の太陽は太陽系の中心で静止しているのですが、これとはずいぶん性質が違います。占星術で使う太陽の役割は長い間議論され、結局、これはエゴを意味すると考えられるようになりました。これは真実の太陽とは全く違う定義です。このことについては後で何度か扱います。

「7戦車」は惑星意識に振り回され、全惑星意識に到達しません。「8正義」

は惑星すべてを揃えたので、惑星の上においては正確で揺るぎない判断力を持つ知性を持ち、自信を持ち、言い間違いがなく、中心がぶれずにはっきりと決定します。ここには強い集中力が備わっており、集中力ということが鍵にも見えてきます。「7戦車」は一つ欠けており、それは穴の開いた風船のようで集中力はありません。

サイコシンセシスのロベルト・アサジョーリは、統合的な人間、すなわち大きな自己の獲得ということをテーマにしていましたが、これは全惑星意識を獲得することを示しています。

「私は、今、疲れている」が「しかし疲れているのは身体であり、私ではない」ので、「私は疲れていない」、「思考は私ではない」、「感情は私ではない」……と、次々に人間の諸属性を自分から分離、すなわち意識化することで、大きな本来の自己を取り戻すメソッドなのです。

多くの人は思考は自分だと思っていますが、思考はもちろん自分ではありません。占星術的にいうと、「私は水星ではない」、「私は金星ではない」、「私は太陽ではない」、「私は火星ではない」、「私は木星ではない」、「私は土星でも天王星でも海王星でも冥王星でもない」……ということで、少しずつ本来の大きな自己に回帰します。このように説明すると理解しづらい人が出てくると思いますが、これは自分ではないという時に、自己同一化しなくなるということですが、するとそれを目の前に見ているということになるのです。惑星の一つとして自己同一化していない人は、惑星をすべて目の前に見ています。

全惑星意識は、特定の惑星に損なわれていないので弱みを握られておらず、立方体の箱は密度が高まり、そこに「高められた意識」が発生します。集中すると、高められた意識が働き、するといつも見えていない新しい情報を発見します。

特定の意識状態には、それにふさわしい記憶や情報がやってきます。つまり特定の意識状態を再現すると、その時に体験した記憶は確実に蘇ります。読み取る情報は意識の振動によって違うので、特定の意識が自分にふさわしく

ないレベルの情報をいくら集めようとしても集まりません。

　形で見る見解からすると、情報はどこかから発見すればよいのだと思うでしょうが、それにふさわしい意識にないのならば、目の前に置かれても気づきません。意識を本質とすると、この記憶やデータは「質量」です。私はこのヘレニズム思想的な言い方が好きです。シモーヌ・ヴェイユはこの「本質と質量」を「恩寵(おんちょう)と重力」に言い換えました。

　「8正義」のカードの8の数字は、占星術の8番目のサインである蠍座、8ハウスとも似ていますが、これは生命感覚に関係します。

　12サインはシュタイナーによると12の感覚に分類されます。朝起きて、今日は元気だと感じる時に、生命感覚そのものを直接感じます。蠍座の1度のサビアンシンボルは「満員のバス」というものですが、私はこれを「圧力釜」といいます。閉じ込めて、中に圧縮すると、玄米の殻も壊れます。

　8とは集中力であり充実感の高まりであり、そのことで高い境地に至る。これを私は蠍が鷲(わし)に回帰するといいます。そしてこの高められた意識においては、それにふさわしい情報や記憶、データがやってきます。「7戦車」は自分に欠けたものが原因で、喉から手が出るくらい欲しいものが手に入りません。

　C・G・ユングは「元型論」で、マザコンの娘はさまざまな回避行動をすることを説明しています。母よりももっと凶悪なタイプになって乗り越えようとしたり、逆にもう太刀打ちできないので、降参してひ弱な、自分では何も判断できないような娘になるのです。

　占星術に置き換えると、土星をものにしていない人は、土星の作用に対して、やはりさまざまな態度を取ります。土星の秩序意識を無視して乱脈な暮らしをして借金だらけになったり、反対にかちかちにルールに縛られて、人のいない荒野でも信号が赤になると止まる人になったり。

　もしくは人に権威的に意見を押しつけたり。これはコリン・ウィルソンのいう正義漢です。これは自分に言い聞かせるべきことを人に言い聞かせる人です。死んだように元気がない人もいます。土星を手に入れていない人は、どこが適

切な加減なのかさっぱりわからないのです。

　先日、新潟県の知事が、女性問題で辞職しました。彼は未婚でしたが、若い女性と結婚したくて、金銭的援助をしたことが発覚したのです。会見では既にしどろもどろで、自発的に辞職したので、つまりは金星によって経歴にストップがかかったともいえます。彼は金星を手に入れていなかった。金星に振り回され、結果として人生の経歴そのものに及んだのです。

　そもそも全惑星意識からすると、金星は人生の八分の一の比率なのですが、彼にとって金星は未知の一大事のことで、金星の八分の一という分（ぶ）が判断できず、他の土星とか火星とか、木星とかのいうことを振り切って暴走したということです。

　意識化できていないものは暴れます。知事としての「8正義」の立場はまっとうできません。この元知事は悪い人でもなく、むしろ普通の人です。普通の人というのは、惑星意識で生きる人のことを示しています。それはどれかの惑星をよりどころに、それを生きがいにして生きています。何かしても疲れることが多い人生です。惑星は横並びでは互いの都合で反目することもあります。つまり、何かしようとしても邪魔が入りやすいのです。

　惑星意識の人は、真面目（まじめ）に取り組もうとしているのに「どうしてできないの？」と思うことが多いのです。「ただ英語を勉強したいだけなのに、どうしてできないの？」と。

　「7戦車」は車輪が外してあり、どこかに立てかけてあります。馬車は大地に設置されています。判断が流動するので、馬車は大地につなぎとめられている。これは古い資料とか定説とか、具体的な材料などに依存して判断することです。自分では判断できないから、こうした既存の証拠物件に頼る以外にない、そして結果として間違います。

　ホロスコープを読む上で、仮に良い教科書があるとします。するとその教科書通りに読むと正しく読めると思い込んだりしますが、正しく読めることはまずありません。これは、その教科書が悪いのではなく、そこに寄りかかる姿勢に問題があるのです。

7　「集団」とは何か

　マンディーン占星術は社会集団を読むことですが、そもそも「『集団』とは何か?」という問題があります。

　占星術の発想で考えると、人間個人は惑星意識として、どれかの惑星に同一化した生き物と考えます。社会集団は、こうしたいろいろな特性を持つ個人を集めて大きな働きをしようとします。集団の中に、水星のような人、金星のような人、火星のような人などが集まり、全部まとめると、それは全惑星意識として、一つの惑星意識よりも、より統括的で力強く、そしてしばしば長生きする生き物のような集団ができるのです。

　そしてこの全惑星意識の視点からすると、一つの惑星意識つまり個人が分を超えて拡大したり、また反対に元気がなかったりする時に、正しい位置づけを教えることができるのです。

　惑星意識一人だと、自分が何者か、どこに行けばよいのか、何をすればよいのか、自分は価値があるのかないのか見当もつきません。特定の位置や個性は、他との関係で決まり、総合的な視点から、その意味が判定されます。惑星と惑星の相対的な関係ではあまりにもぐらつきが多く、意味は決められません。しかしトータルな社会集団は個人の位置を確定できます。

　社会集団の視点は、個人を生かすともいえます。可能性を見出し、伸ばしてあげる。ただしそれは社会集団から見た、つまりある範囲の箱から見た、相対的な視点であることには違いありませんが。社内評価よりも、国家から評価された方がはるかに重いわけです。東京都葛飾区の新小岩のガード下で評判になるよりカンヌ映画祭で評価された方がはるかに名誉です。

　指導者は、この集団の一員ではなく、集団の高められた意識そのものに一体化し、時にはそれが自分だと思うこともあります。この会社は俺のものだという社長は一体化しています。すると社内で起こることのすべてに胸が痛くな

ります。指導者の意識の中で、どれか一つの惑星でも失念すると、上手く仕事を果たせません。

　社会集団は、一個人よりも高度な意識を持ち、またそれを手に入れるために、集団を作ると考えてもよいでしょう。社長が「君はこういうところが良いね」というと、飛び上がるように喜ぶわけです。自分が尊敬している人に見てほしい。一言声をかけられるだけで、生きていく気力が出た。「お父さんに褒められたくて、私は金メダリストになった」という娘さえいます。

　結果的に、出来の良い完成度の高い集団もあれば、また完成途上のものとか、歪んだものなど集団も畑のキュウリのようにいろいろな形のものができてしまいます。一個人から見ると、この違いがあまりはっきりわかりません。一個人は、その高められた意識という高台から見渡していないからです。

　ブラック企業に入ってしまい、ひどい目に遭った。ウマイ儲け話にうっかり乗って、銀行も抱き込んだ企業から多大な借金を負ってしまった。個人は企業と同等の高台から見た視点がないので、その企業が良い企業か悪い企業かさっぱりわかりません。

8 動物系の知覚と植物系の知覚

　ホロスコープを読む時に、特定の惑星に気を奪われないで全部の惑星を読むというのは重要なことですが、占星術にあまり慣れていない人は、知識不足からどれか特定の惑星を重視したり、違う惑星を見落としたりします。慣れていれば、一つひとつ点検する前に全体を見ての印象も感じるでしょう。

　ホロスコープを見て実感がない。こういう時はこれから説明しますが、身体の中にある植物系知覚に落とし込めていない、つまり「腑に落ちない」のです。

　一方、植物系に対比する動物系知覚は限定されているのが特徴で、全体から押し寄せる何となく感じたことというものは軽視する傾向があります。

　私は占星術のホロスコープを読むには、惑星の意味一つひとつが身体に染み込む必要があって、脳で考えるところとは違う感性を動員する必要があるといいます。そのために少なくとも3年くらいは取り組まないと浸透してくれないと説明しています。

　占星術に関しての具体的な知識はごくごく基本的なものは人によって半年くらいでも身につきますが、それだけではほとんど応用的読み方ができません。諳め回し記憶と連動した植物系知覚に染み込んでいないといいます。

　解剖学の三木成夫によると、人体はこの動物系と植物系の知覚が共存しています。動物系は身体の外皮に多く関係し、植物系は身体の内側に関係します。植物はどこかに根を張っていて、自ら動くことができませんが、あちこちに手を伸ばして拡大することはできます。植物は動かないからこそネットワーク的に知覚を拡大しあらゆるものにつながります。

　人体では、心臓から身体の隅々まで植物的繊維のように血管が張り巡らされています。この血管を通じて情報がすべて心臓に回収されます。いながらにして、すべてとつながるのが植物系の特徴といえます。身体の中の内臓は基本的に植物系の知覚を作り出しています。

一方で、動物は餌を取るのに自分が移動します。すると、ここからあそこ、過去から未来へという主体の移動が起こり、これは失うものがあり得るものがあるという、時間と空間の限定された範囲においての体験をすることになります。

　私達は、今この時代、この区域にいて、それ以外の場所にはいません。空海の考え方だと、こうした「いま、ここ」に私がいるというのは一つの幻覚ですが、動物系知覚はこの幻覚をますます強化します。

　この限定性が人と違う個人を生み出したり、個人のエゴを作り出したり、特有の欲を抱き、そして忘却があるということになります。植物には欲もまたエゴも存在しませんが、それは動くことができず、すべてにつながるという性質から、特別な欲を作り出すことが難しいのです。

　脳は人体の外壁系、動物系の神経組織の中心点であり、つまりは目で見て、頭で考える知覚のセンターです。目は前方に対して強く興味を抱いたために、脳の一部が前に飛び出してできた器官です。存在は六つの均衡が必要なのに、目は前方に飛び出して、見たものをクローズアップすることになりました。

　「前に進む」というのは、いかにも積極的な良い行動のように見えますが、動物系知覚の本性として、より限られた小さな場所にずぶずぶとはまっていくという点で、すべてに拡がるという植物系知覚からすると反対の行動です。動物系知覚は顕微鏡の倍率を日ごとに上げるようなもので、ターゲット範囲はどんどん小さくなりますが、この小さなものをその都度大きく拡大して見るので、対象が小さくなっていることにあまり自覚はないでしょう。植物系知覚がぱっと見てすぐにわかることでも動物系知覚ではよく判断できないものとなり、これがエビデンスを要求する姿勢にもなったりします。

9　7の法則と12の法則

　一つのコスモスは球体にたとえられます。地球を横に30度ずつ区切ると、横に12の区画が生じます。縦に30度ずつ区切ると七つの切れ目が出てきます。生命の法則は音階のように七つの層があり、感覚の法則は12あるというのが、古代から伝えられる宇宙法則です。

　これに合わせて、古い時代の占星術では、天体の区分は月、水星、金星、太陽（地球））、火星、木星、土星という七つにしていました。一番外側の土星はこの七つの運動を締める柵（さく）です。

　柵の外の天王星、海王星、冥王星などについてはまだ発見されていなかったし、そもそも見えないから知らないというのは、実は、言い訳にはなりません。むしろ忘れたと考えるとよいでしょう。忘れて、また改めて後の時代に思い出したのです。肉眼で見えるものだけを重視したら最外郭は土星です。ある時代の西欧の思考の仕組みに再構築が行われ、ものの見方を変えることで、土星よりも外の惑星は見えなくなったことにしました、というところです。

　土星よりも外側に惑星はないというのは、もっぱらこの占星術を体系づけていた西欧社会の精神構造によるもので、西欧社会以外の場所では、最初から土星以遠の惑星は知っていたといってもよいでしょう。

　西欧社会だけが忘れたのは、西欧が暗黒の閉鎖社会を作ったことにも関係し、知識の制限運動が革命運動のように起きたのです。アレクサンドリア図書館が燃えた時古代の知識が失われました。これは見えるものだけを認めるという動物系知覚による世界認識の方法をより積極的に推し進めるプロジェクトです。

　一方で、異なる文化圏では、植物系知覚というものが西欧よりもまだ優勢な場合もあったので、この時には、肉眼で見えなくても土星外惑星の存在は内的器官を通じて受け取っていたということになります。植物的知覚は宇宙のあ

らゆるところに「糸」ないし「繊維」がつながっているので、この宇宙にあるものの中で発見できないものはまずないといった方がよいでしょう。

エビデンスはないが、何となく感じたという情報も、植物系知覚では立派な情報でもあります。そんな惑星があるという予感は曖昧なものなので認められないというのは、くっきりした輪郭重視の土星の柵の判断です。

天王星が支配星となる水瓶座は嗅覚を表すサインです。匂いははっきりした輪郭の物質の外に曖昧に広がる気配です。さらに海王星が支配星になる魚座は味覚であるといわれています。味覚は目で見るものではなく、内臓の出先機関である舌が認識するものです。そのため、土星のくっきりした輪郭の外にある、何となく匂っている気配的な天体や内臓でないと認識できない海王星は、土星の枠からすると曖昧すぎてエビデンスもない、そんなのものは認められないというわけです。

日本では明治のある時期から、西欧の暦の基準であるグレゴリオ暦が導入されました。同じく、地球の本初子午線も、ある時期からグリニッジがスタート点ということに決まりました。この両方ともが、より大きな宇宙とのつながりの「糸」を断ち切るために、閉鎖するという土星衝動によって決定されたものだといえます。

春分点はより大きなコスモスとのつながりの臍の緒ですが、グレゴリオ暦はそれを断ち切り、その前に暗闇があり、その後にも暗闇があるという孤立した12リズムを作り出します。

もし、このグレゴリオ暦が正しい基準なら、占星術のサインのスタート点も、3月21日とか22日あたりに太陽が通過する春分点ではなく、グレゴリオ暦のお正月としての1月1日にしなくてはなりませんが、占星術は頑として受けつけません。

お正月を年の始まりと感じているのは私達の脳です。心臓や内臓は、お正月を年の始まりと認めていません。春になって春情が刺激され、身体の奥からうずうずした実感がやってきて、初めてこれを年のスタートと感じるのです。

私達が頭だけで生きているなら、お正月を認めることができますが、空虚に感じるのです。内臓は春分点を太陽が通過した頃から、それを年の始まりだと認め「腑に落ちる」のです。地球人類の独自性を作り出すために、グレゴリオ暦などによって、より大なる宇宙とのリズムの共鳴を切り離したのは、動物系知覚の決断です。曖昧さを排除するために、ありそうななさそうな中間にあるものはないものだと決めました。

10　内臓は宇宙と共鳴している

　三木成夫は、植物系知覚の復権ということを唱えましたが、これは頭中心で生きることから、胸を中心にした生き方を取り戻そうという主張です。動物系の脳と植物系の胸が会話することが「思」という漢字の意味だといいます。

　解剖学において、内臓は宇宙と共鳴しているという見解ですが、宇宙を天文学的に捉えたのが脳の視点であり、宇宙を内的・共感的に捉えた植物的・心臓的発想が占星術です。天文学的に、金星を見て、そこに愛情とか楽しみ、あるいは銅の性質と何か似ているなど想像もしませんし、そんなことをいうと笑われてしまいます。

　しかし植物系知覚だと、金星を内側から理解し、占星術で定義されているような金星の性質を実感的に受け取ります。女性は妊娠すると身体の中で銅の比率が増加するといわれますが、すると金星的感情がいつもよりも強まっていくということになります。それは動物系知覚からすると「一体、何の話だ？」ということになるでしょう。

　動物的知覚は外壁系といわれるように、物事を外側の形から見て、輪郭の違いであれとこれは違うなどと識別し、この植物系特有の内的・共感的な知覚を拒みます。植物系としては、太陽は内的に私達に働きかけ心臓と共鳴したりしますが、動物系としては、太陽は自分達とは遠く距離があり、直接は関わりがないと判断するでしょう。

　太陽光線は紫外線が多いので危険だとか、10分くらい日に当たっていると一日に必要なビタミンDが充填されるなどということは動物系知覚としての知識です。太陽に触れると創造的気分が膨れ上がり、気分が盛り上がるなどというものは植物系知覚が受け取る太陽の特徴です。太陽は太陽系の中心にあり、そこから外に力を充満させますから、太陽と共感すると内側からもりもりと力が湧いてきます。

占星術はこの植物系的知覚を発展させたものなので、動物系の知覚が優勢な現代社会においては、この占星術の哲学は、内臓や心臓、血管のように体の奥に隠れたものであり、身体の表面、表舞台には出てこないものです。

　私は、占星術は普及しない方がよいといっていますが、それは動物系知覚によって切り刻むと、占星術の本来の意義が失われるからです。実は、ただでさえ今日の占星術は、本来の古代の占星術の欠片しか残っていないといわれています。時代の中で、徐々に動物系知覚が優勢になるにつれ、植物系知覚として体系化していた要素のいろいろなものが削り取られていったのです。

　占星術は疑似科学という人がいますが、科学というのは動物系知覚が作り出した独自体系です。この視点から見ると、占星術はあまり科学的ではないけど、科学の尺度を中途半端に借りているように見えてきます。占星術は植物系知覚が優勢なシステムなので、科学の考え方の尺度をさほど使っていないのですが、しかし時代が後になるにつれて、占星術に取り組む人々が、オリジナルの歯を抜いて、人工素材でインプラントするように、科学的な要素を植え込んできました。

　フランスの心理学者ミッシェル・ゴークランの事件に端を発して、占星術に対しての科学的批判のグループがアメリカなどでできましたが、これは動物系知覚重視の人々が、植物系知覚に対して断罪するというもので、明らかに誤った姿勢であるといえます。占星術の価値を心臓や内臓は理解するが、頭は認めない。あるいは左脳が右脳が上手く連携ができている人は、占星術の意義については容易に理解します。

　占星術の起点は植物系知覚が腑に落ちる春分点であり、動物系知覚が生み出した脳だけが認めるグレゴリオ暦のお正月ではない。たいていの人は、表向きの行事とかはグレゴリオ暦に従い、しかし生命力の盛り上がりなどでは春分点を選んで、両方使い分けています。

　カフェに行くと小さなスケジュール帳を開いて、じっと確認しているOLがたくさん見受けられます。生命本能は春分点から始まるリズムに従うので、うっ

かりすると頭で決めたグレゴリオ暦カレンダーの敷いたレールから脱線し、大事な予定を忘れてしまうかもしれないのです。そのため、しっかり予定を確認しておかなくてはなりません。

11 改めて「月」とは何か考える

　西欧的七つの法則として、月、水星、金星、太陽（地球）、火星、木星、土星は、「7戦車」のカードで描かれているように、一番下は大地につながれており、車輪は外されています。一番下の月は物質とのつなぎという点で、地球に接続する接着剤のようなものだと考えてもよいかもしれません。

　戦車の御者（ぎょしゃ）は、頭蓋骨（ずがいこつ）が切開されていて、コンステレーションに開かれ無防備です。「8正義」のカードになると、八つは水星、金星、太陽（地球）、火星、木星、土星、天王星、海王星というふうに、私は仮に定義しました。

　月と冥王星は外との扉なので、閉めることのできるドアがこの立方体には二つあって、しかしいつもは閉まっていると考えてみるとよいでしょう。

　月と冥王星が同時に関わると、この上下の弁が同時に開けられます。日常の生活からすると、とうてい受けつけることのできない人外魔境の衝動が働きます。しかし、たいてい月の感情作用は、冥王星が関わらない限りは極端なところまではいきません。

　月はもともと惑星ではなく地球の周りを至近距離で回っています。地球にテリトリーがあるとすると、この地球磁場の外ではなく、内側に月が回っています。テリトリーの内側にいるからこそ、地球の軸の周りを回転できるのです。

　例えば、ある人がある人と対等につき合うには、お互いに仕事を持ち、生活があり、趣味があり、考え方も違うということを認識して、少し距離を持ちつつ関わります。しかし月は、いきなりテリトリーを壊して懐に入り込み、相手の軸を自分の人生の軸としてしまうので、私から見るとあっと驚くような行動をします。

　惑星でなく月になるとは、惑星としての自転運動、つまり独立性を捨てて相手の傘下に入ることです。相手が自分を好きかどうかが人生の一大事になるとしたら、この相手の磁場が自分を月として引き寄せ続けられるかどうかが重要

だという意味です。

　といっても、純粋に月になった人間存在というのはいません。宇宙に生きているすべてのものは、宇宙の全部の要素を持っています。そのため、月の立場になった人というのは、月振動密度の含有率が高まり、他に惑星の要素もまたさらに高次な要素も兼ね備えているが、何といっても月濃度が濃いということです。ただしこれと「重心」というのはまた違う定義です。

　重心はある振動密度に軸足を置き、それを存在のベースにして、そこからいろいろなものを見ており、その上でのすべての要素を持っているということです。この重心によってものの見え方はかなり違います。猫は猫を重心にしており、この中に人間の要素も神の要素も、虫も岩も含んでいます。

　ということは、月を重心にしておらず、惑星意識を重心にしているが、月濃度の濃い人というものもいることになります。誰かに張りつきたいので、鳥餅のような性質を持ち、くっつく対象をいつも狙っており、しかし所属がはっきりすると電荷が安定します。つまり、好きな人を見つけたということです。

　安定した原子は電子雲の総量と、原子核の総量は同じであり、重すぎもせず軽すぎもせず安定します。月は電子なのでしょうか。ちょっと性格は似ている感じはします。安定位置にいない単独電子はとんでもない行動をします。

　占星術ではしばしば月は女性的な定義がされていますが、特に女性とか男性と決めつけられるものではありません。アンジェラ・カーターはディケンズの父親は月で見ないとわからないといいましたが、地球のような母と月のような父というのはいくらでもいます。

　ある夫婦は山で遭難しました。女性がもう二度と救出される可能性がないと判断された段階で、夫は妻を残して崖から身投げしました。彼らは二人で一つの惑星意識を担っており、半分欠けると、もう自分の位置が見つけられないのです。もし、夫が全惑星意識で生きていたら、崖から身投げはしません。この夫の行動は愛ゆえだという人もいるかもしれませんが、それでは愛を誤解することになります。

男性でも月のような人、月になりたい人はたくさんいるので、こういう人と一緒にレストランに行くと「食べていい」といわれるまで食べないし、「食べていいよ」というと嬉しそうに食べ始めます。会社でそう躾けられたわけではなく、個人行動です。

　会社ではお客さんと会食に行くと、お客さんが手を出すまでは社員全員が待機していますが、これは全惑星意識からすると惑星意識は月のようなものだということなのかもしれません。

　夫婦関係や男女関係は地球と月の関係なのかというと、男女関係は金星と火星という関係でもあり、これは惑星意識のレベルです。金星は人体では腎臓に関係し、腎臓は小さな杯のような形の組織で構成されています。上から落ちてくる雨を受け止める喜び、興奮、わくわくする気持ちなどを表します。これは空っぽのものが満たされるという実感です。しかし外から受け取るということしかできず、自分で何か作り出すことはできません。

　いろいろな雑多なものを受け取るのですが、この中で余計なものには喜びを感じないで濾過します。純化された喜びを感じるもののみを受け止めます。これが金星あるいは腎臓の浄化作用ともいえるでしょう。

　女性がバッグを欲しがるとしたら、これが杯の形をしているからかもしれません。高級なバッグは高級な金星なのです。しかしバッグは余計なものを外に排出するという濾過機能がありません。

　牡牛座の18度には「バッグを窓から外へ出している女」というサビアンシンボルがあります。濾過機能がないなら、バッグの中身をときどきひっくり返して吐き出します。このシンボルは、ディーン・ルディアによると偏見とか無駄な知識を吐き出すことで、より優れたものに向かうというものですが、定期的にファスティング（断食）するということです。

　火星は地球よりも外側にあり、地球の範囲内にない、いろいろな広がりのあるものを地球に持ち込みます。外国で買った妙なものとかもあります。金星は地球の内側にあり、この濾過機能によって、火星が持ち込んだものの中で、

気に入ったもの、気に入らないものを選別します。金星は、この火星が持ち込んだものを、「イエス」か「ノー」かの判断を任されています。

花束を持った男性が「結婚してください」とお願いした時、女性は「ハイ」、あるいは「ごめんなさい」というかの二つに一つです。

地球は金星と火星が相互交流する出会いの場とみなすと、金星が受け入れた火星と一緒に家族を作るのです。火星は荒っぽいものをたくさん持ち込みますが、金星はそれを整える役割なので、「こんな変なものは家に持ち込まないで」といいます。男性が大切にコレクションしているものを、留守の間に勝手にゴミに出してしまう金星もいます。「かわいくない」という理由だけで貴重なものを捨てるのはよくある話です。

このように考えると、結婚して家族を作るという時には、地球と月の関係、金星と火星の関係が複合されているとみなすべきでしょう。妻がもう救出される可能性がないと判断した時、崖から身投げした夫は月でしょうか、それとも火星でしょうか。

惑星は太陽を軸にしており、太陽に依存するものなので、金星と火星のように引き寄せ合うことはあったにしても、他の惑星との関係性に命をかけているわけではありません。ここから、この夫は月であり、惑星意識ではありません。

ただし、現実の問題としては、この夫が身投げしたのは、他に理由はいくらでも考えられますから、ここで決めつけることはできません。「癌が末期で苦しい」、「もう生きるのが面倒だった」、なのでたまたまこのチャンスを利用したという場合もあります。

12 月に振り回された指導者

　アメリカンフットボールでの反則タックル問題で話題になった大学の理事長は、なかなか公式の場に出てこないので、各局のテレビのニュースではなぜいつまでも出てこないのかが話題になりました。

　この時、小範囲の集まりで、この理事長は、「『バイキング』などで取り上げられて、笑いものにされるだけだ。だから必要な時に出るべきで、それまでは登場しない」といいました。『バイキング』というのは昼の、世相を騒がせるニュースについてあれこれと話題にする番組で、だんだんと発言権が強くなっている番組です。

　笑いものにされることが気になるとか、あるいは笑いものにされたら、そこで怒りを感じるとか失望を感じるなどということがあれば、この理事長は自分の全惑星意識の中に、月を組み込んでいます。月は地球の周りを回っており、太陽の周りを回っているわけではありません。月が受け取る情報は、地球をよりどころにして、それにまつわることのすべての信号を拾ってきます。

　月は地球という個人的なことから見た視座において感情が働き、誰かが笑いものにするという表現は月からでないと思いつきません。誰も笑いものにしていないのに、理事長はこれを笑いものにするという意味に受け取ったのです。そして個人の都合から、恨み、妬み、怒り、復讐心などを作り出します。

　指導者が自分の全惑星意識の定義の中に月を組み込んでいると、その指導者は個人的な感情が強く働きます。反則タックルを選手に指示したといわれる理事は、理事長に対して「自分を辞めさせるなら、今までのことを全部世間にばらしてやる」と脅したといいます。これが真実かどうかは確認できません。しかし、この個人防衛心ゆえの発言も月の発言です。このような月を組み込んだ全惑星意識で生きている指導者はいろいろ問題を起こします。つまり、気に入らない部下を辞めさせてしまうとか、失礼な態度を取ると根に持つとか、個

人的な感情で判断するのです。

　よくテレパシーを使う人は、他人から押し寄せる否定的な感情に悩まされて精神が乱れるのではないかと想像する人がいます。テレパシー能力があると自称する人は、「だから、いつもは自分の能力を封じている」といいます。電車に乗ったりするとひどいことになる、と。

　水瓶座は嗅覚であり、これは山羊座という身体輪郭の周辺に漂う匂いを察知します。つまりテレパシーがあるとしたら、それは水瓶座の嗅覚のカテゴリーです。テレパシーは言葉で伝わるのでなく、何となく気配や感じとして伝わるものでしょう。

　水瓶座的感覚に受け取られる外界からの何となくの気配的テレパシーを受け取る時に、月に同一化している人は、月のレベルの悪意、嫉妬、敵愾心、反対に特定のものに対する強すぎる愛着、執着などをもっぱら感じます。つまりその信号をもっぱら拾うのは、自分の中にその要素が強くあるからです。

　地球には月が近すぎて、そして一つしかないので、これは独占欲です。月の感情で楽しく感じるものはそう多くありません。というのも人間の平均の振動水準は惑星意識であり、月は一つ低い振動なので、人間からすると自分の中にあると鈍重で重苦しいものに感じます。最近よく多くの人が使う「重い」というものです。

　犬は人間よりも一つ下の序例に属しており、するとこの物質密度が濃すぎる感情でリラックスできなくなるということはなく、だから犬を飼うと、否定的なテレパシーを処理してくれる警備員を雇ったような利点があります。否定的な感情をイメージ化すると、それは雑霊とか、浮かばれない霊のように見えるかもしれません。それに対して犬は平気です。猫は悪魔なので、猫を飼うと悪魔が来ないといいます。とすれば、悪魔払いの猫としては、できる限り顔の凶悪な猫の方がよいということになるし、実際、そういう猫は高値です。

　パラリンピックで金メダルを獲得した成田緑夢は、スポーツ選手がスポーツをしているのを見ると「色が見えると」いいます。身体で力を入れている場所

は赤色で、リラックスしている場所は青色。だから、今まで試みたことのない分野のスポーツでも、どこに力を入れればよいのかすぐにわかるので、自分が詳しくないスポーツでもすぐに習得できるというのです。成田緑夢はスポーツを競争のものと考えていません。競争と考えると、勝ち負けを意識する動物系知覚に閉じ込められ、こういうオーラなどは見えなくなります。

　月に一体化せず、月を対象化すると、この濃い感情を外界に視覚化します。とはいえ、必ずしも視覚として見えなくても、気配として感じることでも同じで、映像が好みの人は映像にするのです。

　今日の戦いは「黄色で行け」と選手にいう監督はいないでしょうが、成田緑夢ならば「わかった黄色ですね」と答えるでしょう。

　古い占星術において七つの法則を打ち立てる時、惑星の至近距離を回る月を仲間に入れてしまうことで、この七つの法則は、身近な物質的生活、個人的すぎるものにネジ止めする性質を持つことになります。月は下の宇宙との扉であり、物質と精神の中間媒体として、身体ではホルモン様物質とか、身体の中の液体成分などに関係します。

　身近すぎるものという点で、例えば犬を撫でると「オキシトシン」が出るという話が話題になった時期がありましたが、実際に触る、身体的感触を確かめるなども月の作用には大切です。

　月の濃度が高い人は、お店に行くとたいてい商品を実際に触ります。この身近すぎる要素を7法則の中に加えることで、七つのオクターブは、「7戦車」のように、大地につなぎ留められ、宇宙には行けないということにもなりました。7人の天女のうち、一人の羽衣(はごろも)は犬が隠してしまったので飛べなくなったのです。

　宇宙に大砲の弾のように飛び出すのは「16塔」です。16は1と6に分解して足すと7ですから、「7戦車」と似たロゴスの数字です。「7戦車」は地球上をあちこちと走り回り、「16塔」のカードは宇宙に飛び出す戦車です。

　古い占星術法則では、七つの上限は土星で、土星は山羊座の支配星で、山

羊座は冬の寒い、乾燥した性質からわかるように、乾いて硬くなったものとして、人間の被膜や皮膚なども表します。人はみな物質的生活をする限りは、皮膚の牢獄(ろうごく)に閉じ込められています。

　身近な物質の媒介となる月を床として、皮膚の牢獄が一番外側にあるような暮らしは考えるだけで死にそうです。ただしこの中にしっかり腰を据(す)えると、その狭さはあまり感じなくなります。

　西欧のおおまかにギリシャ時代以後のプロジェクト、すなわち外壁系の神経活動に重きを置き、見えるものだけを認めるという生き方を推し進めるには、この月と土星に包囲されたシステムの中で暮らすのは重要なことでした。植物的知覚を弱め、動物的知覚を強めるというのは、内的実感とか共感などにはあまり気を配ることなく、互いに通じないようにして、そして目に見えるものに大きく価値を置くことですが、メリットとしては、個体の優越性を強めることができるということです。プライドを抱き、独自性を追求し、人に勝つために働くという価値観を高めます。

　スポーツが勝ち負けに走ると、これは動物系知覚によるスポーツになります。勝ち負けを気にしないで楽しむということを重視すると、植物系知覚を重視したスポーツです。自分が個体としてここからあそこまで走るというのは動物系感覚です。自分がここからあそこまで伸びていくというのは植物系感覚です。植物系知覚は行動するという性質を持たないので、運動も自分が広がるという概念で見てしまいます。過去から未来へと移動するイメージがないので、敷地が拡大しているだけです。

　古典的な七つの天体による思想は、月も組み込まれていますから、個人生活、プライベートにも価値があり、これは土星の枠をますます強化することにもなりますが、この月と土星を端とする七つの法則世界に生きていることができる人もいれば、ここには一瞬たりともいられないと思う人もいるでしょう。

　土星外惑星はその後発見されたのでなく、西欧の動物的知覚重視の社会を作るために、一度忘れられ、その後に、そろそろいいだろうという段階で思い

出すことになりました。情報は意識状態が変わると、それにつれてどこからかいつの間にか出てきますから、天王星を新しく発見したのでなく、気分が変わったので思い出したのです。

　とりわけ天王星は土星にとっては天敵といえるくらい強烈で、天王星を判断の項目の一つに組み込んでしまうと、いきおい見えるものだけが真実という土星のパラダイムをぶち壊しにします。この土星と天王星の板挟みにあって、かわいそうな犠牲者になってしまったのはカイロンです。

　ロバート・ハンドはある時期から古典占星術に回帰して月から土星までの七つを使うようになったといいます。わざわざ静止点数の少ない、解像度の低いカメラに買い直した理由がわかりません。

13　12 サインの定義について修正しよう

　私は 2017 年にタロットカードの本（『タロットの神秘と解釈』説話社）を書きました。これはアレハンドロ・ホドロフスキーの『タロットの神秘』（国書刊行会）に触発されて、遠慮がちに書くのはやめて、もっとタロットに関して思っていることをあからさまに説明しようと思ったのです。

　タロットカードは、数字のロゴスを骨子として作られており、絵柄という肉づけは、その周囲にまとわりついているもので、世の中の多くのタロット解釈は、この骨でなく、肉を重視して、色取りどりに解釈しており、ときどき骨を忘れてしまっています。

　「13 死神」はこのことに遺憾(いかん)の意を表明し、肉を粛清(しゅくせい)し、改めて骨が地上に立っています。頭蓋骨がまずは基本的なコンセプトを打ち出します。頭蓋骨は 22 枚の骨が縫合されていますが、これは大アルカナの 22 枚に対応しているでしょう。

　センターの役割は蝶形骨(ちょうけいこつ)です。それは仙骨(せんこつ)とか尾骶骨(びていこつ)に伝わり、その後、踵(かかと)のヤコブ骨に伝わり、地上に転がっている女性の頭に乗せています。女性の頭と死神の踵の間には、足ツボマッサージのような五つの突起があり、死神はごりごりと足を前後させながらこすりつけています。女性は男性に比較すると、植物系知覚が多少強めで、この神聖幾何学の地上的表現ともいえる骨のロゴス的思想を受け取りやすいともいえます。

　数字のロゴスというと、同じ数字はみな同じ意味を持ちます。それぞれの体系において、この数字はローカライズされていきますが、しかし骨子は同じです。そのため大アルカナカードの 12 までの数字カードは、占星術の 12 サインと基本は同じ意味です。タロットカードと占星術は違うものだと使い分けするのが面倒になってしまったということもあります。どれもこれも似たようなものだと考えるのが私の姿勢です。「全部同じだ」というと混乱する人が多数出てくる

ので、「似ている」といえばよいでしょうか。お互いに参考になるということです。

　タロットカードは反世界的要素を含んでいるというのが私の主張です。反世界あるいはもっと極端に世界否定というのはグノーシス派の考え方です。

　イエス・キリストの双子の兄弟といわれる聖トマスはグノーシス派という説もあります。これは対立しているのではなく、分担していると見た方がよいでしょう。一人はヨーロッパにとどまり、もう一人はインドまで行きました。

　タロットカードでは、「11 力」のカードの段階で、それまでの素直な川の流れに沿って無意識的に生きる「神の子羊」をやめて、人間宣言をしていきます。

　タロットカードは、スターピープル、アントロポースとしての人間に回帰するための取説であり、太陽系内の、一方的に回転する惑星においての柵の中から脱出しようというものなのです。アレイスター・クロウリーは「すべての男女は星である」といいましたが、決して惑星であるとはいっていません。つまり、すべての男女は恒星レベルに生きており、太陽系の太陽磁場の柵の中におとなしく生きるべき生き物ではないと宣言しています。『ナグ・ハマディ文書』では、人間たるアントロポースは神のそばにいて、最初は造物主が作った世界（太陽系）の中にいなかったのです。

　人間は太陽の光が隠した背後にあるさまざまな恒星に従属しており、そのことを思い出さなくてはならない。これが「16 塔」と「17 星」のカードではっきりと打ち出されます。「8 正義」は惑星の八つで構成された全惑星意識ですが、同じ8系で、「17 星」の絵柄では、今度は八つの恒星で構成され、このうち一つは大きく描かれています。つまりはグレートセントラルサンと、それに従属する七つの恒星です。

　このコンセプトでタロットカードは作られており、無意識的機械として生きていることに目覚めるのが「11 力」のカードで、下半身に張りついていたライオンを自身から引きはがします。これはライオンを否定するのでなく、自分と同一化している結果自覚できなかった自身のライオン成分を、外に取り出し、それを見つめ、自分はそれではないと認識することです。そのことでむしろライ

オンを可愛がることもできます。アサジョーリのいうように、「私は思考ではない」、「私は感情ではない」、「私は身体ではない」、「私はライオンではない」のです。

　多くの人は自由意志の発揮というと、自分の好きなようにしていくことを思い浮かべます。しかしこれは実は自由とは反対のことです。人間は誰しも身体的癖、感情的癖、思考の癖があり、それぞれが似ていますが、この癖に素直に従うことは、身体の中にいるライオンに従うことです。

　カレーの好きな人がカレーを食べるのは自由行動ではなく、ライオンの言いなりになることです。生理学的奴隷になることを自由というのはまさに本末転倒です。

　11番目の水瓶座の性質は、この「11力」のカードと似たものです。旧来の占星術は、12サインのすべてを、世界内の範囲の中に閉じ込めて解釈しています。前から感じていることなのですが、それはどうも妙な話で、皮膚の牢獄、山羊座の範囲の中にダウンサイジングしています。閉鎖社会の中ではそのように解釈せざるを得ないのです。支配星も土星までをマッピングします。土星が最外廓ならば、12サインも山羊座範囲の中に収めなくてはならないのは当たり前です。

　水瓶座のサビアンシンボルを見ると、この水瓶座の性質の中に、「11力」のカードの性質がたくさん隠されています。数え度数5度の段階で、早々に「先祖委員会」というシンボルが登場し、これは地上には存在しないネットワークに参加することです。魂のクラスターともいえるもので、地上には存在しない先祖委員会なので、これを決して地上で見つけ出そうと思ってはならず、夢とかヘミシンクなどで接触するしかありません。その後は、地上生活を続けるには二重的な姿勢が必要で、自分の戸籍上の人格は地上で暮らすための仮面であり、本質は、これは違うというふうに、人とライオンの分離が起こるのです。

　ゲオルギイ・グルジェフの自己想起というのは、印象に同一化している自分を見つめ、印象の中に眠り込むことから覚醒していく訓練です。怒りに我を忘

れるという言葉がありますが、怒りに一体化して、自分が不在な状況です。

　今、自分は怒っているのだなと自覚するのが自己想起です。さらに自己意識の純度を高めるために、怒りを見ている自分をさらに見ている自分を切り出すというような行為の連続をしなくてはなりません。自己同一化から覚めると、存在の振動密度が上がり、今まで気がつかなかった微細な信号に気がつきます。つまり先祖委員会がすぐそばにいて、この中の一人が語りかけていることに気がつきます。この事実に気がつくには地上でのさまざまな印象に飲み込まれている昏睡から覚めなくてはならないのです。

　ダウンサイジングされた水瓶座の中に生きている人は、きっと先祖委員会に気がつかないか、あるいは気がついても思い過ごしと思って忘れてしまいます。山羊座的視点からすると、明確な物質的輪郭のエビデンスが成り立たない、何となくの気配や何となく感じる曖昧なものは「思い切って切り捨てなさい」と教育されているので、「何だか誰かが何かを言っている気がする」と公言すると笑われます。本来の12サインに戻った人なら、水瓶座の5度に天体を持つ人、あるいはその後の度数の人は必ず先祖委員会に気がつきます。J・S・バッハのカンタータ第140番のように「目覚めよと呼ぶ声が聞こえ」るのです。

　12番目の魚座は、タロットカードの「12吊られた男」と同一ですが、吊られた男は地上に接触しておらず、ヤコブの梯子に足を引っ掛けて、上空からの信号を受け取り、想像を膨らませますが、最後の最後まで地上には触れていません。魚座は地上的であってはならないのです。魚座の9度の「騎手」というシンボルのところで象徴的世界の中に身投げし、その後10度の「雲の上の飛行機」の段階で下界に降りてこない人になります。

　数年前に、夢の中でゲリー・ボーネルが私のことを「出雲族」と呼んでいました。出雲というのは雲から出てくるということで、雲の隙間から光が差し込むという言葉だと思いました。これをヤコブの梯子ともいいます。出雲族は地上に根を持っていないのです。

　これに関連した夢として、日本列島の上に雲が覆っており、この中から女性

が笑いながら、下向きに顔を出していました。髪の毛も下に垂れ下がって、マルク・シャガールの絵のようです。この笑っている顔が印象的でした。日本のどの地域あたりに顔を出しているかはわかりましたが、地上に根を持たない以上は、出雲族はどの地方から発祥したか考えても意味はありません。今思うと、これは「12吊られた男」の逆さまになった姿、髪の毛が下に降りているという光景に似ています。輪郭の曖昧な雲、空気を含んだ薄い水が魚座です。この中から光としての牡羊座が差し込みます。

　12サインのうち、11の水瓶座と12の魚座は、世界内的性質でなく、グノーシス思想のように反世界的です。実は、始まりの牡羊座も雲間から下界に差し込む光として、まだ世界の中に入り切れていないのですが、こういうふうに、12のうち三つは世界の外にあるというのは、12サインは平面的な円回転のものではなく、斜めに置かれていると解釈することです。実際に12サインは、赤道平面にあるのではなく、約23.5度傾斜した黄道に置かれたもので、地球から見たら斜めです。

　グレゴリオ暦のように、人類を地球のガラパゴス世界に閉じ込めようという意図からすると、12サインのうち三つは、世界の中にちゃんと納まらない半端な場所にいるというのは、断じて許せません。そのため12サインのすべてを世界内事象に入れてしまおうという話になりました。もちろん、これは月から土星までで七つの法則をまとめてしまうということと同根の方針です。12サインのすべてのルーラーを月から土星までにします。世界に反抗し、「自分はライオンとか神の子羊ではない」と言い張る水瓶座の支配星が皮膚の牢獄、つまり神の子羊が住む柵になるのは矛盾しています。

　土星の強烈な天敵である天王星が水瓶座の支配星になってくると、水瓶座の本性が少しずつ発揮されてきます。

　実は、土星と天王星の間には重大な亀裂があるわけでもなく、公転周期からすると土星は29年で天王星は84年、大雑把に天皇星は土星の3回転分です。つまり、土星は3回転すると、柵に鍵をかけ、ドアを閉めろという行為

に疲れ、天王星に道を譲ってしまいます。多分、皮膚の牢獄の中で生きることに疲れたのです。

「8正義」のカードの8点は、月を外して、水星、金星、太陽（地球）、火星、木星、土星、天王星、海王星。冥王星は惑星でなく準惑星であると2006年に決定されました。このことについて、『宇宙戦艦ヤマト』や『銀河鉄道999』などで、冥王星を舞台にしていた松本零士は、「理論的には正しいが、人々が持つ宇宙への夢に対する配慮に欠けた決定である」といいました。この言葉は、動物系知覚としては正しいが、植物系知覚としては正しくないということをいいたいのかもしれませんが、私は冥王星が惑星から外されたことは助かることだと思いました。

冥王星は太陽系の外との扉であり、これが惑星ファミリーとして組み込まれている間は、離心率の高い、つまり太陽の言いつけを守らず、太陽系にいつも揉め事を持ち込む不良息子がいることを許していることになり、太陽系の柵内の神の子羊のファームはいつも不穏です。「8正義」のカードの女神は、きっぱり冥王星を外に追い出すのがよいと決めた方がよいのです。そして、外に出たい人は、こっそりと冥王星通路を使うが、それは違法ルートであるということです。

身体では、冥王星は外との接点を示します。

例えば、鼻の穴、食べ物を取り入れる口、排泄器官、生殖器、耳などです。これらは外界とつながっていますが、そこでやりすぎると、生体は死にます。毒物を食べると人は簡単に死にます。

紀州のドンファンも、覚醒剤を取り込むことで死にました。糖質制限の宣教師といわれた桐山秀樹さんが急性心筋梗塞で突然死しましたが、隠れて大量にご飯とかスパゲティ、パンを食べていたので、重度の糖尿病の人からすると、危険な毒物を摂取していたことになります。世間には公表できない隠れたルートで、毒物のナポリタンを食べていたのです。

14　土星枠で保護されることの安心感

　「8正義」のカードが介入を許しているのは、海王星までということになると、土星までの皮膚の牢獄の生活のように閉塞状況とはなりません。しかし同時にこれは、天王星と海王星を、世界の維持の立方体の部品として正式に組みこみましょうということです。

　月から土星までの七つの法則で生きることに比較して、天王星と海王星を外のものとみなすのでなく、それぞれ八分の一の部品であると認めることです。今でもそれが組み込まれていない生活をしている人はたくさんいます。

　反則タックルが問題になった大学の理事長は、世の中でたくさんのネットでの批判があっても、それは考慮に値しない意見で、事件は放っておけばいずれは忘れられて、何もなかったようになるだろうと考えて、なかなか対応しませんでした。これは土星枠の権力構造の中での秩序の上に生きており、外部の意見、メディア批判は重要ではないと考えたのです。

　今日、私達はこうしたネット情報が持ちまれる吹きっさらしの暮らしをしています。これは天王星の影響を生活の中に組み込んだともいえます。平穏な生活をしようとしても「文春砲」がひどいことを書き立てます。文春砲といえば報道なので水星と見る人は多いでしょう。しかし水星は世界の枠内にあり、社会を揺るがすほどの情報は持ってきません。過去には全惑星意識の部品としては認められず、今では社会の部品として旧社会を揺るがすような位置にある天王星は、旧体制に不穏なものを持ち込むことを趣味にしています。確実に衝撃を与えないことには面白くないのです。天王星の視点は、人を地位とか肩書き、権威などで判断しないのです。

　土星は有機体を外界の影響から切り離し保護する作用です。私達は何でも形で判断する癖があります。これはそうでないと怖いのです。相手の正体がわからない時、相手の肩書きとか、特徴を確認すると安心します。あるいは自分

の記憶の中にあるステレオタイプに合致すると、その型にはめて判断しようとします。ステレオタイプの記憶が単純だと、相手がこのスタイルに合わない行動をすると慌ててまた不安になります。

　私達は習慣的に土星的視点で判断しています。地位のある人だとか、こういう専門家ということがわかると態度が変わります。これらは社会の中で社会が作り出した価値観の柱に隠れて判断することで、土星の縛りから自由になっていません。高そうなスーツを着ていると騙されるわけです。不動産屋さんはこういう見た目で誤魔化されないといいます。というのも、正式の場にジーンズとニューバランスのスニーカーでやってくるスティーブ・ジョブズのような金持ちもいるからです。美人は優遇されるというのも、形で見ており、社会的に容認されたステレオタイプの鋳型で判断しています。

　天王星は84年周期なので、これは人の一生に等しいです。すると、生まれてくると時は裸、死ぬ時も裸という発想になり、形とか見た目、付随する社会的な立場などには騙されません。ストレートに「条件のつかない」人間として判断しようとします。天王星的視点で見ることは、土星的視点で見るよりもはるかに透明感が高いのです。ここでは金持ちもホームレスも似たようなものです。

　記者の詮索好きは水星の暴走に見えますが、天王星の意図が乗った水星は地位に隠れて裏で何かしている人を摘発するという目的で嗅ぎ回るので、惑星意識としての水星の暴走ではないのです。

　個人的なことを書いてみます。2年前に横浜でQHHT（クォンタム・ヒーリング・ヒプノシス・テクニック／量子ヒーリング催眠療法）を受けた時、セッションの中で、私はミシェル・ノストラダムスが水晶球を見ている背後の暗闇の中にいました。部屋は暗闇が多く、とても居心地がよかったです。書物ではノストラダムスはデルフォイの水盤を見ているという話でしたが、セッションの前に、QHHTのセラピストがノストラダムスは水晶球を見ていたと言い張るので、セッションの中ではノストラダムスは水晶球を見ていました。

私はその背後の暗闇にいたのですが、セラピストは質問しました。「どうして背後の暗闇の中にいるのですか？」私は答えました。「光の領域に入ると、型崩れしてしまうから」と。

　セラピストには私の答えが理解できなかったことでしょう。私はその時、ノストラダムスに限らず、水晶球を覗くすべての人の背後には私がいるといいました。ジョン・ディーのところにもいたと。

　これは物質肉体を持つ私ではなく、「応身（おうじん）」としての私の回答です。応身とは受肉しておらずエーテル体、いわば月のボディを持つ存在のことで、個体より広がりがあり、体系には必ずそれを作り出したか、それに関係する応身がもれなくついてきます。エーテル体というのは神智学用語で、エーテル体は植物の性質を借りている。アストラル体は動物の性質を借りている。物質は鉱物の力を借りているといいます。「月のボディ」というのは「気のボディ」ともいえるでしょう。

　水晶球ではさまざまな映像を見ることができます。しかし光の中に入ってしまうと、つまりは動物系の知覚に入ってしまうと、いつも肉眼で見ている光景以外には何も見えなくなります。いくら水晶球を見つめても塵（ちり）一つの兆候もありません。後で説明しますが、これは乙女座的視覚の中に入ってしまったことです。そこで、薄明のあるいは暗闇の中に、つまり植物系の知覚に戻ります。すると植物系特有の知覚の方法、同じ型のものは同一のものであると観点から、世界中にある同じ型のものはみな共鳴し、植物系知覚はこれを使ってどこにでも移動するのです。

　同じ型のものは違う時間、空間にあっても同じもので、それは自分なのです。植物系知覚は、動物系知覚特有の重さや寸法、距離、遠近、サイズ、時間などの違いを考慮に入れません。つまりはニュートン物理学的な視点を持たず、いわば量子論的な視点になります。動物系知覚は、異なる時間にあるものはもう忘却の彼方でそれを思い出すことはできないので、記憶は四次元の中に折り畳まれます。植物系知覚は、この時間の差を飛び越えてしまうので、異なる

時間に置かれた情報を平気で取り出します。

　その代わり、植物系知覚が見たものは、インゴ・スワンがリモート・ビューイングでアメリカ星条旗を見た時に、組み合わせがめちゃくちゃになった福笑いの顔のようにパーツが入れ替えられ、空間配置の秩序は、波動秩序で編集し直されます。リモート・ビューイングなどで、サーチした画像が一部変えられていたりする謎がわからない人は多いと思いますが、これは植物系知覚特有の性質なのです。まるでパブロ・ピカソの絵のようです。

　私は前から応身が会いに来た時に、サイズが変わったり、点になったり、空間すべてに広がったりと、形が変形することに不思議な思いをしていました。

　動物系知覚では、世界に百の同じ形のものがあっても、それはみな違う場所に置かれ、それぞれが独立的に存在可能です。しかしパソコンの同じ型番の製品はみな同じ製品だと思うように、植物系知覚は、形の内容物に波動として共鳴し、同じ振動は違うものとみなせないので、それは空間的・時間的に違う位置にあっても、一つと判断します。

　四次元意識は時間の自由性を持っていますが、時間が経過すると、どのような形のものも変わり、時には消えたりします。ということは時間の自由性がある場合、空間の形も出たり消えたり、サイズが変わったりすることを気にしません。私達は限られた時間の中にあるので、物の形が維持されることを重視しますが、四次元知覚においては、形は一瞬後には消えたりもするので、形があてにならない基準だと思っています。形重視の人は四次元世界においては足場を失うのです。

　かつて王がシャーマンだった時には、王は行動してはならなかったといわれています。行動すると、動物系知覚が強まり、目の前のことしか見えなくなり、シャーマンとして水晶球を見たり、上位の意識を、黄金を通じて受信したりはできなかったからです。

　競馬を当てようとすると当たらない。しかし当てる気がない、欲がないと当たる。欲は特定の場所にのみ存在できる動物系知覚の持ち物です。競馬を当

てたいと思うと、既に植物系知覚の型崩れを起こして、もう見えなくなります。欲を通じて人は動物系知覚に捕獲されるので、私は興奮すると水晶球の映像が消えるとよく説明していました。映像がくっきり見えているのに、「そんなことどうでもいいんだ、それがどうした」という気分だと、継続的に映像が見えます。立ち上がって何か違う用事をして戻ってきても同じ映像が続きます。

　夜、寝ていると内臓の主張が夢の中に出てきます。これを単なるストレスの開放と考える人がいますが、正しい考え方ではありません。内臓と連動する植物系知覚が、夢の中で語っているのです。夜は身体がじっとしており、部屋に置かれたパキラのようで、しかも暗闇の中なので、植物系知覚は型崩れしません。朝起きるにしたがって、動物系知覚が優勢となり、夢の内容は忘れます。植物系知覚のスタイルから離れるので、意識状態が変わり、それにつれて記憶が取り戻せなくなるのです。

　植物系知覚は、寝ている時に夢で体験するとよいといえます。動物系知覚の人は、ことのほか軽視して、夢には特に意味はないのだといいますが、動物系知覚と植物系知覚が仲良く同居しているのが人間の本来のあり方なので、もっと夢の意義について考え直した方がよいのではないでしょうか。すると、これは海王星を組み込んだ「8正義」のカードになります。

15　牡牛座・乙女座・山羊座の三角形包囲網

　水瓶座と魚座は世界からはみ出し、牡羊座はまだ世界に入り切れないということを考えた時、それなら、世界の中に入るとは、牡牛座から始まり山羊座で終わる土の元素のサインが作り出す三角形に包囲された場に入ることだということになります。シュタイナー／ズスマンの12感覚論でいうと、牡牛座は思考感覚、乙女座は視覚、山羊座は均衡感覚です。

　2の牡牛座は、「2女教皇」と似ていて、人は女教皇が持つ書物の中に入り込みます。これは身体の中に埋め込まれている資質を掘り下げることです。そのことで人生の方向が決まります。牡牛座のサビアンシンボルに「書物の一文を示す指」というのがありますが、「2女教皇」の持つ書物を開いて、この中でどれかを指差しています。

　書物の文章の中に入り込むというのは、意味が全くわからないといわれそうなので、もう少し説明します。この宇宙のすべてを記録したものを「アカシックレコード」と呼んでいます。アカシックレコードは宇宙の過去から未来まですべてを記録し、これは図書館のようなものだといえるでしょう。現代的にいうとデータディスクです。

　私達はこの図書館の中の書物を取り上げ、自分に縁のありそうな一文に注目して、この内容を、時間・空間のある中に解凍し、動画として、見るのでなくそれに同一化することで、人生を生きるのです。本を読んでいる人は、文字を対象化して見ていますが、同一化すると対象化できなくなり、本の中の物語を生身で生きます。実際にあまりにも本に熱中しすぎると、もう本というよりは物語をそのまま体験していると思うでしょう。

　私は小学校低学年の時に、屋根裏のネズミの物語（スティーヴン・ミルハウザー『十三の物語』白水社）を読んでいて、猫が狙っていると書かれている時に、この怖さが現実のものとしか思えなくなったことを生々しく記憶しています。

毎晩、大魔神がやってくるかもしれないと思って眠れなくなったこともあります。書物の物語をコマ送りしているのは地球の自転、公転の力です。

アカシックレコードのアカシックというのはアカーシャの元素を意味しており、これは空の元素、すなわち第五元素です。第五元素を分解すると四元素になります。四元素は時間の推移、空間の区別、栄枯盛衰を作り出します。つまりアカーシャの静止文字は、四元素に分解することで、動画に変わります。

私はヘミシンクの体験で、内部に文字の書かれた釣鐘の中にいるシーンを頻繁に体験しました。「2女教皇」は鉄のカーテンの中にいます。この釣鐘の中とは、牡牛座体験なのです。

視覚は、そもそも思考を映像として見ます。自分の思考の中にないものは見ることはできません。私達が知覚するとは、たくさんの流れの中のどれかに抵抗して、そこに杭を打ち込み、すると流れが意識に上がってくるのです。周囲には無数の映像が渦巻いているかもしれませんが、私達はその一部のみを視覚で捉えます。これは騙し絵の模様の中にイルカの形を見るようなものです。つまり牡牛座で同一化した概念を視覚で映像化するのです。視覚は特定のものをじっと見た時に、それ以外のものはあたかもなかったかのようになる性質があり、これは木を見て森を見ずという乙女座の性質です。

一方、均衡感覚の山羊座とは、木の枝の上にでもヤギは立つことができるということに似ていますが、休みない時間の流れ、広大な空間の範囲の中で、誰もが自分が立っている場所ははかなく、一過性のものでしかないのに、あたかもそれが世界の中心であり、完全であり、均衡を保っているかのように感じる感覚です。

私はときどき、自分が歩いている時に、不思議な感覚にとらわれます。自分が歩くと、絨毯を引き寄せるように周囲の風景が変わるのです。自分はじっとしているのにどうして周囲の風景は変わるのだろう。足は絨毯を手繰り寄せる車輪のようなもので、これを速く回すと風景は速くやってきて速く去っていく。この視点は山羊座の感覚です。私はここにじっといる。私は変わらない。そ

して周囲は変化するのです。自分の直立した場所において均衡を保つのです。地球は激しく回転しているのに、私は吹き飛ばされたりしません。

　この土のサインの三角形の包囲網の中に動物系知覚としての世界が成立します。埒外（らちがい）の牡羊座、水瓶座、魚座の領域では動物系知覚は安定して成立できません。動物系知覚を作り出す牡牛座、乙女座、山羊座の土の元素の三角形は世界の一部を切り取り、興味津々でこの世界を凝視（きょうしんしん）、今風にいうと「ガン見」しており、小さなチワワがワンルームの六畳間でも運動場のように広く感じるように、狭い場所を大帝国にしてしまうのです。

　占星術体系はこの動物系知覚としてのニュートン物理学的な要素と、植物系知覚の奇妙なハイブリッドなのですが、天体位置を計算したり、星の位置を問題にしたりする部分は動物系知覚で考えています。にもかかわらず惑星やサイン、ハウス、アスペクトの意味を解釈し、小さな円と大きな円は共鳴していて、1日と1年と一生は似たような構造だと考える発想などは、明らかに植物系知覚です。動物系知覚では1日も1年も一生もどこも似ても似つかないものです。しかし植物系知覚では同じ型なら同じものなのです。

　占星術を扱っている人達は、一体、どういう気持ちでこれに関わっているのでしょうか。天体位置の計算は、三次元的配置として難しく、わからないと放り投げる人はたくさんいます。そういう人に対して「頭が悪いんじゃないの」という人もいます。この動物系知覚としての厳格さを保ちつつ、一方で金星はお金の場合もあり、音楽だったり芸術だったり、さらには駅前のケーキ屋さんのケーキも女子高生も乃木坂46も金星だよねというのは、一体、どういう根性なのでしょうか。植物系知覚からすると、計算のできない頭の悪い人の方が慧眼（けいがん）だったりすることもあるのです。

　同じ型のものはみな同じというのは、大人の男性を見るとみなお父さんと思い込む幼児のようです。幼児の段階では、動物系の視覚よりも、嘗め回し記憶と連動する植物系知覚の方が早めに発達するのかもしれません。球を球として認識するには、ぐるっと嘗め回さなくてはならないのですが、嘗め回しで球

を認識すると、おそらくインゴ・スワンが見たような福笑い的なかたちになるでしょう。

　小腸は身体の中に小さく納まったエリアです。しかし全部広げると、テニスコート1枚分の大きさになります。植物系知覚が嘗め回し動作をすると、小腸の実サイズはテニスコート大であり、身体の中に小さく納まっているサイズであるというのは現実味のない、腑に落ちない抽象的な見方です。動物系知覚においては、小腸は身体よりも小さい。しかし植物系知覚においては、小腸は身体よりもはるかに大きいのです。

　記憶という点では、動物系知覚には忘却があり、自分に関係していないことはあまり記憶に残っていません。植物系記憶からすると、動物系知覚で体験していないことも自分が体験したことです。古代の純潔民族では先祖の体験したことはみな血に刻まれていて、あたかも自分のことのように思い出せるというものでした。あたかもではなく、まさに自分の記憶です。

　西欧社会は、動物系知覚を強調したので、こうした植物系記憶を持つ、動物系知覚の観点では明らかに未開の民族を愚かなものとみなしましたが、至らない考えでした。

16 四つの転回点を活用する四季図

　日本の状況はどうかを考える時によく使われるのは四季図と日食・月食図、またジオデティック図、憲法図などです。他にもいくつかあるので、後の芳垣氏の章を読んでください。

　日本の建国はいつかわからないし、古い資料は政治的な趣旨で改竄(かいざん)されており、記紀についても真実なものは少ないといえるので、仮説としても採用するべきではないでしょう。

　この中で最もポピュラーなものとは四季図です。太陽が春分点、夏至点、秋分点、冬至点を通過した瞬間の図を東京中心で作ります。心臓の中の血液の流れの摩擦(まさつ)の場所を東京にするということですが、しかし外枠については不明です。つまり東京を中心にしても、これが日本とは限らないという比較的曖昧な図となります。

　国家は人工的に作られたもので、民族は日本国家という枠には全部収まっていません。

　例えば、ニューヨークには日本人は約5万人いるといわれます。世界中に日本人は散らばっています。彼らは日本人です。日本民族は地球を覆っていると考えてもよいでしょう。しかし日本国家は、ある特定の範囲にしかありません。

　私は、民族は蟹座、国家は山羊座であるとたとえます。民族は国家から漏れ出したり、他の国になだれ込んだり、また国家はアメーバのような民族の形の端をパンの耳を切るように切断したりします。

　蟹座は内側から外に爆発しようとします。山羊座は外側から締めつけの強い衣服で縛ろうとします。そして人工的に作られた国家は、時代によってサイズが変わったり、一部が欠けたり増えたりします。複数の集団枠の中で、国家は途中の節目なので、愛国心などを持って国家を過剰に重視する必要などありません。

もし、国家を重視するなら、同じくらい、その上にある太陽系主義、地球主義、大陸主義、国家の下にある地方主義、県主義、市主義、村や町内会など共同体を重視しなくては不公平です。東京の千駄ヶ谷グリーンモールでお店をしている人は、この範囲が日本国家よりも大切な場合もあるかもしれません。最近、オリンピックに向けてかお店が増えているので、揉め事も増えているはずです。

　四季図を東京中心にした場合、中心点は東京であるが、外の枠はわりにはっきりしない。太陽系は、中心は太陽であることははっきりしていますが、外枠はどこなのかはっきりしません。

　冥王星を惑星としてではなく、準惑星にして、太陽系ファミリーには入れないとなると、名目上、日本に参加しているが、しかし言動においては日本らしくないという部位は仲間外れです。また冥王星は離心率が高いので異物を持ち込みますから、これは日本に属しているような、あるいは海外に侵入されているような微妙な領域を表すことになり、ロシアと日本の共同で運営しようなどという北方領土はいかにも冥王星っぽくなります。北方領土は日本だと強硬に主張する人は、エッジの鋭い土星枠で考えています。天王星枠で考えると、よくわからないところが増え、冥王星枠で考えると、日本のアイデンティティを否定するような危険な領域も日本です。

　12サインの1回転の輪は四つの節目を持ちます。空間的には外から異物を持ち込むのは冥王星軌道ですが、12サインという円環構造では、これに当たるのが春分点とみなせばよいでしょう。外宇宙から春分点に新しい種が持ち込まれるのですが、12サインはすべて世界内の状況を示すと考えると、この春分点の新しい種が外から持ち込まれたという事実は忘れ去られ、12サインは永遠に円回転する閉鎖された円ということになります。

　グレゴリオ暦では、スタート点は何の宇宙的なリズムとも同期していないので、これは閉じた円です。春分点の支配星は冥王星ですが、しかし閉じた円としては、古典的に支配星は火星になります。これは地球よりは外、しかし太陽系の枠内にあるものという範囲です。すると、牡羊座はちょっと無理をして、

新しいことをしようとした、しかし大きくは日常の行動をしている範疇になり、夕方お父さんが、ちょっとジョギングしてくると外に出かけた程度の作用です。冥王星を支配星にしたとたんに、それは太陽系の外から新しいものが春分点を通じて持ち込まれたということになります。

　牡羊座0度は新しい種を撒くことです。90度の関係にある夏至点、蟹座では内部から成長させるというサイクルになります。成長させるには、さらに新しい種が春分点から持ち込まれてはなりませんが、育てる途中にまた新しいものが持ち込まれると混乱します。夏は暖かく湿度があり、どのようなものも成長します。そして放置しているとすぐに腐ります。

　蟹座の段階では、内部的に成長させるので、外から見て、それがどのような形のものかほとんど不明ですから、形はいびつかもしれませんが、それは蟹座の視点からすると気にならない、というよりも、意識に上がってきません。ただし蟹座は熱い、山羊座は寒いというのは、南半球では逆転することを忘れないでください。

　国家の図では、種蒔きは春分図で考え、3か月後の夏の図ではこの蒔かれた種がどういうふうに成長していくかを考えるのです。そのため、春分図のことを忘れて、そのまま夏至図を読むことはできません。「成長させている。しかし何を?」というふうに失念してしまうと初心を忘れた人のようになります。

　春分図を、おおまかに一年全体を表すという考えもありますが、面倒な読み方をしたくないという人は、春分図が一年分だと決めてそれで済ませてしまいます。

　手抜きなのですが、例えば、私は手帳を監修していますから、すると一年の始まりの言葉として春分図を説明します。以前は、実験的にお正月の図を読んでいましたが、全く実感がない「腑に落ちない」ものだったので、やめました。

17　2018年の春分図を例に

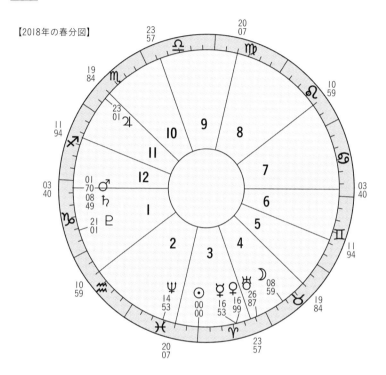

【2018年の春分図】

　この原稿を書いているのは2018年の6月なので、例として2018年の春分図を参考にしてみます。

　日本という怪獣の静止点は、まずはアセンダントの山羊座03.40度（小数点以下百進法）にあります。山羊座はそもそも冬のサインで、春が種蒔き、夏が成長、秋が成果を見る、冬が硬直して形骸化するということからすると、結果としての決めつけであり、新たに芽吹く未知の可能性については軽視するか抑圧的になる可能性はあります。

　そこに停止とか抑圧という火星・土星の合がありますから、結果重視で曖昧な可能性に対しては禁止的な行動に出るという印象でもあり、一例としては、

北朝鮮に対する最大限の制裁をしようというふうに決めているとか、セクハラ辞任、パワハラ辞任など禁じていく行為に熱中しますから、日大の理事もいつ辞めさせるか、総理をいつやめさせるかなどに世間の関心が向かっています。

1ハウスは主張で、この中には穴を開けてしまう冥王星も入るので、方針の中に限界を超えたものもあり、「8正義」のカードの管理力ということからすると、冥王星は困った作用です。惑星意識に同一化し、その流れに飲み込まれていく意識からするとこの冥王星作用に食われて、気がつかない間にうっかりと行き過ぎになります。冥王星があるということは、行き過ぎて限界を超えてしまう可能性があるということにいつも注意していなくては取り返しのつかないことになりやすいのです。

辞任や追放、禁止、成敗ということに熱中しているくせに、種蒔きの牡羊座には太陽、水星、金星、天王星という四つも天体があります。これは日本では3ハウスと4ハウスにまたがっていますから、そこでは何か新しい芽がいくつか出てくることになります。

3ハウスは交通とか、初等教育などです。ここで芳垣氏の資料を参考にしてみると、3ハウスは「交通、輸送、隣国との取引関係」、4ハウスは「国土、農業生産、天候、環境、自然災害、野党」というふうに書いてあります。このあたりに新しい動きがいくつか出てくるということです。

例えば、ホンダが富裕層向けに開発した個人ジェット機ホンダジェットは2018年5月のジュネーブの航空ショーでお披露目されました。シェアリング自転車サービスを広げたり、また初等教育の現場に新しいアイデアを持ち込むということが盛んになりますが、これらは1ハウスの山羊座天体とスクエアになったりしますから、火星・土星というダメ主張が優勢の中、取りやめになるものが多数あり、新企画を提案する人はそれが実現の運びになるかどうか心配ではらはらします。

会社では、管理するタイプの人を増やしすぎると、いかなる企画も通らなくなります。惑星意識として土星に同一化した人はすべての企画を潰します。それ

に春の種蒔きは、その後、成長するかどうかわからない。種を蒔いたが、地中で腐ったというのも気にしません。

妨害されていない4ハウスの牡羊座天王星は、火星との120度の勢いも借りて、4ハウスで増殖します。火星は少し無理をしていつもよりも範囲拡大するというものです。つまり地球よりも外にある惑星だからです。天王星は水瓶座の支配星で、これは山羊座の範疇よりも外にあるものを、環境に持ち込むというものです。東京の西葛西にインド人がたくさん住み着いたり、日本人がますます減っている三重県に外人がたくさんやってきて、定住したりというのもこのイメージです。

しかし、牡羊座の27度で、これはまだ着地する牡牛座の手前なので、実験的に住み、今後もずっとという定着には至りません。サビアンシンボルでは、この度数は「復活する失われた機会」というもので、一度試みたが挫折したことにもう一度取り組みます。

一度挫折した体験をした力士の栃ノ心は大関になりました。今は外国人労働ビザなどを改正して、フィリピンの介護の人などももっとたくさん日本に来てもらって、老老介護のような事態を緩和しようと考えている最中で、かつてのように、東京の代々木公園にイラン人が密集するようなことにはならないでしょう。難民をもっと受け入れようという意見もあります。

地域エゴを示す月は牡牛座にいて、これは保守的な土星とトラインなので、外国人がたくさん住み着いても、月根性にしがみつく古い日本人は受け入れていません。観光客で行くと大歓迎されるが、住もうとすると恐ろしい拒絶にあうようなものです。月は牡牛座の9度で、自分の食べものは決して人には分け与えないのです。外ではホームレスが死にかけています。しかし自分の家ではぬくぬくとした暖炉があるというサビアンシンボルです。

このように春分図を読んでも、この状況は3か月すると終わってしまい、夏至図に取って代わられます。そして春分図では、種蒔きをするが、そのいくつかの可能性は地中で死んでしまったり、中空に浮かんだまま着地できないもの

もあったり、その予測は立たないと考えるとよいのです。

　春の受け持ちとは、ともかく種は植えた、その後は知らないというものです。このうちどれかが生き残って夏に育つのです。この場合、何が育つのかは、そのまま惑星の意味を連続させてもよいかもしれません。

　日本の不動産に住もうとした外人達は、その後、どうなのか知りたい時には天王星を追跡するのです。参考までに夏至図では、天王星は牡牛座に入り込み、着地の道を見つけ出し、しかしまだまだ入り口の01.67度で、環境の中で物議を醸します。しかしそのことで環境は活性化します。

　「8正義」のカードの8点を考えるという場合、海王星や天王星は組み込まれた部品であり、それを埒外とはしません。しかし月から土星という7惑星の古典的、保守的精神構造からすると、これは辞書の中に入っていません。むしろ古典的な7惑星概念では、これを埒外に追い出すというよりも、意識に上がってこない、つまり流れに対して抵抗していないのです。

　本人からすると「ない」と言い張るが、他人から見ると露骨に誰よりも強く影響を受けているのがありありとわかるのです。こういうことを考えるたびに、自分という定義は、一体どこからどこまでの範囲で決めているのか迷います。何の気なしに「自分」とみんながいいますが、それぞれの人の庭の大きさが違うのです。

　現代社会では、アルコールの消費量は異常なまでに増えています。会社員はストレス緩和のためには、夕方から夜、アルコールを飲まない人は少ないでしょう。これは皮膚の牢獄に閉じ込められた生き方はあまりに苦しく、気分だけでもふわふわ開放されたいからです。アルコールは海王星作用の数あるうちの一つの象徴です。アルコールなしでも飛べる人は、アルコールは必要がないでしょう。飲酒代金を家計の中に組み込むと、既に海王星を八分の一として正式に導入することかもしれません。となると、占星術の解釈でも海王星に対しての異常なはぐれもののような解釈はしなくなるでしょう。

　海王星の定義の中に詐欺というのがあったら、これも人生の中に正式組み

込みされたことになり、オレオレ詐欺も遊び題材です。詐欺に遭って怒るより、詐欺はそもそも起こるもの、いかにそれに対処するかを工夫するのが全惑星意識のあるべき姿勢といえます。

　私は1980年代にタイのバンコクに行った時には、数回詐欺に遭いましたし、日本人とわかると買い物でも3倍の価格をふっかけられました。インドでは10倍です。「しようがないなー」と思うのが、海王星を組み込んだ人の正しい態度です。ストロング缶チューハイを飲みながらネットを漂っている。これは海王星と天王星を既に日常生活に組み込んだ生活かもしれません。

　ところで海王星の象徴一覧の中に詐欺という言葉が入るのは、いずれは廃止しなくてはなりません。海王星を認めていない人は、海王星作用が消えるのではなく、むしろ逆に、本人が気がつかないだけで強く働きます。

　例えば、資料を調べている人が確実なものだけを選ぼうとして、ネット情報とか夢の情報を取り除くとします。しかし具体的な資料というのはそこまで確実かというと、それらに本気で取り組むほど抜けが増えることもあり、そんなに信頼性はありません。8点で構成する全惑星意識は古典的な7惑星で作り出す全惑星意識よりは明らかにスペックが高い。そこから見ると、土星内意識は、不注意で呆れるものがたくさんあります。本人だけがその事実に気がつかないのです。

　海王星を組み込んだ観点からすると、詐欺は限りなく減少し、海王星の項目に詐欺を入れるというのは廃れるでしょう。土星内意識からすると、自分で管理できないので、詐欺ということになるのです。

18　全惑星意識は太陽意識ではない

　全惑星意識を構成する八つのうち一つでも欠けたものがあると、その人は冷静でいられないし、判断は間違います。「8正義」としての全惑星意識は、惑星のどの流れにも流されず意識化するので、その働きを中和、あるいは抑止することも可能です。

　意識は対象に投射されないと働かないというエトムント・フッサールの考えですが、何かを意識して対象化するということについては、私は振動差で説明することを好みます。というよりも、そもそもフッサールの対象化というのは物体に対して行われる対象化でないことは明らかです。

　新幹線ののぞみが2台で同じ速度で走っている時、相手ののぞみも一緒に止まっているように見えますが、振動で考えるという視点からすると、この同じ速度のものは対象化できず同一化します。そして相手の速度が遅くなり、後ろに下がっているように見える時、私達は対象を視覚化して認識します。つまり、自分よりも速度の遅いものを私達は意識的に認識できて、また自分よりも速度が速いものは認識できず、むしろ、このより速度の速いものに見られた立場となります。

　私達の周囲にある物質や映像として認識できるもの、イメージ、感情、気配あらゆるものはすべて印象ですが、これらを対象化できて意識できるのは、私達の意識速度が、これらよりも速いからです。そして印象はさらにたくさん渦巻いているのですが、私達の意識よりも高速な振動をしている印象がもっとたくさんあっても、私達にはそれらは無であり、しかもそれらに私達は見られています。

　特定の印象に同一化することをやめて、自分をそこから独立させるというタロットカードの「11力」のカードの行為を続けると、これまで気がつかなかった印象に気がつくことが増えてきますが、私達を取り巻くすべてを意識化する

というのは、そもそも不可能です。

　天体での振動の序列は、月、惑星、全惑星、太陽という順番に振動が上がりますが、一つの惑星の作用を対象化して、その動きを意識できるのは一つ上にある全惑星意識です。また惑星よりも振動密度が低い月は、もし私達がこの月の感情とか作用に同一化している時には、無意識に月の持つ感情に一体化して「月に憑かれた」状態となります。惑星はこれよりも振動が高いので、月に憑かれるということからかろうじて免れていますが、しかし惑星に憑かれていることには違いないのと、月意識は惑星意識の一つ下なので、近すぎて、惑星意識はいつも月意識に取り憑かれる危険に晒されています。全惑星意識となると月意識からはしっかり距離があり、かなり余裕があります。

　全惑星意識になり、月への同一化をきっぱりとやめてしまうと、月の気の力を対象化して、外部に見ることができます。月を外化するとは、実は自分の個人的な気持ちや感情、思いに没入しないという意味なのです。これがオーラを見るとか、エーテル体を見るとか、それをしなくても、雰囲気で感じる、気配を感じる、濃密な匂いがするという感知をします。オーラで見るなど映像認識は、どの種類の感覚を使うかという好みの問題なので見えなくても感じるなら同じことです。

　私はよく朝に、暗闇の空間をキラキラする銀色の渦として見ていますが、これが月の力の渦です。空気あるところすべてに月のエーテル波を見て取ることができます。武道の達人は相手の動作を見る前に、先に出てくる意図、その感情のインパルスを見ますから、対応のタイムラグが少ないのです。動作だけを確認していたら既に遅すぎて負けてしまいます。

　多分、サッカーの達人なら球筋が見えるのではないでしょうか。オーディオアンプ設計の達人のインタビュー記事を読むと回路図を見るとどこが悪いのか見えるそうです。おそらく指揮者は楽譜を見ると音が聞こえるはずです。

19　振動にふさわしい記憶が蘇る、階層ごとに違う12サイン

　月、惑星、全惑星の振動水準の違いとともに、このそれぞれの振動の重心には、それにふさわしい12サインの感覚が腰に巻いた帯のように並んでいると考えましょう。振動にふさわしい感覚が取り巻いているというのは本質と質量の関係です。すると月の帯にある12サインの感覚と、惑星の腰に巻いている帯と、全惑星の腰の帯にある12サインの感覚は違います。月のレベルから、全惑星レベルの12サインの感覚・印象は見えません。

　惑星が八つあると想定すると、これらは音階のように並んで、この小さい範囲で振動が違うものに各々12サインが付帯します。特定の振動の意識には、それにふさわしい記憶がやってきます。しかし意識状態が変わるとその記憶はごっそりと消えます。反対にいうと、思い出にしがみつくと自分の振動を変えることができません。金星の周囲には、衣服に関する記憶がたくさん集まっているかもしれませんが、火星の周囲にはラグビーに関係する記憶がたくさん集まり、金星はこのラグビーの記憶を覗けません。

　月、惑星、全惑星と振動密度が上がりますが、複数の惑星が織り成す音階は、惑星カテゴリーの中での七つの階層であり、月の一番上と、全惑星の一番下の隙間に置かれています。

　これは地球には地球振動レベルにおいてのアカシックレコードがあり、グレートセントラルサンには、その管轄範囲においての全宇宙のアカシックレコードがあるということです。アカシックレコードは過去から未来のすべての記憶がある。動物系知覚は限定して、時間と空間の中に入りますから、目前の記録しか読めませんが、植物系知覚ではもっと広い範囲を見渡します。

　月意識で掘り出す、いわば情念記録帳みたいな12サインと、全惑星意識で掘り出す12サインは違いがありすぎます。さらにシリウス軸で掘り出す12区画のアカシックレコードは全く違います。これらはみな12のロゴスというピザ

生地に乗っているので、根底の構造は共通しているのですが、内容は違うのです。

　私は、今はホロスコープの相談を受けることはないのですが、以前はよくカウンセリングしていました。この時、しばしばリーディング内容を聞いて「結局、自分の人生は星に振り回されただけで、自主性などなかったのか」と衝撃を受ける人がいます。作家の永倉万治さんは私に「結局、自分の人生は何だったんだ」といいましたが、動物系知覚は、JR新宿駅の隣は代々木駅だとわかっているはずなのに、うつむいて地面を見て歩くので、急に目の前に代々木駅があることに驚くのです。

　私達の生命活動を運営する川の流れは複数あります。その複合の中で成り立っています。これは空中に数々の周波数の電波が飛び交っているようなものです。

　占星術は、このうち、八つとか九つとかの流れを抽出する。これら八つとか九つの流れに対して抵抗体を作ると、8点の静止点の集合体が、自己というプロトコルを作るのです。この静止点の集合体を「アセンブリッジポイント」とか、「知覚の束」といいますが、それぞれの惑星ピックアップが異なる12感覚の内容をアクセスしているのなら、この八つを組み合わせたアセンブリッジポイントはアカシックの本の中にある内容とは違う独特の人生を歩いているように見えるでしょうが、スパイスを複数組み合わせたインドカレーのように配合しただけです。

　私はこういう複合時間軸が好きなので、音楽でも武満徹などが好きです。チャールズ・アイヴズ、ダリウス・ミヨー、ルチアーノ・ベリオなども好みます。

20　食べられるもの、存在の重心、何を食べるか

　グルジェフの発想では、存在というのは、「何に食べられているか」、「重心は何か」、「何を食べているか」という三つ組でできています。グルジェフは振動密度の違いをH番号で区別しました。Hは水素のことですが、これはいただけません。グルジェフの知識の間違いなので、私は水素番号とはいわず、数字だけ採用することにして「H」という記号を頭につけます。

　存在の重心という点では、H1は絶体、H6は大天使、H12は小天使、H24は人間、H48は哺乳(はにゅう)動物、H96は無脊椎(むせきつい)動物という具合に分類しました。アリストテレスの生命の階段はもっと大まかなもので、シュタイナーの分類もだいたいアリストテレスと似たようなものです。

　人間は創造的な活動をする時だけ人間であり、それ以外の時は哺乳動物であるとシュタイナーはいいますが、哺乳動物的な人間でなく、正しいアントロポースとしての人間は、H6の大天使に食べられ、重心はH24全惑星意識であり、H96の無脊椎動物を食べているという三つ組みです。

　無脊椎動物を食べているというと、居酒屋でタコとかイカとかホタテしか食べないオヤジを連想しますから、イメージを正すために説明すると、無脊椎動物の存在の重心という意味です。無脊椎動物はそれを重心に生きている生き物で、もちろん神から金属、鉱物、砒素(ひそ)でさえ含んでいますが、軸足をH96に置いているという意味です。

　哺乳動物、すなわち神の子羊は、H12-H48-H192で構成されています。H192は空気の振動密度で、月はH96で、このH192よりも上にあるために、対象化できておらず、存在の内側に食い込んでいます。

　何に食べられているかというのは、どういう意識の腹の中にあるのかということで、これは超意識の領域です。全惑星意識H24の存在は大天使H6を超意識としており、大天使の振動密度の存在とは恒星のことです。たとえ無意

識であれ恒星意識の腹の中にあると、宇宙の中で導かれ進路を持っていることになります。車の中で寝ている子供は、知らず知らずのうちに正しい場所に連れて行かれるのです。

H6の腹の中にいる全惑星意識H24は、全惑星意識という点においてコンプリートでないと、この宇宙の中でのフラグという恒星意識と正確に同期を取ることができません。歪んでいるとコマの軸から脱線します。あらゆるものは構造共鳴するという意味では、全惑星モデルが完璧な模型を作ると、より上位の意識が足場として降りてきます。

大天使に食べられていないH24の全惑星意識は、首のない胴体ですが、社会の中にはこうした組織、集団もあります。

例えば、社会の中で相対的に成立する価値観を追求する会社は首なし組織であり、儲けのために作られた会社は明らかに首なし組織です。

社会集団を形成することは人間が全惑星意識を手に入れるためのチャレンジと説明しましたが、多くの社員が係長、部長、取締役、社長へと登りたがるのは、給料が上がるからだけではありません。統合化された全惑星意識の高められた意識に上がりたいのです。そこからだと広い範囲が見渡せるのと同時に、強烈なエネルギーが手に入ります。

社長になりたい野望は、進化の欲求です。権力は蜜の味というのも、高められた意識とそれに伴う強烈なパワーが手に入るからです。「私は、権力は欲しくない、社長にもなりたくない」という人も、実は、人気者になりたい有名になりたいと思っている人がたくさんいます。これも全惑星意識を獲得したいということです。

蠍座の15度のサビアンシンボルは、「五つの砂山の周りで遊ぶ子供達」というものですが、これをルディアはパワーゲームをする企業トップのように見ていて、なかなか批判的です。砂山の一つの砂は一人の人間で、支配者は人垣の頂点にいます。砂山の周りで遊ぶ子供は、正確には、砂山を五つ集めて、この頂点を結ぶ砂上楼閣で遊んでいます。

第1章　マンディーン占星術とは何か？ ── その根本思想〈松村　潔〉

　カタカムナ思想では、山の頂点と頂点を結ぶような場所を「イヤシロチ」といいます。谷底は「ケカレチ」といいます。これは穢(け)れているのではなく気が枯れている場所です。

　蠍座は地に落ちたところから、高められた意識を持つことで、この砂山をよじ登り、生態系の頂点に至ります。昔から今も変わらず国と国のパワーゲームは続いております。

　例えば、北朝鮮問題を利用して、中国はアメリカを牽制(けんせい)しようとしたり、まるで将棋とかチェスのようなことを国を使って遊んでいるし、将棋が今どこまで進んでいるか毎日のように新聞は報道しています。

　砂粒の一つである国民は、世界が平和になるとよいと考えていますが、将棋をする人達はあまりそのことが念頭になく、それよりもチェスや将棋の面白さに熱中しています。

　サビアンシンボルに5の数字が入っているということが、遊んでいるということを示しています。しかしこの度数は、遊びということがメインの意味ではなく、力の集合または高められた意識ということが主眼です。

　組織の頂点に至ることで、組織全体の力を集合し、圧縮した高められた意識を手に入れるのですが、首なし組織の頂点に行っても、全惑星意識の先に向かう見通しはありません。おそらく目標を達成した段階で、先行きが見えなくなり、急速に腐敗します。小泉進次郎議員は、「権力は腐敗する」といいましたが、先のない組織の頂点に至った場合には腐敗するのです。

　「アジアで龍がいる」という話を聞いて、日本のテレビ局が見に行くと、それはコウモリが龍のような形で集団で飛んでいる姿でした。この時、惑星意識を表す個人の視点では龍は存在せず、複数のコウモリがいるだけだといいます。しかし全惑星意識というのは、惑星が結合する全体を見るわけですから、コウモリ一匹一匹を見ておらず、コウモリの集団が作り出すフォーマットである龍を見て、確かに龍はいると感じるのです。そして砂山の砂としてコウモリを使っていることを理解します。

マンディーンのホロスコープを読むことは、コウモリを読むことでなく、龍を読むことです。そのためには、自分も龍でなくてはならないという理屈が成り立ちます。というのも、コウモリは自分が龍を作り出していることを自覚せず、隣のコウモリとの関係性のみで飛んでいて、コウモリが知らない「意図」が、龍の形を作り出しています。コウモリ視線では龍は全く意識に上がってこないのです。
　組織の頂点に至ると、この龍が見えてくるのですが、首なし組織では、龍がどこに向かおうとしているのかが見えないというわけです。

21　残酷な事件の例

　この春分図の時期に、5歳の子供を親が虐待して死なせたという事件がありました。この子供は胸腺が通常の子供の五分の一まで萎縮していました。胸腺は免疫力に関係しますが、この事実は1950年代までは判明していなかったので、それ以前には子供の胸腺を手術で切り取るということはよく行われていたといいます。

　春分図の火星・土星の合。さらに子供を示す水星・金星の合に対して死を意味することもあるアスペクトとしての冥王星のスクエア。冥王星は違うコスモスへの扉という点では、水星・金星を死の彼方に連れて行くということになるからです。成長を止めて、死なせてしまうというセットと考えると、この包容力を失い、胸腺を萎縮させ、死なせてしまうという事件は、この天体配置を象徴的に表しています。

　それ以外にも、6月前後は異例に残酷な殺人が多く、このうち6月9日、新幹線の中で、22歳の若者がナタで乗客を殺害するという事件もありました。殺す相手は誰でもよかったという話です。

　また5月26日には29歳の看護師を連れ去り山中に殺害死体を埋めるという事件もありました。新幹線などの交通機関、つまり3ハウスに関係したところで冥王星とのスクエアが起きたという象徴を字義通りに再現したものが、6月14日福岡の介護職員が新幹線のぞみに飛び込んで自殺した事件です。

　まだまだ他にもたくさんの事件がありました。5月後半から6月は火星と土星と冥王星がパラレルの配置にあり空恐ろしい感じです。赤緯がマイナスの側でパラレルになっていると本能的な行動になります。パラレルはアスペクトの合と同じと見ている人もいますが全く違います。火星と土星はアスペクトで合に近ければ比較的パラレルになりやすいのですが、冥王星は緯度の振り幅が大きく、これが加わることで、火星・土星を煽って常識の枠からはみ出す行動を

誘発します。禁止行為が限度を超えて殺してしまうということもあります。

　春分図で、1ハウスで火星、土星、冥王星が行き過ぎた禁止ブームとなり、同時に赤緯でも、火星・土星・冥王星がパラレルで、1ハウスの主張に実体的なパワーを与えると不気味な結果になります。

22 ニュースでは正確な報道はされない

　これらの事件はニュースに報道されている話ですが、もちろんホロスコープが示す内容の全容ではありません。水星・金星と冥王星のスクエアという組み合わせには、具体的な事例は数限りなくあると思います。冥王星の彼方から力がやってきて、水星・金星に充填した場合には、パワー増強でもあります。

　たくさん応用例があるにもかかわらず、私達はこうしたホロスコープの検証に、内容のごく一部しか取り上げないテレビのニュース、新聞などで拾った内容しか使えません。テレビのニュースは、たくさんある内容の中で、少数を取り上げ、しかもあまり重要に見えないかもしれないものを毎日繰り返して報道し、全体イメージをデフォルメします。

　このような選択をする視点は一体、どこにあるのか、誰なのかということを私はいつも疑問に感じます。報道している側は公平なつもりですが、しかし、情報というのはその人の振動に合ったレベルでしか拾えない。そのため、違う振動にある人から見ると、「なぜこれを見落として、このどうでもいいものを拾ってくる？」と疑問だらけになります。気まぐれで選択しているとしか思えません。

　「適当にやっている」と答えたら納得しますが、しかし、担当者は真面目です。それに何か起これば、直前のことも忘れます。近いところにあるものは大きく見せる。事故が起きたら日本人がそこに含まれていたかどうかを最初に問題にする。某スポーツ協会のインストラクターを辞任させたという報道が何度も繰り返され、それよりも数倍も大きな事件は時間枠が足りないので報道しなかったりします。

　実のところ、「全体はどうなんだ」ということについては、誰一人わからないのです。3ハウスの水星・金星に冥王星がスクエアということの符号に、先に挙げた残酷な話の例を持ってきて、「なるほどね」と思うにしても、水星・金星のスクエアの事例を検証するには、知らされたデータが少なすぎるのです。

たまたま拾ってきたイメージは、「これに合ってる」という程度しか考えることができないのです。几帳面に確認するには、無数のデータを拾ってきて、いちいち確認するということをしなくてはなりませんが、しかしこの作業には終わりがなく、エッジがどのあたりかわかりません。几帳面で正確にしている人は、たいてい本人だけが気がつかない杜撰さを持っています。「8正義」は内部からすると完全な箱。しかしホドロフスキーのいうように、外から見ると、歪み、斜めになり、不正もあるということです。

　そこで、ホロスコープの表すことを正しく読んだという証拠はなかなか見つけられないということです。ホロスコープは「何か事件がある」といった。しかしテレビも新聞も、そうした事件は報道していなかったから、それは間違ったとはいえないわけです。

　私はいつも、日本の人口は何人なのかというのを疑います。登録されていない人は極めて多数に上ると思います。ですから、誰も日本の人口はわからないはずです。ニュースも何が本当かはわからない。これらはみな動物的知覚で見ているからです。目に入るところだけ、とりあえず拡大します。

　マンディーンで大きな社会とかを見る時、結局、検証ができにくいということですが、実は、個人のホロスコープでも同じです。これを判断するのは個人の目であり、個人の価値観によって、あるものを見たり、違うものを見落としたりします。あるいは意義を捻じ曲げたりします。

　孤独死は寂しいと思う人は、孤独死は避けたい。孤独死は不幸なイメージです。すると土星が牡羊座で、孤立していたりすると嫌な思いをするかもしれません。しかし、蠍座の複数の惑星の塊があり、若い時さんざん息苦しい人の輪の中にいた人は、晩年孤独死をしそうといわれると嬉しいわけです。おひとり様でしゃぶしゃぶを食べたい。牡羊座の土星の孤立は、特に孤独死と限定されていませんが、孤独死を望んでいる人は、この限定イメージにしがみつき、牡羊座の土星の孤立は孤独死なんだと決めつけるかもしれません。

23 惑星意識で生きていると惑星衝動に乗っ取られやすい

「惑星の作用の通りに殺人してしまった」という場合、果たしてこれは惑星の責任なのでしょうか。

惑星意識で生きている人は、惑星の作り出す印象に自己喪失しており、それをコントロールできません。「気がついたらそんなことをしていた」、「あの時どうしてそんなことをしたのかわからない」。これが惑星意識のあり方です。

火星と土星と冥王星がパラレルになると怒りに任せて殺人するということになるのです。新幹線殺人をした犯人の部屋には、フョードル・ドストエフスキーの本があり、ドストエフスキーの『罪と罰』や『悪霊』に熱中してしまうと、意識的な殺人は許されるというドストエフスキーがよく取り上げたテーマが出てきますから、犯人が「刑期が終わったら、また同じことをする」ということからわかるように、惑星作用に乗っ取られた衝動殺人ではないことになります。

しかし、おそらく火星・冥王星の助けがないと、その勢いが保てないでしょう。火星・冥王星を対象化していると実行できない。しかしこの火星・冥王星の中に同一化して、火星・土星・冥王星の流れに飲み込まれると、動物に一体化する小林たつよしの『ドラゴン拳』のように力が宿るのです。

全惑星意識は、特定の惑星への自己同一化から離れており、その結果として、特定の惑星がある行動に誘い込もうとしても、それに乗らないか、あるいはもっと具体的な方策として、違う惑星、特に天敵的な役割の惑星の作用を呼び寄せて、その行動衝動を対消滅的に帳消しにします。惑星意識から超越していたいので、一つの惑星の作り出す衝動の中に飲み込まれることを全惑星意識は嫌がるのです。そのため、思うけど実行しない。行動は惑星への自己同一化から誘発されるのでなく、自分の意志で決めた結果起こすものなのです。

例えば、お腹が空いた状態を考えてみます。食べるというのは、惑星の作用が誘発します。肝臓に関連した木星は、何でも食べて消化したいという欲

求を持っています。世界中にあるあらゆる食べ物を食べたいのです。とはいえ、食べたい気持ちは木星から発するとしても、木星は食べたい天体ではありません。木星は食べたい欲求だけを表す天体ではないが、しかし食べたい欲求は間違いなく木星からもたらされるということです。

　舌の上に食物を乗せると、肝臓は気もそぞろで、消化する準備を始めます。木星の衝動に乗ってしまうとお腹が空いた時には食べます。このまま放置しておけば肥満したり、脂肪肝になったり、糖尿病になったりします。というのも空腹感というのは少しずつ基準値がずれていくものなので、たくさん食べている人は早くお腹が空くし、あまり食べていない人はなかなかお腹が空かないのです。ずるずると増長していくのは木星の特有の性質です。

　また惑星は一方向に回転しているので、これはカルマの増長という意味があり、ある方向に走ると、それを止めるものは何もありません。木星衝動は単独では食べて、そして木星の作用そのものが自滅する方向に向かいます。人体の中で肝臓が占める場所は決まっていて、木星に暴走させると、その割り当てをはみ出して自爆するのは明らかです。それを止めるのは、他の公転周期すなわち違うリズム・価値観で動く他の惑星か、あるいは静止する全惑星意識です。

　他の惑星が止めるのは、木星と同じ惑星意識のレベルであるが、違う都合によって止めるということで、冷静中立な判断ではありません。たくさん食べたいけど痩せたいからやめるというのは木星に土星をぶつけたことです。あるいは、たくさん食べても後で運動すれば解消できると思うのは火星をぶつけることです。マラソン選手の高橋尚子はいつもケーキを食べる時にはカロリーを暗算して、何キロ走れば解消できるかを想定してから食べたといいます。火星は肝臓から射出される胆汁に関係し、それは脂肪を分解するのです。

　この生理的な木星の欲求によってではなく、「そろそろ食べた方がいいか」と思って食べるのは、全惑星的決断です。これはおいしい食事、あまりおいしくない食事とは区別しないで食べていくかもしれません。

　こう考えると全惑星的なものとは禁欲的なのかと思い込む人もいますが、全

くそうでありません。禁欲感情は土星から来るのです。「おいしい」、「気持ちいい」と感じるのは金星ですから、金星・木星はおいしいものをたくさん食べたいというふうにもなるかもしれませんが、金星の主張は八分の一、木星の主張も八分の一なので、合わせて八分の二勢力がケーキバイキングに行きたいと騒いでも、残り6個が「ノー」というかもしれません。しかし、他の惑星の主張も生かすために、金星や木星に過剰にのさばらせないというのが全惑星意識、つまり「8 正義」のカードです。木星に土星をぶつけるダイエットでなく、全部の惑星の都合を考慮に入れて判断するのです。

　こう考えると惑星意識で生きている人は、一人では自滅するので、必ず管理者が必要だということでもあります。アルコール依存症の人が、台所の流しの下にアルコール瓶があると、いけないと思っても必ず飲んでしまうというのも惑星意識で生きているということです。冷蔵庫にたくさんの食物があると、食べてはいけないと思っても、夜中に全部たいらげます。興味の赴くままに質問魔になり節度を失ってしまうとか、場違い発言で雰囲気をおかしくさせるのは水星の惑星意識の暴走です。

　全惑星意識がしかりつけないと、惑星意識はいつでも暴走します。

24　太陽の真相

　カバラの生命の樹には、それぞれのセフィラに惑星が当てはめられています。そしてマルクトを抜くすべてのセフィラには、中心のティファレトから8本のパスが通っています。ティファレトは中心にあり、すべてのセフィラがつながっているという意味では、身体では心臓に当たり、これが自我のセンターだということは容易に想像がつきます。ティファレトはアセンブリッジポイントである。しかし全惑星意識とは限りません。

　パスの先のセフィロトは、古典的な割り当てでは、イエソドの月、ホドの水星、ネツァクの金星、ゲブラーの火星、ケセドの木星、ビナーの土星。この古典的な割り当てでは、土星以遠の惑星はまだ発見されていなかった時代なので、コクマーには黄道12獣帯、そしてケテルには該当なしとなります。

　大沼忠弘氏がケテルに海王星を割り当てているのを見ましたが、ケテルは外宇宙との扉（インターバル）でもあるので、海王星を割り当てすると、この生命の樹は、この宇宙に閉じ込められ、どこにも出口がないことになります。閉鎖宇宙を主張する柳田國男式ではなく、外に開かれ、マレビトが出入りできるドアを作った折口信夫式の宇宙ならば、ここは冥王星を割り当てなくてはなりません。

　また黄道12獣帯がトロピカルシステムであれば、これも地球と太陽の関係に終始して、太陽系の外との接点はなくなります。もし、サイドリアルシステムであれば、12サインの位置を決める基準の恒星一つの穴が開くことにはなります。

　例えば、牡牛座の起点をアルデバランにすると、アルデバランの基準の12サインになります。

　私は「8正義」のカードは、箱の中心を全惑星意識の場所と定義しました。生命の樹では、本来、この静止した中心点には、どの惑星でもなく、全部の

惑星を統合化した全惑星意識が入るべきです。生命の樹では太陽が割り当てられていますが、これは真実の太陽ではなく、占星術で使われている太陽と同じものです。

　私達は「太陽」といわれた時、あの明るい太陽を思い浮かべます。占星術で使われている太陽は1年に1回転し、つまり1年の公転周期を持ち、だから12サインさえあるように思われています。実際に回転しているのは地球ですから、太陽が回っていると思ってはならないのですが、天動説では太陽が地球の周りを回っているのです。

　立方体の箱では、前の壁と後ろの壁は陰陽の関係にあります。上下も陰陽の関係にあります。左右も陰陽の関係にあります。陰陽中和の中点とは、箱の中心点にあります。目は前方を「ガン見」しています。前を見ると、自然的に私達は、背後の壁に押しつけられます。

　私達は主体と客体に二極化された視点で生きているので、前を見たら、自動的に、背後の壁に押しつけられます。じっと何かを見ている時、私達は冷静で客観的な立場にいると思い込みがちですが、実は見ている時に背後の壁にぶつけられており、決して中心の静止点にはいないのです。見た瞬間にもう見たということで二分化されています。

　目で前方を見ることで、動物系の知覚が見る世界の中に入り、制限のある壁にぶつけられる。太陽をじっと見ていると、私達は地球に押しつけられていく。そして山羊座の均衡感覚、自分が立っている場所から空間の支配者となることで、太陽は1年で1回転し、私達地球にいる者はじっと冷静に宇宙全体を見ていると思い込みます。

　私がQHHTで、ノストラダムスの部屋の暗闇の中にいて、光の当たる場所に行くと型崩れを起こすといったのは、光の中に入ると、自動的に背後の壁に押しつけられ、箱の中心点に止まれなくなってしまうということです。目で認識する光の世界に入り、箱の背後に押しつけられると、自動的に動物系知覚に入り、するとノストラダムスは水晶球の中に何も見ることができなくなります。視

覚の限定という乙女座領域に入ると水晶球には何も映りません。

　太陽の光は地球を照らし、地球には昼ができて、そこでは明るく温かい。しかしこれは地球との関係で明るい場所ができることであり、太陽そのものは明るくも何ともなく中庸(ちゅうよう)です。つまり光は太陽を見た地球が作り上げているとみてもよいでしょう。あるいは、光は太陽と地球のコラボでできたのです。

　よく、「光あれば闇もある」といいます。明るければ影も深い。太陽は光なく闇もなく中庸でした。しかし限定知覚が見たとたんに、これを光と闇に分解し、光あればその裏側に闇があり、闇は光を成り立たせている相棒でもありますが、私達はその事実を忘れます。真実の太陽の力を受け取るとは、二極化されたところでの光を見ることでなく、昼と夜の両方を合わせたところで受け取るものです。

　私は、この陰陽二極化の策術にはあまり引っかかりたくありません。だから光の世界には入りたくないのです。光に入ると型崩れを起こすというのは、本来の型は違うものだが、光の世界に入ると、この二極化された世界での姿に閉じ込められて、元の姿を見失うという意味です。白日の下に晒されると正体がばれる。二極化された世界においての姿に閉じ込められます。

　私は月と冥王星は外とのドアとして別枠にして、部屋は水星、金星、太陽（地球）、火星、木星、土星、天王星、海王星で支えられるという枠組みを提示しました。生命の樹のマルクトとケテルは、外宇宙との扉であるという考えからすると、これを組み込むにはエニアグラムのように9の外宇宙との唯一の扉の場所で、オクターブの上のドの音、すなわち上のドと下のドを重ねていくべきですが、生命の樹は縦に立つ図式なので、エニアグラムのような円環構造にならず、こうした一つの中枢に二重的な役割を当てはめることができません。生命の樹では、ケテルでありマルクトであるという言い方ができなくなってしまうのです。

　そもそも生命の樹は、もう一つ隠されたセフィラがあり、これは喉に当たるダートというものです。あくまでこの生命の樹は、地球限定版であり、二極化

された太陽を中心にし、他には一切応用できない、すなわち生命の樹は普遍的な図ではないというふうに諦めたら、月、冥王星という扉機能も入れて、水星、金星、太陽（地球）、火星、木星、土星、天王星、海王星を加えて、10個のセフィロトが埋まります。

　私は太陽が1年で1回転し、これをもとにテレビやラジオで太陽生まれサインの占いをしていることについてはずっと前から否定的でした。ですから、雑誌で太陽サイン占いの記事を頼まれた時も「太陽星占いに対しての否定派です」といって断ることにしています。

　時間周期で惑星の性質を考えるというのが、私のメインの考え方です。一回転公転するのは惑星にとっての一生のようなものです。この中に種を植えて、成長させ、成果を出し、定着させるという経験の一巡があるからです。太陽が1年で1回転するのなら、太陽は1年で生まれ死ぬということになります。それならば、太陽は火星から冥王星までの惑星よりも軽い意味になってしまいます。しかし、これらの惑星は太陽の周りを回っているのです。真実の太陽は、一番外側の冥王星の250年周期よりももっと大きなスパンの視点を持っており、およそ永遠です。

　この点から、占星術で使う太陽は、太陽の着ぐるみを着た地球なのだと説明します。占星術で太陽はエゴであるというのは、地球のエゴに違いありません。これをティファレトに配当すると生命の樹は矛盾だらけの息苦しいものになります。

　太陽の性質について整理してみます。家庭内でのお父さんと、社会の中でのお父さんは別の顔を持っています。惑星に気を配り、惑星との関係性の上で変身した太陽は、光を放ち、二極化された太陽ですが、これは恒星太陽を割ったものといえます。

　二分化されていない太陽は恒星であり、グルジェフの定義した振動密度ではH6の位置にあります。二分化されて、惑星をぶら下げた太陽は、割れた太陽としてH12になります。H6は大天使、H12は小天使です。

このグルジェフの生きとし生きるものの図表は、私が思うにＨ６系統が自灯明(じとうみょう)で、それは単独で結晶化しており、象徴としては球体、あるいは点にたとえられます。Ｈ12系は法灯明(ほうとうみょう)であり、それは関連性やつなぎということを意味しており、象徴としては線です。

　タロットカードの「１魔術師」は、片方の手に球を、片方の手に棒を持っており、この両方の違いについてじっくり考えています。スーパーストリングス理論にたとえると、ペンネとタリアテッレです。生きとし生きるものの図表では、自灯明と法灯明は交互に配置されており、Ｈ24は自灯明に属しています。ヘレニズム時代の文章においてのヘリオスとしての太陽は小天使、法灯明の太陽であり、Ｈ12です。

　平塚らいてうの「原始、女性は太陽であった」という時、この女性は子供達を引き連れているとすると、小天使Ｈ12を示す太陽です。平塚らいてうのいう太陽は、暗闇の中で一人輝くＨ６の太陽を示しているわけではないのです。Ｈ６の太陽は惑星に対しては無関心です。あるいは、時には惑星があることを知らず、外の銀河の世界しか見ていません。

　そう考えると、二極化された太陽をティファレトという中心にマッピングするのはそう悪くありません。またこのＨ12太陽は全惑星意識の仲間ではなく、その上位にあります。Ｈ12は、恒星Ｈ６の受容的な側面で、それは受け皿であり、ソフィア、ダキニ、白狐(命婦(みょうぶ))などに当てはまります。受け皿というと金星の性質でもあるので、この太陽は少し金星っぽい印象もあると考えてもよいかもしれませんから、象徴として女性的なものを当てはめるのです。太陽はＨ６とＨ12という外向きと内向きの顔があるということをはっきりさせておくと、正当な理解ができます。

　外向きのＨ６太陽が重要なのは、太陽以外の恒星についても考えることができるからです。なぜなら、この太陽はグレートセントラルサンに属する恒星とは対等な兄弟関係にあり、兄弟的な関係にある他の恒星をクローズアップすることができるのです。明るい太陽の光が背後にある星の光を隠すという太陽

神信仰の一党独裁世界から開放されます。

　私はヘミシンクなどで、どこかよその宇宙に行こうとすると、身近なガイドのような存在に「私がすべてを持っている。だからよそに行く必要などない。知りたいことはすべて私が提供する」と前に立ちはだかられたことが何度もあります。また、カリスマ的なヘミシンクの指導者に、ヘミシンク体験の中で「一体、どこに行くの？」と制止されたこともあります。これは集団でカフェに行くというテーマでしたが、私はみんなとカフェにたむろするのが嫌いなので、確かに行きました。それで、「これから違う場所に行ってもいいでしょ」と席を外そうとした時の体験です。これはH 12太陽の性質に近いと見てもよいでしょう。H 12太陽は、全惑星意識より高次な領域にあるが、この光は恒星を覆い隠す。恒星太陽は、この二極化太陽が隠したかったいくつかの恒星を、自分の兄弟なのだといって引き連れてくるのです。

　ただし、この二極化された光に満ちた太陽も、銀河の中でフラグとなる太陽も、同じ太陽の二面を見ているにすぎません。真実の太陽は外の銀河の力を、太陽系の中に持ち込むトランスフォーマーの役割です。

　「17星」のカードでは、空に大きな星と、少し小さな七つの星が描かれ、大きな星はグレートセントラルサンであり、七つの星はそれに従う兄弟的な恒星です。占星術のサインは、既にタロットカードの13番以後のことは追跡できません。タロットカードは占星術の12サインが息絶えた後のロードマップを示しています。

　全惑星的人間が、H 96のカテゴリー中にある月や動物磁気、エーテル物質、オディックフォース、気、オルゴン、バイオプラズマを食べものにするとは、今の私達のように物質的大地に立つことでなく、茫洋とした気の作り出す気配の中に立つので、まるで亡霊のようです。そこに立つと、ノストラダムスのように、水晶球にはさまざまな光景が見えます。印象をエーテル体の網目、雲に刻印しているのです。絵を描くキャンバスがH 96なのです。

　H 12を軸とする哺乳動物的人間は、H 12-H 48-H 192で構成され、光あ

る太陽の腹の中にあり、地球的印象であるH48を重心にしていて、物質的なものしか見ることはできません。

　アントロポースとしての人間と、神の子羊としての二つの生き方がある。アントロポースは、太陽系の輝く太陽には従う気がなく、自分のルーツを違う恒星に置きます。

　例えば、大本教の教祖出口王仁三郎は自分はオリオンから来たといいましたが、この太陽系の太陽から来たとはいっていません。このような存在を私は「スターピープル」と呼ぶのですが、太陽系の太陽とどう折り合いをつけるのかはさまざまで、私には関心のあることです。

　王任三郎は天皇から弾圧されました。日本に対してあまりにも影響力があり、天皇は二人いらないという理由で弾圧されたのです。天皇がこういう命令を出すのは極めて珍しいことなのです。その後、王仁三郎は日本が敗戦するように画策しました。今の大本教は初代教祖がいないので軸が残っているかどうか不明です。

　ちなみに、オリオンは創造の源なので、たくさんのものに分岐し、分裂をやめません。サインでいえば、風・柔軟サインの双子座です。大本教もたくさんの分派に分裂し、だいたい数々の新宗教のルーツは大本教です。

　二極化された輝く太陽をH12と位置づけても、太陽は地球の周りを1年で回るという、ずいぶんな格下げ問題はまだ解決されません。太陽の定義と役割は複雑で一筋縄ではいかないということです。

　ここで組織や集団の格づけもできるでしょう。このそれぞれによって寿命が違います。長嶋茂雄が「巨人軍は永久に不滅です」といった時、本当に巨人軍が永久に不滅になるとしたら巨人軍が恒星軸を持つということです。Cランクなら、数十年で息絶えるでしょう。キリスト教とかイスラム教などのように千年以上生き延びている集合体もあります。

Eランク　月の集団。『南総里見八犬伝』であり、真ん中の伏姫は惑星意識。

Dランク　惑星意識としての個人。どこかの会社や組織に属して、そこで自分の位置づけを決めてもらう。これも体組織を持つので、組織といえば組織です。

Cランク　首なし組織。社会が作り出した価値観を達成テーマにして生きる。利潤追求、資本主義的。

Bランク　二極化された太陽H12を高自我（ハイヤーセルフ）にして生きる。例外は許さない一党独裁的。

Aランク　真実の太陽H6を高自我にした組織。高邁な理想に向かう。永遠性があり、具体的に組織のボディが壊れてもまた蘇る。名前が違う会社になったり、組織が改変されてたりしも、これらは新陳代謝とみなされ、本体の自我はずっと継続しています。恒星とは、どこからの熱源にも依存せず、一人暗闇の中で輝くものです。

25　2018年のヘリオセントリックで見る春分図

　銀河の中にフラグを立てた真実の太陽という視点からホロスコープを作る試みとして、ヘリオセントリック、すなわち太陽中心主義のホロスコープがあります。

　ただし、この図を作成する段階で、空間位置、また時間の順番の経過というものを考慮に入れていますから、動物系知覚を使っているということで大きな制限があります。これで多くのことがわかるとはとうていいえないし、読み手の中で、太陽意識がほとんどないといわれてしまうほど含有率が低いなら、図を示したとしても、情報は読み取れません。12サインは相変わらず、地球の赤道の延長と黄道の交差した場所の春分点からの座標なので、地球視点を借りており、踏ん切りのつかない、ちょっとおかしな図ともいえるでしょう。

　例として、ヘリオセントリックのシステムで2018年の春分図を考えてみましょう。ここから社会現象を抽出できるでしょうか。ある人々はそこにあると思うし、ある人々は現れていないと見ます。真実の太陽を軸にした存在はH6- H24- H96であり、この人々は物質的現象をメインに認識せず、どのようなことも象徴的に認識します。物質的事象を見据えているのはH12- H48- H192の人々です。

　理屈としてヘリオセントリックは恒星軸を基準にしている。ということはここに現れたものは、H6- H24- H96系の人が見た象徴的現象であり、新幹線で殺人が起きた、どこかで地震があったという認識の仕方をしません。むしろそこにはどういう象徴的意味が働いていたのかと考えます。光ある太陽を視覚的に見ている図はジオセントリックです。光ある太陽を見る人々はH12の軸に従うH12- H48- H192の人々であり、象徴を見るのでなく現象を見ようとします。

　現象は地球の特定の場所で起きますが、ヘリオセントリック図は太陽を中心にして、そこから各惑星の位置を見るので、地球の内部で何が起きても知った

ことではないともいえます。ですが、太陽の意志が地球の内部に反映されると考えると、一方的に何かを植えつけていくという考え方もできます。この場合、どのようなことも受動的に読めません。何が現象が起きたというより、起こす意志を読むのです。ジオセントリック視点で生きている人がすると、この意図は理解できないことです。

例えば、怪我(けが)をした場合、ヘリオセントリック発想というのは、意図が身体に現れたと見るのです。どのような疾患も精神の反映であり、そこには意図があるとみなします。これらのことを忘れないようにしてヘリオセントリックを読むというのもなかなか面倒な話です。

【2018年の春分図（ヘリオセントリック）】

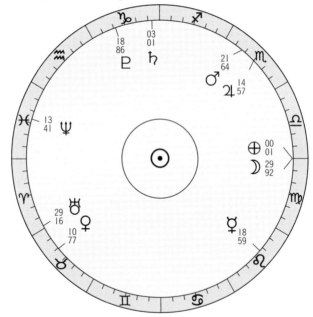

この図では、火星と天王星は黄緯においてパラレルです。ジオセントリックでは、2018年春分図の期間内に、火星と土星と冥王星が赤緯上においてパラレルで、テレビのニュースを見ていても目のあてられないくらい残酷な殺人が

続々と報じられていました。しかし、ヘリオセントリックはそこに関心を持っていません。

　ヘリオセントリックでは、火星は天王星の影響を受け止め、身近なものでない刺激によって駆り立てられます。そして12感覚においては蠍座21.64度。地球ポイントを1ハウスの起点とみなすと火星は2ハウスにあり、身近な刺激には無関心に、もっと遠いところから持ち込まれた観点で、火星は経済活動などに熱くなります。蠍座の22度のサビアンシンボルは「アヒルに向かって進み出るハンター」です。これは裏側の牡牛座では、ノアの箱舟に出てくる「荒れた水の上を飛ぶ白い鳩」の度数ですが、蠍座では、その白い鳩をアヒルと決めつけてしまい打ち落とそうとします。白い鳩は救世主的な頼みの綱だったのに、反対では「うるさいアヒルだ」などというのです。

　牡牛座は、特定のアカシックレコードの一文に埋没していくことを表していました。それは地上活動に深く入り込むことです。蠍座は、高められた意識に向かうために、大地から浮上しようとしている。その場合、牡牛座が落ちていく方向に対して、蠍座はその方向性の影の部分を浮き彫りにすることで、全体的なエネルギーの底上げをしようとします。

　ノアの箱舟の白い鳩は陸地を示す枝を持って帰りますが、ハンターに打ち落とされると陸地を見つけるきっかけは失われます。そもそもこの度数は攻撃的で、むしゃくしゃするから、何でも壊そうとする度数です。何度も何度も暴力的な行為で発散することで、やがては落ち着いた気持ちにもなります。

　ヘリオセントリックの太陽意識からすると、火星は春から夏至に至る6月20日くらいまでは、このような使われ方をします。誰かが社会的にまともになろうとして、白い鳩が社会的な枠の中で、正しい道を示そうとした時、この鳩を打ち落とす。こういうものが社会現象の中で見えてきた時、それは真実の太陽か、あるいはそれと兄弟的な関係にある恒星意識からもたらされたものだと考えてもよいでしょう。

　蠍座の21.64度の近所では、まず19度33分に火星のサウスノードがあり、

23度47分にはアジェナがあります。アジェナは傷つける作用で、火星のサウスノードもこき下ろす「サゲ」（落語用語、あるいは5ちゃんねる用語）の作用ですから、ハンターの態度はもっとひどくなります。2ハウスの経済分野で正しい進路に打撃を与えようとしています。

　ただヘリオセントリック図は日本図で作ることができず、いつも世界図です。アメリカのトランプ大統領が関税に関してめちゃくちゃなことをいったり、中国をこき下ろしたり、経済面でアメリカと中国、ヨーロッパで銃撃戦をしようとしているのもハンターの行為かもしれません。

　ただし、とりあえずこれは3か月の期間内の話です。

26　縦波は大きな一撃

　二つの天体が赤緯で重なるパラレルと、12サインの位置、すなわち黄経で重なる、アスペクトでの合(ごう)の違いについて説明します。

　そもそも黄道は、赤道に対して23.5度程度傾斜しており、惑星は冥王星を外すと、黄緯では水星が、一番幅が大きく7度程度前後します。金星は4.3度程度です。

　冥王星は格別に極端です。惑星は黄緯ではみな似たような位置にあるということであれば、12サインで合の時には、たいてい赤緯でもパラレルになるはずですが、惑星は黄緯で少し上下しています。そのため合の時にパラレルにならないこともあります。そこで合とパラレルは分けて考えた方がよいのです。

　合という重なりは二つの天体が12サインという感覚領域で重なるもので、印象の実感に変化があります。12サインは感覚ですが、合は場所が変わらないので、印象の形態そのものには変化はありません。

　例えば、バラの花を見ているとします。これを土星の目で見ると、土星は皮膚、外郭的なものを作るということで、バラの形というものに目がいきます。ここに金星が合で重なるとします。金星は人体では腎臓に関係し、腎臓は小さな杯のような形の組織で構成されています。上から落ちてくる雨を受け止める喜び、わくわくする気持ちなどを表します。土星がバラの形にフォーカスしている時、金星は「バラは何て綺麗(きれい)なんだろう。この色は何と生き生きしているのだろう」と感じます。金星・土星は整った形に美を感じ、締まった美しさに感動するのです。

　古典芸術、バレー、形式の明確なクラシック音楽に感動するようなものでしょう。バラという感覚的印象の形は何一つ変わらないのに、感じ方が変わってしまった。これが同じ感覚である12サインの同じ位置での、異なる惑星の合による変化です。

　黄緯や赤緯の縦の七つは音の高低。横の12は音色の違いというふうに考え

てみるとわかりやすいと思います。音階に似た七つの落差は生命圧力の違いとして認識されます。ドは基音で、ソまで飛ぶと大変な高揚感を作ります。しかしいつまでもハイテンションというわけにはいかないので、ファに行くと何となく落ち着きます。ミは物質的に安定した感じですが、ここでは欲求不満が出てきます。シまで行くと極限の至高の感情を味わいますが、ここでご飯を食べたり、寝たりはできないと感じます。

　パラレルは赤緯という縦位置で度数が重なり、黄経という横位置では二つの天体がどの場所にあっても構わないので、感覚的に違う印象のものが、同じテンションであるために意気投合してしまったと考えるとよいでしょう。

　居酒屋で騒いでいたら、同じテンションの知らない人がやってきて、どこに住み、どのような仕事の人かもわからないけど、一緒に盛り上がってしまった。デンマークにいた人と台湾にいた人が夢の中で話し合ったとしたら、パラレル的な意志疎通です。

　ただし12サインの感覚は違うので、形態としては違うものを見たはずです。大きな鳥を見た時、それは実はステルス戦闘機だったなどは感覚的に違う印象ですが、しかし巨鳥を見た時も、ステルスジェットを見た時も、同じ迫力を感じたとしたらパラレルです。

　地球から見たジオセントリックでは、惑星の動きは変則的なレミニスカート運動などをして、さらに地球から見た惑星と、太陽から見た惑星の緯度は違ってしまうので、赤緯においての火星と冥王星のパラレルは、2018年6月5日あたりにピークを迎えても、黄緯においてのパラレルは2018年の2月や2019年の1月になったりします。

　冥王星は緯度が大きくずれていく要素が強いので、冥王星とパラレルになった惑星は強制的に「枠からはみ出させられる」ことが多く、冥王星とパラレルになっている惑星の作用は極端になるので注意した方がよいでしょう。

　2018年の春分図での、火星・土星・冥王星では、火星と土星は合に近いので珍しくありませんが、ここに冥王星がパラレルで参加してきたことで、異

常な暴力に走ることになったのだと思います。

　繰り返しますが、全惑星意識に入り、惑星意識に同一化しなければこの誘導には乗りません。全惑星意識を獲得していないと、「７戦車」として、駆り立てられるのです。

27　日食の驚くような作用

　日食は太陽と月がパラレルに、黄経でも合になることです。地球の前に月が割り込んできます。太陽は能動的で、それは光を放射します。月はそれを受け取り、形にあるイメージの中に落とし込む。月は物質生活への架け橋で、象徴的な意味を、何らかの具体的なイメージの器に閉じ込めます。

　一つの象徴表現には百も千もの具体的な応用イメージがある。このイメージ化は月によってなされます。ただし最後の具体的な一つの事象に落とし込むのでなく、その手前の気持ちの中に思い描くイメージという程度です。

　太陽、月が12サインで合の新月の時にはいかにも太陽らしい12サインの印象を、いかにも月らしい具体的な印象に埋め込みます。上書きするといってもよいでしょう。象徴と事物はいつも結合しており、私達はこれを切り離して別個のものとしては見ていません。

　ブライス人形を象意と事物に切り離すと、ブライス人形イメージと、合成樹脂に分けられます。太陽と月の合は、ブライスのイメージを合成樹脂や木材や粘土に埋め込むようなものと考えてもよいかもしれません。12サインでの合の新月では、既に決まったイメージの中に生命力を充填するようなものですが、太陽が地球を標的にした日食では、そして肝心な時に間に月が割り込んできた場合には、地球に光が届かず、それを月が占有するという現象が生じて、物質的イメージから切り離され、気のイメージの中に、太陽の意志が充填されていくという現象が発生します。地球を物質世界。月を気の世界とみなすと、気の世界の中に太陽の力が刻印されるのです。物質性を除去して、気のイメージの中に太陽力が満たされます。

　マンディーン占星術で頻繁に使われるのは、四季図以外に、日食図とか月食図などです。サロスサイクルとして知られている食の動きは、だいたい18年と10日くらいで、古い時代からマンディーンで頻繁に活用され、ハレーの勘違

いによる命名にもかかわらず、ずっと同じ名前で呼ばれています。サロスサイクルによる物語読みは18年周期。とはいえ惑星配置は同じ配置になることはないので、18年で同じになるのは太陽と月と地球だけで、ある種の呼吸のリズムと考えればよいのです。

　日食や月食は、新月や満月の上位の位置づけともいえるので、マンディーンでは、日食は次の日食くらいまでの範囲で小出しに影響が出ます。時にはそのエネルギーが強すぎる時には2回分、あるいは3回分の日食くらいの期間で表現されることもあります。

　日食には驚くような作用があります。占星術で使われる太陽、あるいは私達が天空に見ている太陽は、真実の太陽ではなく私達が地球尺度を押しつけたものであることは指摘しました。太陽を見ていると、私達は背後の地球の壁に押しつけられ、立方体の中心点を見失い、本来の太陽がどのようなものか忘れてしまいます。反対に太陽の光を避けると、その奥に真実の太陽が垣間見える人もいます。

　日食では、地球の手前に月が割り込んで、動物系知覚に限定された明るい昼の中に、一瞬、暗闇が訪れ、動物的知覚が眠り込みます。そして動物系知覚が眠り込んだ隙に、真実の太陽の力が示現するのです。二極化されたものが中和されると、そこにより上位の力が宿る。古来より日食は不吉といわれていましたが、動物系知覚が眠り込み、二極化太陽の光が消え去り、真実の太陽が降臨する事態は、むしろ素晴らしい瞬間です。

　アントロポースとしての人間は多くは太陽系の太陽とは異なる恒星に従いH6-H24-H96の三つ組みで、哺乳動物としての人間は太陽系の二極化された太陽に従いH12-H48-H190で、そのはっきりした違いは、アントロポースは月に同一化せず、外化しており、それを食料にしています。そのため、気を視覚化します。

　ゴルゴタの丘でイエス・キリストは十字架にかけられて処刑されましたが、「ゴルゴタの秘蹟（ひせき）」とは、応身としてのイエスがやってくることを意味します。それ

を物質的視点、すなわち動物系知覚でなく、植物的知覚で認知するのです。四大福音書のうちマタイ、マルコ、ルカのものには「大地が暗くなった」と記されており、これは日食です。パウロは動物系知覚がぼうっと眠り込む中で、確かに自分はキリストと共に歩いたことを思い出した。しかし動物系知覚に戻るとそのことを全く思い出せません。

アントロポースとしての人間は、気を食べて生きている。この気を身体にして生きているものを、応身といいます。そして高自我としての真実の太陽の力をこの月のボディが受け止めています。

ゴルゴタの秘蹟は、神つまり霊、精神が物質世界と結びつけられる唯一最大の秘蹟であったといわれていますが、ゴルゴタの秘蹟は直接イエスを見ることのできる昼の中の暗闇の瞬間です。

ゴルゴタの秘蹟を「十字架の上での神の死を信じるかどうか問われるという点で救済の試金石」という人がいますが、この時とは、真実の太陽を軸にした全惑星意識を獲得することができるかどうかという試金石です。全惑星意識でないと応身は見えません。なおかつ真実の太陽、あるいは恒星を軸とする全惑星意識に到達しないとイエスは発見できないのです。つまり、二つの要素が必要なのです。

日食の時に復活した応身のイエスを見たのならば、太陽の力が金星スクリーンに映し出された場合にはどうなのでしょうか。

ヨハネス・ケプラーが重視したビーナストランシットは、太陽と金星と地球が一直線になることであり、最近では、2012年の6月6日にありました。とはいえ、太陽に小さく点が入るだけで地球に暗闇をもたらすことはないのですが、それでも太陽と地球の間に金星遮蔽膜が食い込み、金星が惑星意識よりも高度な意味を持つことになり、いわば真実の太陽の力によって高められた金星というところでしょうか。次回は2117年なので、私達が肉体的に生きている間はもうありません。

かつて空海はこの金星食が起きた時、金星が口の中に飛び込んできたとい

いました。金星が遮蔽膜になると金星的身体に乗った真実の太陽がやってきます。口は植物系知覚へと向かう井戸でもあり、また食べることに関係します。何に食べられるか、何が実体か、何を食べているかという三層では、金星を食べることで、金星が身体になるという意味です。

　2017年にトゥルパ(応身)の本(『分身トゥルパをつくって次元を超える』ナチュラルスピリット)を書いていましたが、この頃から、夢の中に、ある存在が頻繁にやってくるようになりました。

　身体には七つのチャクラがあるといわれていますが、この存在は、この七つの節を持ち、上と下のインターバル、すなわち外宇宙との開閉弁をやや大きくしており、その結果として、七つの節には通常より大きなエネルギーが入り込んで、何か動きが大きいという感じでした。

　私に「もっと楽しまないとだめだ」というのです。何となく享楽的な雰囲気もあり、最初は違和感があったのですが、次第に馴染んできました。人間の形になったことは一度もなく、七つの節目のある筒のような身体でもあるので、私はこれを勝手に「エビ星人」と名づけました。というのもオレンジ色ぽかったからです。

　2017年はトゥルパの本の後にタロットカードの本を書きましたが、この本の中にも、夕方を引き連れてやってくるエビ星人のことは書いてあります。夢の中で、私の提唱するシンプルすぎるタロットスプレッドを試し、「まあ、これもいけるんでは?」などといっていたからです。「13死神」のカードは、過去に向かってもカルマ掃除する性質があると説明していたのも、このエビ星人です。

　私はいつもタロットカードを九進法で分類することに馴染んでいますが、ホドロフスキーは十進法がメインのようです。それで、このエビ星人は七つで分類したがっています。タロットは七つで分割するという説は、タロットは金星人がもたらしたという宇宙コンタクティの内容の中に書いてあるらしいのですが、私はこの七つ分類はちょっと気に入りません。ただ、楽しむということには七つ分類が適しています。

音楽を楽しいと感じるには、7音階が重要で、多くの人は私のように7音階よりも12音階の現代音楽の方がハッピーだと思っていません。作曲家の吉松隆は12音階を攻撃していますが、私が7音階よりも12音階がよいと思っている理由は、7音階はステレオタイプすぎる感情を煽り、ありきたりだからです。

　つまり、エビ星人が「もっと楽しもう」といい、そして七つの節目を持つエビのようなオレンジ色の体を持っていることにちょっとした違和感を感じたのは、通俗的だと思ったからです。オレンジ色はゆるいのです。タロットカードを七つで分類するのは数字のロゴスを考えるというよりは、音のトーンの違いで分類するようで、エビ星人から思い浮かぶことは、この生き物にとっては「感じていく」ことが重要で、そしてロゴスで考えるというのは感じることを主軸にはしておらず、むしろどんどんと無感覚になっていきます。

　後になって思ったのですが、このエビ星人は日蓮のいう七面天女（しちめんてんにょ）ではないかということでした。

　日蓮は身延山（みのぶさん）から降りる坂で、日蓮の説教を聞いている人々の中に一人若い女性がいることに気がつきました。日蓮のお供の人々は、このあたりでは見かけないので誰だろうといぶかしく思ったそうです。そこで日蓮は、「みんなが疑問に思っているので、あなたの本当の姿をみなさんに教えてあげなさい」といい、すると女性は緋色の鮮やかな紅龍の姿に変じたといいます。

　人の形をしておらず、大きなオレンジ色のエビのような形は、緋色の鮮やかな紅龍と似ています。楽しむという時、多くの人は難しいことは考えないで楽しむということを連想すると思いますが、法の化身はロゴス、法そのものを血肉にして楽しみます。法則の快楽主義です。そもそも金星は腎臓に関係し、内部器官は杯の形の集積で、エビ星人は上と下のインターバルが大きく、上のサハスララ・チャクラが蓮の花のように広がっています。

　応身は存在の基盤が月であり、日食の時にやってきます。ビーナストランシットの時にやってくるのは、金星が遮蔽膜の、緋色の鮮やかな紅龍の姿をした七面観音と考えるとわかりやすいでしょう。

ちなみに、これは気学などで知られている七赤金星とほとんど変わりません。私の夢ではいつもドレスの裾を引きずるように夕方を引き連れてやってきていたのです。七赤金星は通常の惑星意識である金星に似ていると考えるとよいでしょう。七面観音はそれが高度に発達した要素です。

　空海も仏陀もこれにはとても馴染んでいます。仏陀が、悟る直前に、若い女性から牛の乳をもらい、また金星が輝いていたというのはそういう暗喩です。シュタイナーはゴルゴダの秘蹟で、イエスは仏陀と重なったと書いていますが、日食とビーナストランジット作用が象徴的に合流したのではないでしょうか。

　ちなみに赤山禅院に保管されていたエニアグラムは頂点に金星が書かれています。金星を外宇宙の扉である9に配置するのは、このエビ星人を最大限重視していることですが、確かに金星には外宇宙との回線があるといえます。

　ビーナス・トランジットは真実の太陽と通じ、真実の太陽は兄弟的な恒星に通じているということなのです。日本では鞍馬山などが、このポータルです。もちろん身延山や七面山もポータルでしょう。

28　個人では日食図は何を意味するか

　私は個人の話として、肉体的に生まれる少し前に自我ができてしまったといいました。しかし、実は、全員がそうでもあります。表層自我の奥に、もっと広範囲な自我があり、その人の自我がもっぱら脳を中心にした動物系知覚として作られていれば、そのことには気がつかず、動物系知覚として肉体的に生まれた後に自覚ある自我ができます。

　胎児は母体の中で作られます。しかし子供が母体から外に出て、外気に晒されるまでは、動物系知覚のフォーマットは作られません。自分は母体の中の部品ではないのだ、外に出て単独の個体として存在するのだという時に、動物系知覚がスタートするのです。母体の中で心臓は確実に動いています。植物系知覚は幼児が母体の外に出るずっと前からもう働いているのです。つけ加えると母体の外に出た後も、人体には臍があります。それは動物系の皮膚の中で、内臓に通じている穴で、敏感なのでみだりに触ってはいけません。臍はレオナルド・ダ・ヴィンチの『ウィトルウィウス的図像』では、身長に対して黄金比の場所にあります。地球と金星の公転周期も、だいたい黄金比率の関係です。

　ゴルゴダの秘蹟の例のように、日食の時、真実の太陽の力が、心霊的ボディ（月の遮蔽膜）に乗ってやってきます。太陽系の太陽であることもあれば、太陽系の外の恒星からというのもあり得ます。ということは、私達が動物的知覚の身体を手に入れる前に、植物系知覚として私達は、生まれる前の日食の時にやってきたといえます。そして肉の身体を手に入れてはいないが、月の身体を手に入れています。

　私はある女性が妊娠している時に、子供がまだ肉体的には生まれていないが、その前から腹の上に滞空しているのを見ていました。その子供は私をちらっと見ました。子供は赤く燃えて、傲慢で、やがては支配者になるのだろうなと思いました。この家系は女系で、妊娠するとすぐに離婚する人達です。

日食の時のボディ、時には新月の時のボディをダルマのボディとよくいいますが、個人として肉体的に細分化される前のもっとトータルな応身としての存在はここで生まれています。ダルマは法の意味ですが、達磨大師は面壁九年で、腹の中で作った分身としてのトゥルパと一体化し、応身になりました。

　日食から、肉体的に生まれる当日までの期間はみなこの共通したダルマのボディを持っています。応身はそもそも普遍的な身体で、応身としての仏陀は大気を覆うといわれていました。私は私、他の人と違うという個性を主張したいのならば、動物的知覚の身体を手に入れた出生時を選ぶでしょう。個人的特性が強くなるにつれて時空の制限も大きくなるのはいうまでもありません。個人的特性を薄くすると、制限は減りますが、同時に個別の体験の色合いが薄くなり、普遍的な存在になります。

　イギリスのエリザベス女王は、ある日、女王になることを決意し、一女性であることを捨てました。集団統率の普遍的な人格になったのです。日食から生まれる日までの人々は共通した達磨の身体を持つということ自体が、この達磨身体の普遍性を示すものでもあるでしょう。これは出生時の月の位置を捨てるということにも関係します。個別の月は個人の守りであり、個人的な執着心を表すものだからです。

　QHHTで恒星に行くと、地上に戻って来られなくなることがありますが、これは恒星軸に入ると、個別の月の位置に戻れなくなり、日食の月までしか降りることができないからです。これは反対にいうと、恒星存在は日食の時に地球の大気圏にまで降りてきます。

　応身のボディを持つ人々が住んでいる場所を「月の都市」と呼び、かぐや姫が戻ったのはこの都市で、私はこれを地球の周囲を回る月の軌道にあるステーションといい「中二階」と呼んでいます。動物系知覚ではそれを発見することはできません。

　またそのステーションはどのくらいの大きさか答えることができなくなります。動物系知覚ではないので、大小という基準はないからです。人より小さいといっ

ても間違いではないし、地球よりもはるかに大きいといっても間違いではないし、その点からすると、地球の外にある月の軌道を回っているという空間位置も実はでたらめで、そんなところにはないといってもよいでしょう。意味作用として、振動的に月の軌道に置かれているという意味なのです。12サインを特定する月の位置ではなく、月の回転する軌道の輪そのものであるともいえます。エビ星人は、このステーションの赤セクターから来ました。

　ドランヴァロ・メルキゼデクの『フラワー・オブ・ライフ』（ナチュラルスピリット）を読むと、メルキゼデクはヘルメスと会話しており、しかも具体的に詳細にわたる会話をしています。私はこれを読んで、自分もこれができたら素晴らしいと思いました。そこで、ヘミシンクでいろいろ体験している時に、ロバート・モンローが助手らしき女性とともにやってきて、「松果腺をいじっていいか」と聞いてきました。一週間後にこれとそっくりの内容をブルース・モーエンが自著に書いている箇所を読んで驚きました。

　この助手の女性は私の頭に手を突っ込みました。その後、松果腺を真ん中にして前後に通る太い筒の両端に手を当てて、内側に手の平を向けてゆらゆらと前後させ、モンローはこれでノンバーバル通信は声として聞こえるようになると説明し、この筒に製造番号を張りつけました。

　私は夢でいろいろな人との会話をしますが、しかし最近、むしろ夢の中よりも、目覚めた直後に言葉になることも増えてきました。思い返してみると、夢の中で誰かが言葉を発している時も、半ば私が目覚めていて、すると具体的な内容を含む言葉の会話になるのです。私が目覚めていないと言葉にならない漠然とした印象の渦があるだけなのです。だから夢の中で話をするには、夢の中で半ば目覚めていなくてはならないのです。

　前からエネルギーの電位差のようなものがあると、この差成分が情報になるのだとよく説明しますが、夢と目覚めた意識の落差、つまり壁を作るとこれが情報になるというところです。

　植物的知覚に動物的知覚が連結され、三木成夫がいうように、胸の心臓と

脳が対話する「思」というモードに入った時、言葉になるのです。メルキゼデクが書いたヘルメスとの詳細な会話は、実は嘘でもあります。これはメルキゼデクの脳が、ヘルメスの気配を言葉に変換しているだけです。メルキゼデクとしては、ヘルメスの気配や圧力を感じればよいだけです。すると、メルキゼデクの現在の知性水準に応じて、情報や言葉に変換されるのです。

　異次元と行き来するというのが三度生まれのヘルメスの意味。越境の神、境目の神、辻の神様という意味で、日本では猿田彦に変換されるし、宇宙の中ではこれはアンタレスに関係します。ヘルメスはアンタレスからやってきたアンタレス星人なんだと思えばよいのです。

　応身レベルでは、そもそも性質とか機能そのものが身体であり、アンタレス人とはアンタレスから来た人と考えるより、アンタレスが持つ働きそのものが生体化したものです。個体の人間とはこの意味から脱落した存在か、あるいはその意味が断片的に発揮され、この意味作用から脱落した部分を自分と感じている存在です。いずれにしてもアンタレスと接触すれば、差成分が言語化され、ヘルメスと会話したことになります。というよりはヘルメスは言葉の神様ともいわれています。

　「2女教皇」、牡牛座の書物は、言葉で書かれています。牡牛座は12感覚の中では、思考感覚です。ここで植物系知覚は、動物系の知覚に接触して言葉に変換されるのです。牡牛座は思考感覚ですが、次の双子座は言語感覚です。

　私は若い頃、大岡信の詩集を読んで、夕方だんだんと暗くなっていく時に写真集か画集かを1ページずつ開いて、それを詩にしていったという後書きを読んで魅了されました。自分もそんなことをしたい。すぐに大岡信のホロスコープを作りました。

　大岡信の二極化された太陽は、水瓶座の27度くらいで、これはサビアンシンボルでは、「すみれで満たされた古代の陶器」というものです。そもそもサビアンシンボルのことを知るのはずっと後だし、その頃は意味がわかりませんでした。

　大岡信の水星は水瓶座、金星は山羊座で黄経としては離れていますが、赤緯ではパラレルで、感受する杯の作用であり、また上に開いたお花のような金

星が、言葉の水星に伝達されるのです。

　私の応身ホロスコープとしての日食地点は、大岡信の太陽の1度手前の水瓶座 26 度の「ハイドロメーター」で、これは圧力を計量して数値にします。これも非言語を言語化すると考えてもよいでしょう。大岡信だと詩の言葉かもしれないし、私の場合なら、数値化言語、すなわち理論のようなものかもしれません。だから、応身としては、ノストラダムスの背後の暗闇にいて、水晶を見てそこに映る印象を言語化します。

　私が佇む暗闇はそのプロセスの渦中、眠りと目覚めの境目のポジションです。ジョン・ディーは天使からエノク語をもらったといいます。具体的に水晶を見て、それをもらったのはエドワード・ケリーですが、その行為そのものはジョン・ディーのものです。

　イザナミ(波、波動性)とイザナギ(凪、粒子性)を分けるのはヨモツヒラサカで、坂は次元の境界線です。12 サインの円をどこかに立てかけて、斜めにしていくと、水瓶座の場所は、山羊座の凝固領域から、モノが分解して気配として立ち昇る場所の境界線に当たります。イザナギはここでイザナミ的なものに変換され、反対にナミはナギに変換されます。変換するには坂で二人を断絶させ、境界線はここはっきり決めなくてはなりません。そして永遠に二人は出会うことはなくなります。

　イザナミが 1000 人殺したら、イザナギは 1500 人生まれさせるといいましたが、脳の処理能力の乏しさからすると、どうみても、イザナギはイザナミに匹敵しません。

　平田篤胤はイザナミを幽の柱、イザナギを顕の柱と定義しましたが、これは海と島の関係で、圧倒的なナワールの力に、トナールは勝てるはずがありません。島は一瞬で水没します。

　松果腺には八つのアームがあり、これは生命の樹のティファレトから出る八つのパスが、そのまま脳に転写したものです。というのも四つの樹の重なりでは、エーテル体の胸は肉体の脳に重なるからです。そしてロバート・モンローのしたように、言語化するのは、松果腺から出た前後の筒です。

前方では映像が見え、これをスクリーンチャクラという人がいます。後ろには、この映像とか言語化をする元ソースがあり、それは言語化されてもおらず映像化もされていません。ロバート・モンローが連れてきた助手の女性が手の平で前に出したり、後ろに引っ込めたりして位置の微調整をすると、というよりも前後に煽ると、頭がくらくらしますが、そこで言葉になったり映像に変換したりするということです。

　六方向圧力の均衡の中で、目は前方に飛び出すということを思い出してください。ヨモツヒラサカは坂なので、正確にはこの筒は水平ではなく、坂となる斜めです。シルバマインドコントロールでは、映像スクリーンは、実際少し上の角度にあるといいます。

　私は毎日ランニングしていた時、急激なスロープの紀伊国坂で、いつも意識が切り替わってしまう体験をしていたので、ラフカディオ・ハーンのいう通り、ここを魔の領域と思っていましたが、坂は上下の圧力が変わるので、差成分は情報に変換されるということになります。パラレルはこの上下圧力がかかります。シュタイナーは上からのエーテル流と下からのエーテル流が松果腺で衝突するといいましたが、上と下が衝突して、前後に映像、言語化するのです。

　私の応身はバロメーターで、圧力を数値や言葉にする。しかしこれは日食の応身として、植物系知覚により近いもので、肉体として通常生まれた動物系知覚としての太陽のサビアンシンボルは魚座22度で、「山から書物をたずさえて降りてくる予言者」です。山道はひどい傾斜かもしれませんが、ここで言葉を降ろしてきます。

　応身は山の上で言語にし、それを二極化太陽は書物にして坂から地上に持ち込むという連携作業であり、私には本を書くことが重要な活動となるのです。ハイドロメーターとして正確に言語化しなくてはならないので、傾斜した筒の前と後ろの位置の微調整が必要で、人々の中に入ってはならず、離人症的に離れすぎてもならず、ヘリオセントリック図の地球ポイントに重なったデネボラのアウトサイダーとしての姿勢がちょうどよい位置です。

松果腺から前方の額まで行くと、もう肉の壁としての動物系知覚に当たるので、この手前の前頭葉のどこかに、ちょうどよい場所があります。水瓶座のサビアンシンボルに「バロメーター」と「ハイドロメーター」と2回もメーターが出てくるので、気配を言葉にするのは水瓶座の本性です。応身は個人が占有するものでなく、日食の時から実際に生まれた時までの間の人は全員同じ応身を持っています。これは私個人の特技ではなく、こういうタイプの人がたくさんいるという意味です。

　詩人は漠然とした印象を言葉にします。しかし動物系知覚の輪郭のくっきりした意識に埋没すると、何も書けなくなります。田村隆一は毎日家でパジャマで過ごし、朝は赤ワイン、昼はウィスキー、夜は日本酒などとずっとアルコールを飲み続け、時折はっと思いついた時に詩を書きました。田村隆一の場合、日食は生まれる一日前で日時そのものは応身に近い。しかし応身になるには個人性に埋もれすぎてはなりません。

　作家や詩人にはアル中が多く、有名なのは李白で、詩仙というより酒仙です。湖に映る月を取ろうとして溺死したという伝説がありますが、これは事実とは異なります。ただし、植物系知覚からすると伝説は応身的現実です。田村隆一は李白のようにして朦朧として詩を書いたのではないでしょうか。部屋のあちこちにウィスキーを置いて部屋をうろつき飲んでは原稿を書くというウィリアム・フォークナーと似ていますが、誰もがマネできるものではなく、彼らの独特の手法であり、チャールズ・ブコウスキーのように泥酔して原稿を書き、自分が何を書いたか覚えていないというほどひどくはありません。

　田村隆一の日食は魚座の26度です。田村隆一の詩にはこの意図が反映された内容が多いと思います。シンボルは影響を分割する新月で、自分の真の運命と行為の中に踏み出すことですが、そこは既に開拓された場所でなく「荒地」です。田村隆一の場合、水瓶座には金星があり、これは固定サインのグランドクロスの一角なので、かなり強力な金星ですから、金星がメインと思いがちですが、意図はそもそも荒地に踏み出すということにあります。

29　富岡八幡宮の例

　神社とか神宮は本来、何らかの恒星との結びつきがあるはずです。かなり前に、私はそれとは知らず目黒の大鳥神社のベンチで休憩しましたが、その夜に、寝ていると、庭でじゃりじゃりと誰かが踏みしめる音がして、庭だけが光っており、日本昔話に出るような白い服を着た人が立っていました。そして今後8年間の予定について聞かされたのですが、これは大鳥神社の祭神だと思います。

　こういう記憶があるので、実感的につかめるのですが、おそらく昔の人はこの程度のことを日常的に体験したはずです。なぜなら動物系知覚が今ほど支配権を握っていなかったからです。素朴で素直だったといえばよいでしょうか。

　神社は夢で見たとかお告げがあったとかで建造することが多く、今時の動物系知覚優勢の知性からすると疑わしい話です。しかし昔の人は全く疑うことがありません。それは真実かどうか、おそらく瞬間的に判断できたと思います。

　神社について、もしマンディーンを考えるとしたら、具体的な建造年月日は表の社屋を表し、本当の意味での神社としての裏のイワクラなどは、日食図で見るべきではないでしょうか。

　日食では真実の太陽が顕示する、そしてこの真実の太陽は兄弟的な関係にある恒星もアクセスする機会を作る。恒星軸を持つ応身は、夢の中でとかビジョンの中にしか出現せず、いかなる時でもそれは物質界には降りてこないということを考えると、具体的な建造年月日は仮のもの。日食が真実の期日であると考えればよいのです。

　ここで、富岡八幡宮創設の図を考えてみましょう。

【富岡八幡宮創設】

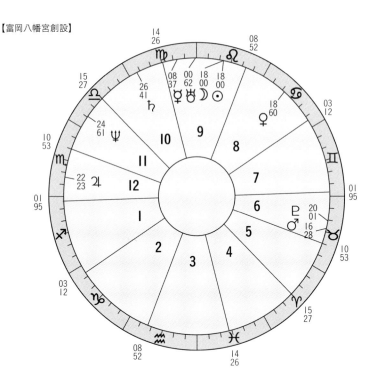

　なぜ富岡八幡宮なのかというと、元宮司の弟が姉の宮司を日本刀で殺害し、妻ともども自殺したからで、しかも祟りがあるという手紙を残していました。
　多くの人は、富岡八幡宮という神聖な場所が穢れたように感じたかもしれませんが、私の見立ては反対でした。神宮が本当に恒星との接点を持つということは銀河の中にフラグを立てることです。すると、これは強烈な力を持ち込むことになります。
　鳥は電線の上では感電しません。それは電線の電位に一体化しているからです。しかし地上と電線の電位に気がつくと、一瞬で焼け死んでしまうというディラックのたとえから考えられるように、恒星軸を持つと強烈なパワーが入ってきます。日常生活というのは、電線の上の鳥と隣の鳥の間の微弱な電位差で維持できます。こんな小さな落差でも人は生きていけるのです。しかし異なる

宇宙にフラグを立てると、この落差から来る強烈なエネルギーに普通の人はもちこたえることができないのです。多くの人に分け与えるなら安全なのですが、占有すると異常なことになり、きっと自滅します。

　富岡八幡宮は、1627年（寛永4年）に、長盛法印（ちょうせいほういん）が神託で創設したといいます。「神託で作った」。このキーワードが欲しかったのです。実際の建造月日は不明ですが、はっきりわかっていても意味がありません。1627年には、日食は2月16日と8月11日の二つあります。

　ここでは8月11日の図を選んでみました。神宮の近くは門前町、現在の門前仲町が作られ、商業地として発展してきました。この「商業」ということをキーワードにすると、2月16日の候補は外しました。

　2010年に富岡八幡宮は前宮司の長女を宮司にするように神社本庁に申し込みましたが、認められなかったので、2017年神社本庁から離脱しました。長女を宮司にしないというだけで離脱というところに強い執着心があり、これもキーワードかもしれません。

　2017年に、弟の元宮司が、この姉を日本刀で殺し、次に妻を殺害して自殺しました。弟が宮司の時には、宮司は贅沢（ぜいたく）な暮らしをし、また乱脈な異性関係を繰り返しました。これもキーワードかもしれません。

　日食図を見ると、獅子座の18.00度が日食ポイントで、これはサビアンシンボルでは「ハウスボートパーティ」というもので、私がよく「遊び人度数」と呼んでいるものです。近所の深川は遊里（ゆうり）で有名で、「粋」と「張り」が特徴、『鬼平犯科帳』で知られる長谷川平蔵も深川に足しげく通いました。

　獅子座の日食と牡牛座の冥王星・火星のスクエアは、贅沢さと浪費を表します。牡牛座は資産だとすると、獅子座はそれをぱっと使ってしまうからです。また牡牛座の火星・冥王星は過剰な執着心です。過剰な執着心で集めたものをぱっと使う。ここには蠍座の木星もあり、T字になっていますが、普通のホロスコープとして読まず、日食によって、ここに異様なパワーが充填されていると読めばよいのです。

日食は普遍的で、個人では占有できないもの。姉と弟はこれを独占しようとして醜い争いを展開し、そして自滅したと考えるとよいでしょう。

　私はこの例で、日食は、銀河の外にフラグを立てることで強い力を持ち込み、それは多くの人に分け与えられなくてはならないということをいいたかったとみています。

　富岡八幡宮は組織としてはAランクでもあり、すべての神社はAランクであるべきですが、きっとそうでない神社もあるはずです。ですが、私は神社ソムリエではないので、ここでいろいろ突っ込むことはしません。

30 安室奈美恵に参拝する

　安室奈美恵ファンのことを「アムラー」と呼びます。アムラーはたいてい安室奈美恵を崇拝しています。どうして安室奈美恵はそこまで魅力あるのか。個人として見た安室奈美恵と似たような女性はたくさんいます。

　しかし安室奈美恵ほどには多数の人を惹きつけません。安室奈美恵の「ここがいい」、「あそこが凄い」といっても、一つひとつ見ると、それと似たようなものを持っている人はたくさんいます。言い間違い言葉が売りのお笑いコンビであるナイツが、アムラーを間違えて「アラー？」といいましたが、それは言い得て妙で、安室奈美恵コンサートできっと忘我状態になる人はたくさんいるでしょう。

　安室奈美恵は個人ではなく、いわば安室奈美恵神社であり、安室奈美恵個人が自分の動物系知覚の出生図を捨てて、その直前の４月18日の日食の応身に一体化すれば、たくさんのファン（信者）が参拝しに来ます。スーパーモンキーズの頃には誰がここまで来るのかわからなかったでしょう。ある時期に個人を捨てて応身状態に同調したのです。この力はあまりにも強いので、シンボルとなった人物がこのプレッシャーに耐え切れないと、ある日、普通の人に戻りたいといって引退します。その時力は去ります。

　私はよく大天使の意識を見ることがあります。ある場所でヘミシンクの集会があり、そこである映像を見ました。古い時代の中東で、かつては湖であり、今は干上がっている砂漠の場所に、今はもうない都市があり、そこの人々を支配する巨大な存在がいました。それは人間のようには動いてはいなかったので、巨大な岩でできた仏陀の像のように見えました。都市が岩の壁で囲まれており、この岩の壁に顔が刻まれているのです。

　この岩で囲まれている中には、たくさんの人々が住んでいて、遠くから見ると人は黒い点。ですが駆り立てられるように走っており、残像のように黒い尾

を引いています。そのあたりが墨汁を使って筆で文字を書いているような印象でした。駆り立てられるように動いているのは「どうして？　何か緊急事態でもあったのか？」と思いました。

　例えば、何か戦争があって、それに向かって全員が走っているのか、と。仏陀のような像は、そのまま黙ってじっとしています。この大きな仏陀のような集団意識は死ぬことはないし、今は日本にいますが、どうしてわざわざこの映像を見たのか考えてみました。このヘミシンクを主催している人が、これに関わっているのは間違いない、私がこのサイズの意識を対象化したために、この情報が漏れてきたというわけです。

　私がヘミシンクで見て、謎だと思ったのは、この囲いの中にいる人々は、怒ったような顔をして、いかにも緊急時のような面持ちで、忍者のように走り回っていたことです。「8正義」のカードの全惑星意識は穴がなく力が蓄積されて、それが高められた意識に向かうと説明しましたが、この時、「8正義」のカードの人はそこにじっと静止しています。

　しかし一つ足りない「7戦車」のカードの人は、このケージの中を走る回るハムスターのようにどこかに向かって走っています。それは惑星の一つが欠けているからです。

　この欠けたものに向かうというのは、私が1980年代に富士山の近くの場所で、車の中で寝ていた時に、夢の中に太った魔女のような女性が出てきて教えてきた事柄です。「人間は一つ影があると、興味がこの影に集中し、全精力を傾けてそこに走る」と。「8正義」の作り出す箱の中では、そのパワーの強さに応じて、中にいる「7戦車」は駆り立てられたように走ります。

　太陽は銀河の力を太陽系の中に持ち込むトランスフォーマーなので箱の中には尋常ではないパワーが満たされ、「7戦車」はきっと狂ったように全力で走ります。旗印は力をこめる必要などなく、自分がこの旗をずっと持っていられるかどうかだけが重要です。

　ヤマト姫は何十年もアマテラスを背負いながら、アマテラスが宿ってくれる

場所探しをしました。ここがいいかと思って、後にやはり違うといって去った場所がみな元伊勢になりました。私は伊勢神宮で祈祷を受けた時に、後遺症は一週間くらい続き、あまりにも強すぎる力だと思いました。こんな力を何十年も背負ったヤマト姫が信じられません。

　個人としての細部に目が行き届かなくなり、食事も満足にできなくなり、靴も履けなくなる人も出てきます。その前に自分が爆発しそうです。しかし降りることはできないでしょう。人は神を選ぶことができず、神が人を選ぶという点では、ある日、突然お前の上に乗るといわれるようなものです。

　タレントのイモトアヤコ（井本絢子）さんは安室奈美恵の大ファンで、コンサートに出かけることでパワーをもらうといいます。それが生きる活力源なのだそうです。安室奈美恵を囲む集団の中には、やはりこのパワーが充満しているのです。

　ただ、「7戦車」のようにケージの中のハムスターでなく、このパワーが外に向かう力に転化することもあります。射手座の12度に、「時の声を上げる鷲」に変化した旗というシンボルがありますが、蠍座の箱の中で蠍は鷲に変化し、フラグは鷲の力の受け皿となって、「8正義」の後の「9隠」者の段階で、フラグを持っていればどんどん運ばれて行きます。私はフラグの力が弱いと、流れに倒されるといいましたが、逆に、流れを推進力として活用するためにフラグを持つのです。

　射手座は運動感覚ですが、高度な形而上学的な意識に向かうことが好きです。そもそも火・柔軟サインで、これは上昇する火であり、9度の「急な階段」というシンボルでも見られるように、どんどん高みに上ろうとします。そして自分の振動密度にふさわしい場所に、新しい箱というか小屋を立て、この中に住みます。それは丘の中腹に立てられた小屋でもよいのです。どのような不自然な場所でもヤギは直立します。これが「10 運命の輪」です。

　「10 運命の輪」のカードでは、カードによってはスフィンクスが立っており、これは今のところ考えられる周期の中では最も長い歳差活動を表しており、一

回転が2万6000年くらいあります。人の一生を72年に決めたり、音の基準を432Hzに決めたりするのは、ここから逆算したものです。

　歳差活動のレベルにフラグを立てると、大きな文明の動きなどに関係した情報が集まってくるでしょう。歳差スパンでは、額面上は2200年ごとに北極星が交代しますが、この交代ごとに、持ち込まれるエネルギーの特質が変わってくるということになります。

　安室奈美恵が引退したいといった時、普通の人として惑星意識に戻りたいからなのか、それとも「9隠者」になりたいのかわかりません。それはこの後の安室奈美恵の行動を見ていればわかるでしょう。神社はもちろん旅をしないので、「8正義」のカードです。

　スターになりたいという人は、個人の思惑を捨てて、応身になればよいのです。しかし持ちこたえられるどうかが最大の問題です。富岡八幡宮の宮司のように脱輪する危険性は高いでしょう。

31 2011年1月4日の日食図の例

　さらに日食図の例を考えてみましょう。東日本大震災の直前にある日食の時ですが、日食図を読むのは、このように何か事件があると、その手前の日食図を点検することが多いのです。これは次の日食までずっと同じ静止軸が使われるということです。

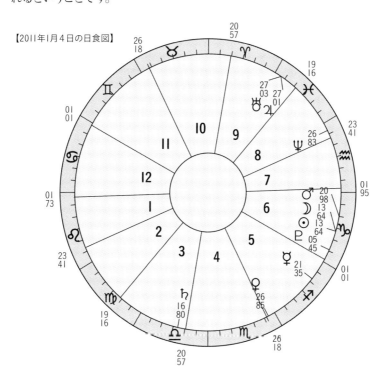

【2011年1月4日の日食図】

　2011年1月4日の部分日食では、天底近くに土星があり、それは天秤座の真ん中の割れる場所にあります。天秤座の真ん中が割れているというのは、私特有の理論で、あらゆるサインは15.00で割れ、反対のサインの性質が侵入してきます。そしてそのサインらしからぬ特徴が出てきますが、この損傷は

19.00までのプロセスで修復されます。修復というよりはこれをきっかけにして、より力強いサインに再生されます。

日食は6ハウスにあり、この土星とスクエアです。近所に冥王星があり、この6ハウスの山羊座は極端なところまで行くということです。そもそも冥王星が山羊座にある区間は、山羊座という皮膚、外皮に対して、冥王星が穴を開けてしまうことが多く、これが組織の再編とか、輪郭を変えてしまうという意味になるのです。

6ハウスは、芳垣資料によると、「国民の健康、感染症、労働環境、公務員、軍隊や警察」となっていますが、国民の健康、あるいは国の健康とみなすとよいのです。むしろ国民の健康というと、少し違うかもしれません。国家の図は国家がメインであり、その中に住んでいる国民が実体ではないからです。電車の中にサラリーマンが寿司詰めの時、この電車はサラリーマンだとはいいません。

さらにこれは個人の健康には関係しません。

6ハウスに火星もあり、冥王星もあるとしたら、根本治療、手術みたいなものと考えてもよいかもしれません。土星は骨格とか皮膚などに関係するとしたら、徹底した治療のために、皮膚を切開したとも取れます。土星の天秤座16度あるいはその後17度くらいは皮膚に傷をつけるという意味に取れるからです。

東日本大震災は個人という視点からすると深刻な出来事です。一人の人間が整体院に行って、腰を調整している時、部分的な組織は壊滅的な打撃を受けますが、人体というトータルなところからすると、それは治療です。ただ天秤座の16度は、動物系知覚に傷を入れることですから、それはなかなか痛いです。

天秤座17度のサビアンシンボルは、「引退した船長」で、その手前の16度は「船着場が流される」というもので、東日本大震災当日は、土星は逆行して16度の流された船着場の度数になりました。17度は船が流されたので、船長は陸に退避しています。そしてどうして事故が起きたのかをいつ果てるともなく考えています。次の日あたりに、トランシットで天王星が牡羊座の0度に入りま

すから、天王星が12サインの流れの中に入り込むための調整のようにも見えます。

ためしに2010年12月22日の冬至の図も出して見ます。この冬至から次の年の春分までの範囲に、東日本大震災はありました。

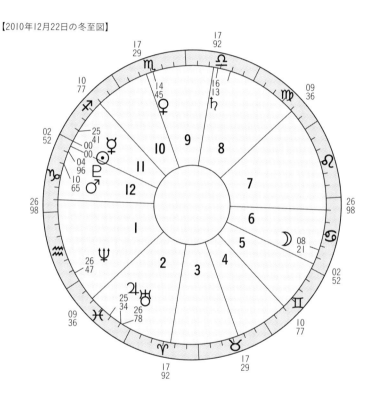

【2010年12月22日の冬至図】

蟹座の月に対して、山羊座の冥王星・火星が180度です。蟹座も山羊座も集団意識を表しており、火星・冥王星は山羊座に穴を開けます。そのことで、蟹座という内側にある内臓的な作用に、拡大を要求します。

蟹座の天体を持つ人に、山羊座の冥王星が180度になった時は、たいてい自分が活動する母集団の拡張を要求されます。レストランであれば、地域の人しか来ないところが、今度は外国人もやってきたりします。しかしこれまで馴

染んできた蟹座の集団性を拡張することには、もちろん抵抗感や痛みがあり、拡張する瞬間は心乱れストレス体験もします。

「今までのものでどうして悪いの?」と思っている矢先に冥王星の強制作用が働きます。冥王星のてこ入れは一度だけでは済まないので、個人図であれば、冥王星は何度も逆行して、母集団の拡張が完全に行われるまでは何年も影響が続くということになるのが普通です。

しかし、この図では4ハウスの国土には関係せず、むしろこれは心理的な気分の問題を表しています。それに四季図は日食図ではないので、縦波の一撃という変化を起こすのではなく、12サインのポイントをトレースする、つまり感覚的な印象の変化を表しているだけです。閉じこもろうとする国民の感情に強引に間口を開けるような指令が来ますよという内容で、国土に何かありますよという図ではありません。

冥王星と月の関係は、月が示すいつもの日常範囲の繰り返しに、限界を超えようとするストレスがかかりますが、トランジットで、月と冥王星のアスペクトがある時、どのような体験をしていたかを確認してみると意味がわかります。ただし月は無意識に動くもので、じっと観察していると働かなくなります。それにトランジットでは月はだいたい7日ごとに0度、90度、180度を巡回するので定例的な面もありますので、日記などで思い出してみるとよいでしょう。

他の惑星が加わると定期コースではなくなります。

32　植物系知覚の扉は動物系知覚にとって傷口

　天秤座の真ん中にある天体に、日食がスクエアというのはなかなか目立つ配置ですが、傷というのはどういう意味でしょうか。

　視覚を示す乙女座は目を見開き、動物系知覚の光が照らす世界に深入りします。7の天秤座は12感覚では触覚を意味しており、これは皮膚の牢獄に閉じ込められたことでもあり、天秤座は自分が宇宙から追放されていることを実感します。だからこそ外界にいる他の人と交流したいという気持ちが発生します。

　脱出を計るにはいろいろな方法があります。天秤座の14度とか15度は、無意識や夢と接触して、そこから新しい視界を得ようとしています。乙女座で光と影ができて光の世界に閉じ込められたので、今度はこの影の方と接触したい。

　牡羊座の最初の春分点は、「1魔術師」で、この世界に入りたいという願望を抱いていましたが、反対の秋分点はそれが完全に達成され、どん底にまで入り切ったのです。

　人体でいえば、牡羊座は頭で天秤座は腰です。すると秋分点を折り返し点にして、ここからまた宇宙に戻りたくなるのです。12サインを人体に対応させた図がありますが、この人体は直立しているのでなく、腰から下の足の側を上の方向に折り曲げています。目に見える人体はたいてい直立していますから、動物系知覚ではこの屈曲した人の図は不自然。つまり12サインのように丸くしてしまった図は植物系知覚の観点で見ているというわけです。胎児は母体の中では丸くなっています。

　天秤座の15度では昼と夜をバランスよく使おうとしていたのですが、行き過ぎてしまい、16度で、影が予想よりも大きく口を広げてしまいました。これが16度のサビアンシンボルの「流された船着場」となります。足場を根底から崩されてしまい、海と陸地の境界線がわからなくなってきます。

　乙女座の何点か、天秤座の7度や16度などには、影によって傷を負ったと

いうサビアンシンボルがあり痛ましい感じがします。どうして乙女座や天秤座は傷つけられてしまうのか。よく考えてみると、傷は動物系知覚の傷であり、地下にある植物系知覚においては、それはむしろ表に出てくるポータルです。岩を割って植物が伸びる光景を思い浮かべましょう。動物系知覚でできた自我を維持したい人には、これは直面するのも嫌な損傷で思い出すだけで心が乱れます。

　植物系知覚は内臓的。動物系知覚は外壁であるという基本で想像してみると、皮膚にできた傷口から内臓が見えてきます。エーテル体が強くなったポータルは、地球においては事故の起きた損傷場所とか、地震が起きて地盤が傷んだ場所、火山が噴火し、天変地変の起きる場所です。脆弱な縫合部(ぜいじゃく)は植物系的エーテル体が強く働くようになった場所です。動物系にとってマイナスは植物系にとってプラスです。

　神智学用語であるアストラル体は動物を借りて、エーテル体は植物を借り、物質体は鉱物を借ります。シュタイナーは、アストラル体は物質世界に関心を抱いたので、より振動密度の低い世界に向かった。そのため、エーテル体はそもそもはアストラル体よりも低い次元にあったのですが、降りていったアストラル体と交代に、高次な領域を受け持つことになり、これを「霊我」(れいが)などというと説明しています。

　高次なものを受け持つエーテル体は、動物系知覚の皮膜を傷つけて、そこにエーテル体の強い作用を表出させます。つまり、より上位の意識に上がるには、この傷の真上からよじ登るしかないのです。

　心理分析などで、幼少期からの体験の傷口に言及したりすることは多く、セラピストはトラウマには飛びつくので、うっかり何か言うととことん食い下がられますが、「そもそもトラウマは果たして否定的な体験と評価されるものなのか?」。

　私はよく、その人の積極的な個性は傷が発展して形成されたものだといいます。マイナスなものと見ないで、その上を自分の立脚点とするのです。私は

QHHTで、「マグマの真上にいて温かく気持ちいい」と思いましたが、これは地が割れ、内臓から火が出てきた場所です。動物系知覚から見ると土地が傷つき都市が壊れています。トラウマをじっと見つめるとマグマが噴出してきます。

人生の細かいところで気になり、心配を作り、憤り、悲しみを作り出すのは、ベースとなるトラウマがさまざまな事象に投影されているからです。形が同じものは同一のものとみなす発想では大小は問わないので、非常に小さなところでも、型が同じなら思い出します。

靴屋さんに行って、本人を傷つけた人が履いていた靴と似たものを見つけただけで、すべてが再現される人もいるでしょう。中にはこのトラウマが癒されず死ぬ人さえいますが、死ぬというのは動物系知覚につけた傷が大きくなりすぎて使い物にならなくなったのです。

地球においてはプラトン立体が示す惑星グリッドは地球のエーテル網ですが、これは地球の岩に絡みついた植物の蔦（つた）であり、外からと内からの両方が結びついており、ボルテックスやポータルのありかを表しています。太陽の力がより強く入り込む場所は、プラトンのいう鞠（まり）を覆う色違いの布の縫い目です。

東日本大震災の時、土星は天秤座の中で最大の傷口を示す16度にあり、硬い皮膜としての土星は、いったん裂け目を作られました。プラトン立体のような地図の上での空間の裂け目というよりは時間の中の裂け目です。土星の被膜が裂けた隙に、オクターブでは土星の真上にある音の天王星が春分点に来て種蒔きします。傷をつけて、この中に天王星を乗り物にした何かを埋め込んだのです。

海外に住んでいて、東日本大震災の前の日に仙台に戻り、その日、夢の中で大地震の夢を見て眠れずへとへとになっているところに思わず被災したという人がいましたが、この人はこの震災を祝祭としか受け取れないといいました。日本はこの時、天王星的な意味で、新しい生まれを体験したのです。その後、外国人はどんどん日本にやってきて、つまりは国際化された日本という姿を作るためのてこ入れだったのかもしれません。

秋分点を挟んだ乙女座と天秤座は、限定された部分性に埋没しているのですが、もちろん、この乙女座人生の中でもただ傷つくだけで終わりとせず、次の打開策を考えています。動物系知覚は、痛めつけられると、超回復でもっと強くなるのです。そもそも部分化されても存在の総体は変わりません。つまり一か所を照らすとそれ以外は影になりますが、影は外からサポートしているのだと考え、乙女座が限られたことしかわからないのなら、自分の担当ではない部分に詳しい人と共同作業すればよいと考え始めたのです。乙女座のキャラバン隊というサビアンシンボルは、他の専門の人とチームを組むということです。部分的な存在は、張り合わせたら、大きな球体になるのです。

　天秤座は秋分点の標本であることに拘束された、ピンで刺された蝶から開放されようとして、自分の人格を害するかもしれない影に当たるような人と根気よくつき合います。これが「泥棒集団」というサビアンシンボルに現れています。最初は15度あたりでは、昼と夜の交流でしたが、エスカレートして、その結果、この狭い人格に甚大な被害を受けるのですが、それでも諦めません。

　私はまだこの仕組みがよくわかっていなかった頃、天秤座の特性として、どうして自分を傷つける者にわざわざ近づくのか、いつも謎でした。大げさにいうと「お前をつぶしてやる」というと近づいてくる人なのです。しかし、皮膚の牢獄に閉じ込められた自分からもっと広いところに出るためには、最も自分を傷つけるものを扉として活用しようとする。こんな大胆な決断はできるものではありません。

2011年1月4日の日食の時のヘリオセントリック図

　また謎のヘリオセントリック図を出してみます。

【2011年1月4日の日食図（ヘリオセントリック図）】

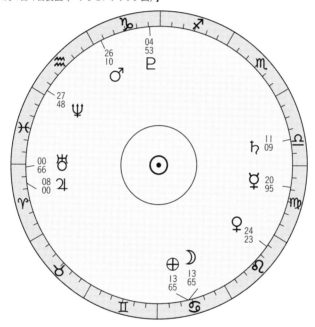

　日食は蟹座の13.65度にあり、近くには地球の近日点蟹座の12度56分があり、またシリウスが蟹座14.05度にあります。つまりこの日食によって動物系知覚意識の視界が定かでなくなり、ぼうっとした時に、真実の太陽は、シリウス意識を引き寄せたともいえます。

　この場このの太陽系の太陽は、シリウスと兄弟的な関係にあり、銀河の中に太陽のフラグを立てると、同じグレートセントラルサンの統括の下、近場にあるシリウスを引き寄せると考えるのです。縁のない兄弟的な関係にない恒星を引き寄せるのは無理です。

動物系知覚としては、シリウスは太陽系に近いという程度ですが、植物系知覚では、この太陽系とシリウスは互いに兄弟で、互いを回り合っているという説があります。天文学的にそれは嘘だといっても、植物系知覚の人は全く動じません。

　黄経においては、太陽とシリウスの間に、地球が挟まれて、太陽の腰に巻かれた12サインという感覚面で、シリウスと地球が混ざります。惑星の腰に巻かれた12サインではないことを念頭に置いてください。シリウスと地球が合になっても、大きな日食のように、黄緯が重なるわけではありません。

　たとえとしては、この時、シリウス人達がやってきたのです。とはいえ、動物系知覚だと、このようにいうと、シリウス人達はボルトとナットで組み立てられた円盤に乗ってきて、彼らはエジプト時代の像のように半人半獣だったり、猫の顔をした人だったり、海から上がる半漁人で、銀色のぴかぴかした宇宙服を着ているというイメージしか思い描けません。中身はまるごと西部劇のSF映画のようです。

　植物系知覚では、シリウス振動から地球振動に降臨したというところでしょうか。アントロポースは、地球的印象の水準H48に眠り込んでいないので、このH24的実体には簡単に気がつきます。

　東日本大震災の後、死者がタクシーに乗ってきたとか、いろいろな人に遭遇したということがいわれていて、これは柳田國男の『遠野物語』のようですが、心霊体を見るというのは、むしろ、それを見た人の振動密度が少し上がったということで、心霊体が物質世界に降りてくることはありません。つまり、タクシーの運転手が死者と話をしたという奇異な現象は、死者が現れたことが不思議なのではなく、タクシーの運転手がそのレベルにシフトしてしまったことに着目するべきなのです。タクシー運転手が死者を見たのは、ゴルゴダの丘で、復活したイエスを見たのと同一の話です。

　ゴルゴダの秘蹟は、霊的なものと物質的世界のつなぎであるといわれていましたが、しばしば霊的な知覚は海王星の作用だと思われています。しかし海

王星は太陽系内スピリチュアルであり、太陽系の外の銀河の印象はここには引っかかってきません。

蟹座の14度のサビアンシンボルは、「北東の大きな暗い空間に向いているとても年を取った男」というものです。この度数は、感情とか気持ちとかに穴が開き、ひどく空虚になった時に、北東から宇宙的なものがやってくるという意味を持っており、気持ちが充実していたり、何か楽しいことをしたりしている時には決して開かない扉です。つまり、蟹座の情感性が真ん中近くで挫折した時に、外部の何かがやってくるということです。

意識の振動密度にふさわしい記憶が腰に巻きついてくるという点で、太陽意識を理解する人は、恒星シリウスの意識が地球にやってきたという発想は普通に受けつけるでしょう。シリウスの人々は「セラピスト」と呼ばれていて、物質的に転落した人に霊的な要素を取り戻させ、本来のトータルな人間に回復させるという力があります。修験道は、火星にバイパスしたシリウス道で、オオイヌ様を御神体にすることもあります。

ジオセントリック図は、太陽のこちら側は考えることができるが、太陽の向こう側については一点も考えられない図なので、ジオセントリックのホロスコープで恒星を考えるというのは理論的には納得しがたいものがあり、ブレイディの恒星パランについては理論的には少し疑問があります。恒星はヘリオセントリック図でのみ扱う方が自然でもあります。

ヘリオセントリックの天王星は春分点にあり、地球ポイントに天王星はアスペクトを作りません。そもそも12サインとは、感覚的な面で共鳴するかどうか、協和音的関係かどうかということを気にすることであり、アスペクトがないと関係がないと考えることはできません。

あえてマイナーアスペクトを考えると、天王星と地球の間はおよそ103度です。実は、これは51.428571度というセプタイルの倍数で、円の7分割であるセプタイル、あるいはハーモニック7との関係で、駆け込んでくるという意味です。円には七角形の魔方陣のような図が描かれ、この七つの点は7というロゴスに

おいて、互いに共鳴し合ってしまうのです。しかし、この天体配置がそういう現象を明確に示した証拠になるのだということではありません。動物系知覚は証拠を求めますが、そういう精神で読むべきではありません。

　ヘリオセントリックは結果を読むのでなく、意図を読むものであり、このようにエネルギーが流れている様子を観察するというふうに考えてみるとよいでしょう。また知覚するというのはたくさんの印象群の中からそれを引っ張り出すことで、スクランブル交差点で多数の人が歩いている中から、知り合いを見つけだしたようなものと考えてください。ある人は見つけ出しましたが、ある人はすぐそばを通り過ぎたのに見つけなかったわけです。

34 　地球測地法

　マンディーン図の定番である四季図、日食図について説明し、また通常の占星術からすると変則的なヘリオセントリック図を扱いました。二極化太陽と真実の太陽があるということを話題にすると、ヘリオセントリックは避けて通れないのではないかと思うからです。ただし空間位置、時間の経過などを考える動物系知覚には限界があって、正確な情報がトータルに手に入るわけではないことには注意しましょう。

　次に、マンディーンを考える時にジオデティックというものがあり、これについてはごく簡単に説明しようと思います。話の筋からすると、とってつけたように挿入したように見えます。

　ジオデティックは12サインを地球座標に張りつけたような考え方です。牡羊座0度は、外の宇宙から生命体がこの地球に入り込んできたところとも考えられます。となると、12サインを地球に張りつけた時には、牡羊座の0度は文字通り人類の発祥地点でなくてはなりません。人類はそこから物語を始めていき、そして12サインの旅をして、地球世界で体験できることのすべてを味わい尽くそうとします。

　レイモンド・ダートは南アフリカに人類の起源があるといいました。人類の起源ということを考えた時、二つの要素を考えなくてはなりません。

　一つは天空からやってきた魂としての人。そして地上で物質的肉体として発達してきた生物としてのもの。この二つの出会いが、文字通り、太陽の通り道と天の赤道の出会いということになるのですが、ある時代から、この本初子午線としての牡羊座の0度はグリニッジだという話になりました。これは政治的勢力によって決定されたもので、グレゴリオ暦の作成動機と似ています。

　これと似た発想としては音階の基準周波数を440Hzにするというのもあります。歳差運動の分割でいうと、これは432Hzでなくてはならないので、体

に良い自然な音律調整ということで。一部で432Hzを採用しているところもあります。そういうところではいびつな平均律も使いたくないという意見もあります。

私は春分点、人類の活動の始まりは、アフリカのどこかであると考えています。

例えば、「ピリ・レイスの地図」のように、陸地が最も長いアレキサンドリア図書館あたりの場所や、エジプトのピラミッドの場所をスタート点にしたりするという考え方もあります。プラトン立体を地球に張りつけたUVG120の発想ではどうやらそのようにしているようです。

ギザのピラミッドは外宇宙との行き来のための駅であるという意見もあり、この場合、りゅう座のトゥバンに向かって穴が開いていますから、トゥバンが北極星だった時代、人類の肉体でなく魂の側は、トゥバンから入り込んできて、感覚としての12サインの帯に着床したのだという説も考えられます。個人的見解では、このスタート点をニジェール川やマリ共和国あたりにしたいところです。

インド占星術などのように、12の区分けを、サイデリアル方式として、特定の恒星に置く場合があります。そもそも星座は、30度ずつ12個あるわけではないので、実星座を使った12星座というものはありません。もちろん、13星座も成り立ちません。

例えば、アルデバランを牡牛座のスタート点と決めて、ここから30度ずつの12の区分け（これだとサインという言い方ができなくなります）を決定するという方式です。ただしこの場合、すべてはアルデバラン色に染まる、つまり象徴的な話ですが、アルデバランを魂の故郷とする人々、グループ、クラスターにのみ成り立つ基準だといえます。ビジネス関係の人には、このアルデバラン系が思いのほか多いので、そういうところでは成立する可能性はあります。

実際のジオデティックのマンディーン占星術は、黄経をMCに当てはめますが、どのような国も地球の一部であり、国は単独では成立せず、これは片割れにすぎず、そのためどこかの場所で12サイン、12ハウスをまるごと配当して結晶化した図を作成するのは不自然に見えます。ジオデティックは地球全体を大きな結晶とみなす思想なので、この内部にあるものにスープの中のダマの

ような位置づけを与えてはならないと思います。

　例えば、日本と似たような東経にある北の国も地球から見たら同じエリアであり、それと日本の違いはありません。

　日本は離島を含むと、西の端は与那国島で東経122度56分です。これは獅子座の2度56分です。また東の端は、北海道近辺ではなく、南鳥島で、東経153度58分です。これは乙女座の3度56分です。獅子座の熱が冷え切って、ひんやりした乙女座にシフトする体験も含むエリアです。北方領土は、日本の獅子座の熱感を台無しにします。

　日本が、今、おとなしいと感じたら、それは本性を忘れるか、あるいは隠している日本です。日本のキャラクターを考える時に、戦前は農本主義国家というイメージを捏造された時代もありますが、今時の日本は、農業は放り投げています。

　三島由紀夫は、日本のイメージとは、金銀を散りばめて華美に走る国という印象を持っていて、金歯をつけた豊臣秀吉が日本人のアーキタイプだと考えていたのではないでしょうか。時代によって日本人のキャラクターは休みなく変化します。

　しかし地球から見たら、日本はずっと獅子座エリアなのです。世界最大のカジノは日本で作った方がよいという話にもなります。日本人が内部から日本を見ても、日本はどのようなものかさっぱりわかりません。しかし地球視座から見ると、日本は獅子座帝国なのです。聖徳太子は日本のことを「日の出ずる国」と大きく出ました。「日の本（ひのもと）日本」とは、いかにも獅子座的です。キレやすい獅子座初期度数の帝国は北朝鮮です。

　地球にはユーラシア大陸、アフリカ大陸、南北アメリカ大陸、オーストラリア大陸、南極大陸という五大陸があり、大陸以外には海があるので、特定のサインには陸が少なく、大半は海の中にある場所もあります。しかし、地球単位という尺度で見ると、地球の生態系すべてを範疇に入れた方がよいでしょう。個人は存在せず、地球にいる生態系全体が一つの生き物です。

　日本という国家は、人間が作ったもので、人間の視点でのみ成立するものであり、クジラはそれを知りません。人間が体験できない海の中のサインでも、

イルカやクジラは体験しています。

　また長い目で見たら、そもそも五大陸はパンゲア大陸のように一つであり、またアフリカ大陸は一年に数センチ移動しているといわれているように、違うサインにずれ込みます。

　地球サイズでマンディーン占星術を考えるならば、人類以外の生命圏もエリアに入れて、しかも大陸が溶けるバターのように動いていくと想定した方がよいです。日本という国も、今後地形はどんどん変わっていくでしょう。ずっと後には、今のような形の日本は影も形もないかもしれません。

　タロットカードでは牡牛座にも該当する「2女教皇」はアカシックレコードとしての書物を腰のあたりに持って、そして女教皇は顔、手以外のほとんどは重厚な衣服の中に包まれています。神智学では、植物系のことを「エーテル体」と呼び、動物系のことを「アストラル体」と呼びます。エーテル体は植物の性質を借りており、アストラル体は動物の性質を借りています。

　「2女教皇」が包まれている衣服は、植物素材のエーテル体を示しています。植物性質は、じっと動かず、だからこそ、他のあらゆる宇宙につながり、第五元素で説明したように、過去と未来がなく、また空間の違いもなく、アカシックレコードとして書物は失われることなくずっと保管されます。この書物の物語のどれかを生きることは「2女教皇」にはできません。それは書物を保管することに専念し、この物語を生きるというのは、図書館にやってきた動物系知覚の存在です。

　宇宙からやってきた存在が、地球に入り込み、地球上で地球的体験をするには、まずは宇宙からの入り口があり、近くに図書館があり、この図書館の中であれこれと書物を物色し、この中で一つの本を選び、この本の内容を解凍して、時間と空間のできた中で、つまり四元素化して、それを動画体験として歩くことになります。

　エジプトのピラミッドはトゥバンに向けて穴が開いており、トゥバンは、財宝を守る龍といわれていますが、これは記録の保管所、図書館でもあります。

地球上においてこのミニチュア、地球的体験のデータのみを記録するのが、アレキサンドリア図書館です。むしろアレキサンドリア図書館は、エーテル界にある「2女教皇」の書物の劣化版であると考えてもよいでしょう。アレキサンドリア図書館はある時期焼失しましたが、それはあまり問題にはなりません。というのも、「2女教皇」はそもそもエーテル界に住んでいて、そこではそもそも、データが消えるということがないからです。

　タロットカードの2の系列はみな2の数字という点で共通点があります。「2女教皇」では、書物の中の一文に同一化して人生物語に入ります。「11力」のカードでは、身体からライオンを引き離し、これまで同一化していた要素と自分を分離します。「20審判」ではいろいろな文脈に自由に出入りします。ラッパを吹いて揺り起こすと静止した文章は改めて生きたものとなります。「1魔術師」はこの書物のどれかに入っていないのでまだ実人生が始まっておらず、入り口で点検していますが、まだ中空に浮かんでいると見てもよいでしょう。地球ではこれはアフリカあたりです。

　春分点から、宇宙の魂（太陽の力）は地上の感覚世界に入り込んできますが、そこですぐに人生が始まるわけではありません。牡羊座の13度あたりには「不発弾」というサビアンシンボルがありますが、これは環境に入ることがまだ成功していません。地球的体験は存在が二極化されることで行われますが、牡羊座の段階ではこの二極化を統合するつもりはさらさらなく、というのも二極化を統合化すると環境からはじかれてしまうからで、自分を環境の部品にさえしようとします。6度の「・辺が光り輝く四角形」などを参照してください。

　サビアンシンボルでは、牡羊座の30度のサビアンシンボルは、「アヒルの池とそれがはぐくむ子供達」です。次の牡牛座に入ると、1度では「清らかな山の小川」というものになります。これは人体の頭の上に、池があり、そこでアヒルは子供達と一緒に、魂のクラスターとして住んでいるわけです。池は共有されているという点で集団意識を表します。それから頭のてっぺんから、身体の中に勢いよく落ちていきます。清らかなというのは混ざり物がない、純粋に

自分の系統として始まるからです。アヒル族にはアヒルしかいません。
　「2女教皇」の書物は身体の中に埋もれています。これは松果腺の周囲を取り囲む帯として分布しているとも考えられます。ただし、生理学的にどこを切り刻んでもそれは見つかりません。エーテル体の中、植物系的知覚にあるからです。
　新アレキサンドリア図書館は、古代アレキサンドリア図書館があったといわれるアレクサンドリア市北部に再建されました。これは北緯31度12分32秒、東経29度54分33秒の場所です。
　蛇足ですが、ヒプノセラピーを下北沢で受けた時、自分がエジプトを去る直前に建物の前の彫刻を見ていました。建物も彫刻もずいぶんと現代的で、これが古代エジプトとはとうてい信じられないものでした。今、思うに、これは新アレキサンドリア図書館の前にある白い彫刻とそっくりです。その時エジプトを去る理由は「ここには何もない」と思ったからです。そこから西欧に移動しましたが、ヨーロッパは物質世界がますます強まる場所で、シュタイナーは、西欧人は心底物質世界が好きなのだといいました。私はそこで幽閉されたという記憶があるのですが、それは物質的身体につかまったと考えてもよいかもしれません。それまで紺色の身体を持っていたのですが、紺色の身体とは植物系知覚で見る身体でありエーテル体といってもよいでしょう。大塚でアイソレーションタンクに入った時には紺色の蔦のようなものが身体を覆うのを見ていました。
　ヒプノセラピーで見る前世の記憶とは、嘘の記憶であると考えてもよいでしょう。そもそも誰もがアカシックレコードの一文を取り出して生きているという点では、あらゆる経験は虚のものであると考えてもよいし、前世記憶は、ある鋳型をトレースして作り出したもので、たとえ話だと考えた方がよいのです。
　植物系知覚は何もかも振動的に判断します。つまり、実話もたとえ話も振動が似ていれば同じなのです。嘘か本当かという区別がありません。その意味では、今書いた、私の前世風のものも、西欧の歴史の一断面をトレースして適当に編集したものです。どの局面を切り出したのかは、振動密度によりけりなのです。その人の意識振動にふさわしい記憶がまとわりついてくるということを

思い出してください。

　グリニッジを本初子午線にすると、この牡牛座のスタート点のアレキサンドリア図書館は、31度12分となり、ちょっとした誤差が発生します。グリニッジよりも南ですが、マリ共和国は、だいたい東経0度近辺です。もし地球を12サインで分割するならば、アレキサンドリア図書館を牡牛座の1度（これは数え度数です）とみなして、だいたい東経の度数は1度12分ずれているとみなしてもよいでしょう。

　アレキサンドリア図書館を牡牛座のスタートとすると、便利なのは、経度の度数をそのまま、暗算で12サインの度数に変換できることです。経度に対して、常に1度12分マイナスすれば、それが12サインの度数です。人類はニジェール川近辺、マリ共和国あたりで地上に降りたが、さらに書物の中のどれかに降りて、感覚的印象と一体化したのはアレキサンドリア図書館あたりになります。

　ドロレス・キャノンのQHHTでは、誘導の時に、ピラミッドの中に入り、そこで、守られていますという宣言があります。これは、ピラミッドは地上に降りる接点で、いわば牡牛座1度の「清らかな小川」の流れる源流、山のてっぺんで、そこで異物は弾かれるということもあります。これは宇宙的な影響として、清らかな流れを作り、異世界の干渉がない保護のフィールドで、純粋にトゥバンが統括しているグループ、アヒルの家族としてのクラスターにまとめることです。実際に牡牛座の初期は、家系的に純度が高く、混血しない段階を表しています。

　ただ、地球にはたくさんの系統が乗り入れしているという点では、この座標には全く従わないグループもあるということです。既に説明した、アルデバランを基準にしているグループは、始まり地点を、ニジェール川にもアレキサンドリア図書館にもせず、そのあたりの位置は何の意味もないと主張するでしょう。

　ジオデティック手法はアレキサンドリアに保管されているアカシックレコードの書物を、地球にプロジェクションマッピングしたようなもので、国という単位はすべてないことにしましょうということです。

35　セントーサ島

　アメリカのドナルド・トランプ大統領と北朝鮮の金正恩委員長は、シンガポールのセントーサ島で、2018年の6月12日に、米北会話をしました。セントーサ島は東経103度50分前後です。これは12サインでは、蟹座13度50分。

　そもそも北朝鮮は獅子座の初期度数が強く、キレやすい国ともいえますが、(それは韓国も同じことです)、セントーサ島の蟹座13度ならば、もっと違うキャラクターにも染まりやすいでしょう。そして国に戻るといつもの獅子座の初期度数に戻り、気分が変わり、セントーサで決めたことの印象は日が経つにつれて薄まります。

　アメリカの建国記念日の図の太陽は、この蟹座の度数に近い場所にあります。このように世界地図のあちこちを活用して、生活に彩りを加えるのがよいのではないでしょうか。地球から見た国の特性と、その国の内部から見た特性は違う。しかしそもそも内部にいる人は、自分の国の特性については客観視できない。そして憲法図とか、建国図は、その国につけられた違う尺度のカサブタのようなものだと判断した方がよいということです。

　アメリカは大きな範囲にあるので、地域によって性質が違う、特定のカラーでは決められない。アメリカとはこういうものだといえないわけです。

　アメリカの西の端はグアムで、東経144度37分です。これは獅子座24度37分。アメリカ領で最も広い島はハワイ島ですが、これは西経155度28分で、グリニッジからの180度経線で分けると、これはマイナス155度28分とみなされるので、天秤座の24度近辺。東の端はバージン諸島で、西経64度33分。山羊座25度前後です。

　私はニューヨークのマンハッタンに行きましたが、これはだいたい西経73度57分で、山羊座の16度くらいで、山羊座の固い殻が破れて、蟹座の影響が入り込み、さまざまな蟹座的な潜在的可能性が育つ場所です。いろいろな国

の人が可能性を広げようとやってきますが、それぞればらばらに追及し発展する場所でしょうか。

　グアムを入れると、獅子座の24度くらいから、乙女座、天秤座、蠍座、射手座、山羊座の25度くらいまでの範囲に入るということです。アメリカに行くと多様な体験ができるとはいえず、多様な体験をするにはアメリカ全土を行脚しなくてはならず、それをする人は少ないでしょう。

　また、日本人が「ハワイ大好き」といった時、ここは天秤座の24度前後の場所だと意識するとよいでしょう。そもそもハワイがアメリカになったのは政治的に組み込まれただけで、ハワイの血筋はハワイのもので、それは地層の下の方に残っています。地球測地法で、地球単位で考えた時に、ここはアメリカと意識する必要は全くありません。地球測地法はいわば「国敗れて山河あり」の視点です。血液は、身体の皮膚上にある違いは認識していないともいえます。

　ジオデティックをとってつけたように書いたのは、もし日本が本性を思い出すとしたら、地球単位という基準の中で日本のフラグを立てること、つまり獅子座本性を思い出し、日の出ずる国というような大きな態度を取るべきなのではないかと思ったからです。一過性である国に思い入れしすぎてはなりませんが、国が存続する間は、他の国から「いいかげんにしろ」といわれても、「だから何？」という態度を取るべきなのではないかと思います。

36　予言と預言

　私はトランジットの海王星が11ハウスに入り、出生図の太陽に対して60度になる頃、テレビや雑誌、書籍などで盛んに予言をすることを求められ、講談社の『週刊少年マガジン』などにも登場しました。そもそも、私本人は予言にはそう関心がないにもかかわらずです。その頃に見た夢は、私の斜め上に霊能者のおばあさんが座っているというものでした。斜め上とは11ハウスのことでしょう。

　今、まさにトランジットの冥王星がこの場所にあります。すると、編集者の人から、「前からマンディーンの本を出したかったので、書いてくれませんか？」という依頼がありました。海王星は太陽系外の情報が入りません。冥王星は太陽系の外から持ち込まれます。私はある時期から、冥王星の周期で生きています（1999年、黒い怪物がやってきて「母親だ」といった時からです）。

　ただ、そもそも予言には関心を持っていないのです。予言めいたことを求める人は、その人の欲や利害、信念体系に支配されたところで求めています。私はそれに乗る気がないのです。

　しかし、マンディーンの話をすると、実は、予言ということについて言及せざるを得ません。「予言」となると未来のことをいうことになりますが、「預言」となると言葉を預かったとなります。それは全惑星意識という高められた意識からというより、全惑星意識が受け皿となって、そこに止まったイーグルとしての恒星意識が発信したものを預かったということで、二極化された太陽、あるいは全惑星意識はミツエシロになることです。

　私の冥王星は獅子座の22度なので、サビアンシンボルでは「伝書鳩」で、冥王星という太陽系の外との扉になる乗り物に乗って、太陽系の外から持ち込まれたお手紙を届ける性質です。だからみんな聞いてくるのかもしれません。エドガー・ケイシーは天王星がこの度数で、情報は太陽系内にあるということです。

ノストラダムスはデルフォイの水盤を見て、ホロスコープを作って、予言詩を書きました。ノストラダムスの予言は当たるのかというと、ノストラダムスというよりも、それを解釈した人が当たるのかどうかということです。ノストラダムスはその材料を半加工料理として投げ出しました。
　私は雑誌やテレビなどで予言を求められた時、真剣に取り組んだことがあまりないのですが、記事を要求する側の心持ちも興味本位で、それに忠実に答えようとすると、適当に書くのがよいということになるからです。
　水晶球を見るとどうなのか、というと、これは時系列がむちゃくちゃになります。あるシーンをありありと見ますが、それがいつのことなのかさっぱりわかりません。なぜなら、植物系知覚は、時間の順番など気にしておらず、似たものを見たら同じとみなして、歴史の中で点々と起こる似た事象を一つの出来事であると束ねてしまうので、時間の順番は確実にいい加減なものとなります。
　ただし、これはでたらめで秩序がないのかというと、エニアグラムで、外の数字が1、2、3……と進む時に、内部では1428571と進むことにも関係があります。エニアグラムは空間的・時間的な順番の裏に、違う秩序が流れていることを提示します。これは数字のロゴスの特質のもう一つの面を示しています。
　出口王仁三郎もビジョンでは、この現象はいつのことを示しているのかわからないといっています。だから、ノストラダムスは映像は水晶か水盤で、そしてタイマーにビッグクロックとしてのサロスサイクルなどやホロスコープを使ったのかもしれませんが、私は予言する人の椅子に座りたくありません。
　ノストラダムスやジョン・ディーが水晶球を見ている時に、ビュッフェの客を見るように背後の薄暗がりにはいたいです。というのも、それはとても居心地がよいほんわかしたところで、自分の居場所はまさにここだと感じるからです。

37　レベルを確定すればアカシックリーディングは難しくない

　未来のことを読むという点では、アカシックリーディングというのがあります。アカシックレコードとはホロスコープの12サインに刻まれたデータそのものです。そして階層的な記録は一つのカテゴリーの中では惑星の種類によって、それより大きなカテゴリーでは月、惑星、全惑星、太陽、複数の恒星などによってギアチェンジします。アカシックリーダーは浮動式センサーで読んでいますから、気分の変化などで読むデータの階層を無意識的にシャッフルします。

　例えば、私は何人かのアカシックリーダーに1999年に遭遇した身長5mくらいの龍に見える黒い怪物について質問してみました。これは夢の中というよりも、朝目覚めて、まだ動物系知覚にしっかり入り切っていない境界領域で生々しく体験したものです。今ではそれが太陽系の外からやってきた存在であることはわかっています。そしてとても普遍的な存在です。しかし、リーダーの大半は、それは個人的でごく特殊なものであるという解釈になり、私には実感のない、つまり腑に落ちない結果となりました。

　多分、惑星意識、あるいは全惑星意識の階層の12サインデータを読んだのですが、そこで黒い怪物に該当するデータなどどこにもありません。そのレベルなら既知のイメージとして箱根にある九頭龍神社の龍なのだという話になるかもしれません。太陽系外の存在は、惑星意識を集合させたボトムアップの全惑星意識の辞書には記録がありません。真実の太陽を軸にした全惑星意識は、太陽系外の恒星意識のデータを、下部にある12サイン記憶と重ねて、未知のものであるが、それを太陽系内部の過去のアカシックデータに刻印されている龍のイメージと重ねます。というのも、未知のものはイメージにないもので、とりあえずそれに似たものというと伝説の龍イメージしかないので、そこに暫定的に張りつけるのです。しかし、恒星軸を持つ全惑星意識は、それが昔からある龍でないことは明らかにわかっています。とりあえず絵に描いてみる

と龍だが、実は、違うということを瞬時に察知します。

　アカシックリーダーは信用できないという人がいると思いますが、私は彼らがアカシックレコードを読んでいないとは考えていません。確実に読んでいますが、ただ異なる階層のデータを混同するのです。月、惑星、全惑星、二極化太陽、恒星としての太陽、全太陽などの複数の階層の腹巻データは、たとえとしては下からだんだん大きくなる器のようで、どんぶりのような形をしています。

　ヘミシンクの会で、モンロー研究所のインストラクターが、「自分はいつもどんぶりしか見ないので、よほど食いしん坊なのかな」といっていましたが、私はそれがディスクなのだと思いましたが、あまり詳しくは説明しませんでした。モンロー研究所で、スターラインズなどでさまざまな恒星に旅して、確実に恒星レベルでの意識を知ることになれば、真実の太陽レベルのアカシック図書館を読むこともできるでしょう。

　人間の形をした生き物というイメージはそこには皆無であることにも慣れてきます。恒星に人間のような生き物がいるとイメージするのは、上位の階層の記憶に、下層の記録を何の気なしに重ねたことですが、精密度を高めるには、こうした複数階層の混同をしない方がよいです。

　ただし、このリーディングは、動物系知覚特有の欲とか好みが出て、「こうなってほしい」とか予断が入ると、内容は大幅に歪曲されます。自分が望むような方向にしか読まないというのはよくあることですが、本人は全く気がつきません。そういう時には、ホロスコープで修正できます。これはノストラダムスがしていたことと同じです。

38 夢見を利用するのは天秤座のやり方

　私は最近の習慣として、本を書いている時には、毎朝夢を見ており、夢の中では本に関係したことが出てきます。夜眠る前に詩集を読み、朝起きると曲ができていたというフーゴー・ウォルフの話は高校生の時に読んだことがあり、中学生の頃から毎日夢日記をつけていた私には親しみを感じる内容でした。

　たいてい、朝には情報が溜まっています。私はこれをよくアーカイブを受け取ったのだといい、朝起きてから解凍するのだといいます。半分忘れていても原稿を書いている時に再現されてきますが、この情報の解凍に、動物系知覚の脳の働きがついてこれなくなる時もあります。何か予感があり、見えないところから新しい知識がやってきそうな時には、誰もが静かに立ち止まります。

　オオカミと暮らす哲学者マーク・ローランズは「考えることをやめると、思考がやってくる」といいますが、休みなく考えている時というのは動物がひとところに立ち止まらないことに似て、思考がやってくることを妨害します。

　夜眠ることも立ち止まることに似て、じっとしていると溢れるように情報がやってきます。こうした日々の夢見と共同しながら知識を探索するのは天秤座の15度の典型的な手法で、日々の眠りと目覚めの交流のルーチンを使わず、突発的に夢見を使うのはその手前の14度です。

　数学者の岡潔は、なかなか解決がつかない問題がある時、疲れて研究室のソファで寝てしまい、目覚めると解けていたということを書いていますが、これは突発的に昼寝する14度の知識探求の方法です。

　夢は多層的な内容を含み、一つの切り口だけで解釈しきれません。この多層的な意味がある領域では、一つの解だけで決着をつけようとする癖を持った動物系知覚は溺れてしまい、記憶も切れ切れで、ある断片はわかるが、他のところは言葉に落とし込めないことになります。寝ている時は動物系知覚の自我が締めつけないので、情報が統一されておらず、散らばると考えるとよい

でしょう。

　夢は曖昧で、あてにならないというという意見は、手に負えない時に相手が悪いと言い張るのと同じことです。100mの範囲を30cmのものさしで測れないことに腹を立てているわけです。常に真実は一つという見解は動物系知覚の大きな特徴で、植物系知覚では、一つのものに意味が複数重なります。振動が同一のものは同じものとみなすので、そこにいろいろな事象を上書きして、一個の箱に情報を5個でも10個でも詰め込んでしまい、それでもこれは一つといっています。

　『名探偵コナン』で「真実はいつも一つ」というのは科学的のように見えますが、この動物系知覚の単一の意味に絞り込もうとする姿勢に対して、情報の提供者側の植物系知覚は、多層的で大量なので、脳が追いつかなくなりそうになるのは当たり前かもしれません。脳は動物系知覚のセンターなので、情報を複数同時に扱うことはできず、一度、一つずつ分解して、給料日に、これは電気代、これは食費、などと違う袋に入れて分類するように、分けなくてはならないのです。

　私も脳を使って原稿を書いていますから、だいたい1日1時間か2時間が限界で、それ以上は脳がギブアップする感じです。ただし情報が溢れて来ないのならば、そして事務的な内容ならば何時間でもやっていられますから、この時間を私は休憩と呼び、仕事の時間としてはカウントしていません。ですから、私は仕事は1日に1時間しかしないんだと豪語し、休憩時間には10時間くらい編集しています。

39　科学は無の壁を越えられない

　ドラマ『科捜研の女』の決まりセリフ「科学は嘘をつきません」。つまり、一つの結論に導くというのは、最近の科学ではなかなか当てはまりにくくなっていますが、古典的な科学というところでは通用します。この古典的な科学は動物系知覚の作り出した体系です。
　太陽を見ると、私達は自動的に地球に押しつけられ、この地球から見た視点で太陽の光を感じるといいましたが、主客に二極化された後の主体が環境や物質に対して観察し考察した結果が科学体系を作り出します。そのため、私は科学とは二律背反から逃れられないエゴの体系といいます。科学はこの二津背反的な作用にいつまでも苦しめられ、男と女が揉めていつまでも解決がつかないものに似ていると思います。この例としては、光の速度に近づくと重力は無限大になるなどです。この二律背反的なものが消失する点は二極化が解消される無の地点で、二極化された光ある太陽が、真実の太陽に戻るということに相応していますが、科学はこの無を先送りするために、無の手前に行くまでの道端でさまざまな理論を製造します。
　たくさん話題を作り出すことで無に到着する時間が引き伸ばせると思ったので、究極の物質は無の点であるという考えはいつも覆され、原子は点のはずが、実は素粒子があり、素粒子は点のはずが、実は内部にはもっと違う構造があるということになっていきます。この無に至るまでに、たくさんの次元を想定しますが、単純な話、無の壁を越えたところが四次元であり、この無を正面から扱うべきなのですが、無とは自分と対象の関係がいったん解約されてしまう場所であり、そこでは大枚はたいて買った土地がただになるような、これまで構築してきた数学的整合性、因果の法則が一気に崩壊してしまいます。とりわけ三次元的ニュートンの法則がここで通用しなくなります。
　先に進むには苦し紛れに詭弁を作り出すよりも、さっさと動物系の知覚のプ

ライドを捨ててしまえばよいのですが、その踏ん切りがなかなかつきません。このプライドには、人は神に等しいものであるという西欧の中世が作り出した思い込みが染みついていて、そこでは太陽でさえもが自分の周りを回るのです。

　乙女座13度のサビアンシンボルである、「ヴェールをはがされた花嫁」は、白日の下に晒された花嫁、すなわち自然界ですが、光ある二極化視点の中に顔を晒すので、動物系知覚の視点で絞り込んだもので、乙女座13度はまさに科学的な解明というものを表しています。白日の下に正体を現した花嫁は型崩れした花嫁で、これが科学的エビデンスです。

　四次元以上の領域は植物系知覚では楽々追跡可能ですが、動物系知覚は、自分の目で作った壁に突き当たって、その先に行くことはできません。主体と客体という二極化をして、この自分が作った世界に自分で縛られていき、先に進もうとすると徐々に重く固くなる壁が立ちはだかります。力を込めて進もうとすると壁はさらに強固になり、重力は無限になって、最後は自分によって自分がトマトを強く握ったように押し潰されます。

　太陽を見ていると、地球に押しつけられ、地球から考案した光に満ちた太陽が作り出され、科学はこの二極化された世界の中で初めて成立する体系だということは、この尺度で見る限り、私達はこの太陽系から外には出ることができないということです。太陽系というと語弊があるかもしれません。地球と太陽の関係でできた世界、つまり地球から出ることはできないということでしょうか。寸法や距離、重さ、決まった時間などで測れない植物的知覚は、楽々とその先に行きます。

　占星術でもいつまでも二極化された光ある太陽とか、太陽は地球の周りを回っているという考えが続くのは、次元と次元の間には無と無限の壁があるというのを見たくないからかもしれません。

　グルジェフの教えを研究していたウスペンスキーは、それぞれの次元の関係には、数学的な比率が成り立つといい始めましたが、これでは異なる次元ということが根本からわかっていないといわざるを得ません。一つのパラダイムでさ

まざまな次元を料理する姿勢は、当人を自分の次元の中に幽閉します。この程度の頭脳しかないウスペンスキーが、グルジェフの思想を理解することはとうていできないだろうなというのは簡単にわかります。

そうすると、占星術も位置や角度、寸法、時間の経過など、私達が住んでいる世界での尺度で組み立てられたものですから、二極化された太陽の光が届く範囲のものは理解できますが、この二極化を解消した無の向こう、トランスフォーマーとして立っている真実の太陽を超えた領域にまでは、占星術は進めないということもはっきりしています。科学は物質のことしかわからない。占星術は、光ある領域の内部のことしかわからない。このように割り切っていくのが一番正しいと思います。

しかし、私は井の中の蛙状態で暮らし続けたくありません。

40　人の形と龍あるいは筒の形

　体外離脱（体脱）した時には、風景がちょっとおかしなことに気がつくはずです。部屋の中にあるもので、見えないものがあるのです。本来なら机の上に10個の道具が置いてあるのに、2、3個足りません。

　こういう時、同じものは一つとみなされてしまったのです。さらにそのもとの一つも消えている時には、それは私達が同調可能な振動の視界から外れたものです。もっと高速になってしまい、この視界からスピンアウトしてしまったのです。

　体脱した時の視界は、エーテル体の視界、あるいは植物系知覚の視界なので、エーテル体が含まれていない物質は、まず目に入りません。つまり下に落ちたのです。折口信夫式にいえばモノノケになっていない物体は見えないのです。この体外離脱の視界と、水晶で見たりリモートビューイングで見たりする視界もおよそ同じです。すべて植物系知覚により、同じ振動あるいは象徴は、いくつあっても、一つにまとめるという編集が施されます。同じ型のものはみな同じという点では、過去にある同じ型、未来にある同じ型はテレポートの駅です。

　折口信夫の『死者の書』では、大津皇子は処刑寸前に見た女性と似ているという理由だけで、死後、耳面刀自のところにやってきます。これも死んだら肉体という空間的な場所を指定するブイがなくなったので、あとは型共鳴のみで場所を特定した結果です。

　ジェームズ・フレイザー卿の『金枝篇』に書かれた類感呪術は理解の参考になると思います。ある女性は、自分の知り合いの少女が病死した時、この少女が遠くから自分の方にひたひたと近づいてくることに気がついたそうです。

　私も10年以上前、原宿に引っ越した日から、夢の中で、ある女性が毎日少しずつ間合いを詰めてくるのを見ていました。そして最後にすぐそばまで来たと思った瞬間、私を羽交い絞めにして「母親であることを忘れたのか」といい

ましたが、これは原宿の地母神(じぼしん)で、引っ越してから少しずつ原宿の土地の力に同調をしていったプロセスを表したものです。羽交い絞めは主に首あたりですから、情念的なものでなく、知識面での「囲み設定」です。まるで映画の『リング』のような光景ですが、それはこの大地母神のサービスで、「ちょっと『リング』風にしてみました、どう?」というところです。大地母が近づいてきたのではなく、私が振動的に近づいたのです。

この時から20年前に原宿でタロット占いをやっていて、その後20年間は一度も近づかなかったので、このことを母と称する女性は怒っていたのかもしれません。後で説明しますが、私は1999年に黒い怪物に、「私が母親だ」といわれたので、しばらくは母親と称する人が二人いることの意味がよくわかっていませんでした。

【1999年8月11日の日食図】

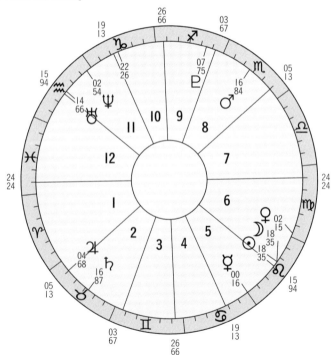

今は、1999年の日食を契機に太陽系の外からやってきた黒い母が、タロットのロゴスの母であると解釈しています。原宿で間合いをつめてきた大地母も、私がタロットカード占いを最初に始めたのが原宿であることと関連しています。

　二人とも私の母親ではなく、タロットカード占い、あるいはタロット道の母なのです。タロット道がメインであり、この中に下層の反映としてタロットカード占いが収まっています。タロット道の母は巨大な龍のような怪物に見えて、原宿にダウンサイジングすると、女性の風貌に変わります。人間の形になるということは、タロットカード占いは、男や女がいる人間的な世界で使うのであり、元のタロットは人間の形ではないロゴスそのものであるということでもあります。

　タロットカードは占い用であり、それ以上のものではないと考えている人は、この人間の形をした母のもとにあるもので、実はタロットの根本は、人間の形をしていないロゴス、法則そのものであることを認められないかもしれません。能の女体、竹生島では老人が龍に化けるという点で、人間の形と龍の形を行き来しています。

　惑星意識から出られない人は、タロットカードは、イタリアかフランスで生まれ、占いや遊戯用として考案されたという範囲から出られません。

　私の場合、初めてタロットを見た時から、夢の中に怖い怪物のようなものが出現し、その時、はっきりとタロットカードは異次元との出入りの扉として使うということを焼きつけられたので、宇宙的、ロゴス的側面と、地上的なタロット占いという二つの母に分離し、二つを使い分けてくれということになります。

　人間の形というのは惑星意識のアカシックレコード（12サイン）にしか記録されていない内容です。ですから、タロットカードは地上で誰かが考案し、人間と人間の間で使われているものであると定義するのは、惑星意識の範囲においてのタロットカードです。この場合、「6恋人」のカードにしても、それはどこかの貴族のだれだれのことを描いたものであるという話になってきます。

　一方で、私のように人間の形をしていない怖い怪物がタロットを出入り口に使うという映像を見た場合、これは人の形が存在しない領域、すなわち太陽

第1章 マンディーン占星術とは何か？ ── その根本思想〈松村　潔〉

の腰の帯としての記録を示しています。そこではどこを探しても人の形は見つけられません。

　龍の形というのはちょっとした歪曲で、この太陽領域とは、グルジェフのいう高次思考センターでもあり、ロゴスの表現しかありません。恒星意識にまとわりつく質量性は、ほとんど数字と神聖幾何学のようなものしかありません。そこで恒星探索して、そこに人の形をした住人がいたというビジョンを見た人は、恒星のアカシックレコードの内容を、惑星意識のアカシックレコードの内容に上書きしたのです。これらは違うということをはっきり指摘しないと、いつまでもこの混同をやめないでしょう。

　人間の形をした世界では、人のあるべき規範とか、ローカルルールの型があります。紳士淑女的におとなしく上品に収まった方がよいと考えられています。型というのは主に土星的です。このあるべき姿をわざわざ壊す人がいます。どうして壊すのかというと、それはこの惑星意識レベルに収まりたくなくて、もっと広い範囲に脱出したいからです。惑星意識の型から脱出した先には全惑星意識があります。そこに向かいたくて目前にある型を壊すわけです。

　これはホロスコープでは、土星に対して外の軌道にある天王星、海王星、冥王星などがアスペクトすることです。これらも惑星意識にすぎないのに、しかし端の方に行くと振動が上がり、全惑星意識には届かないが、全惑星意識に少しは近づきます。天に行きたいので、古代の出雲大社のように、大きな階段を作るようなものです。

　紳士淑女的な鋳型をわざと壊して、下品なことや変態的なことをして、周囲の人を怒らせるというのはアレイスター・クロウリーのお家芸だったようですが、これによって型からはみ出すことは確実です。つまり、その社会からハブキに遭うのです。しかし、追い出されてもそのままでは全惑星意識に行けないでしょう。全惑星意識に行く準備ができている人が最後の段階でそれをすると、はじき出される力を使って全惑星意識にジャンプできる可能性も少しあります。これは一つの賭けなのかもしれません。

土星に海王星が合のケースでは、何度警察に捕まってもまたドラッグを使う清水健太郎など芸能人の例があります。あるいはアル中の詩人などです。いけないとわかってもやってしまうのです。多くの人は一体どうしてなのかわからないかもしれませんが、要するに、してはいけないからこそ、わざわざするのであり、押しつけられた型から脱出したいのです。

　紳士淑女的な惑星意識の世界はそっとそのままに、静かに出て行って全惑星意識にシフトすることができるのかというと、もちろん可能ですが、手っ取り早いものは何一つありません。全惑星意識にジャンプしたくて型を壊す人と、そういう目途が立たないまま、惑星意識が息苦しいというだけで型を壊す人の違いははっきりしています。引越し先が見つからないのに、今の住居を解約するのはなかなかリスクがあります。

　私は1981年にスピカに体外離脱しました。その時に、最初「通路がない」と独り言をいいました。どこに行きたいのかさっぱりわからないのにです。そこで、複数の男性が溶けて筒になり、この筒の中を私は回転しながら、スピカに到着しました。複数の男性は人間の形をやめて全員で筒に、つまり龍になったのです。女体竹生島のようです。

　彼らは惑星意識と、全惑星意識、恒星意識の間を行き来できるのです。私が「通路がない」といったのは、惑星意識と恒星意識の間にパイプがない、そこには断層があるといったということです。惑星意識の領域にどこかに穴を開けて全惑星意識、またそこに穴を開けて恒星意識に通路を作ることは、いろいろな方法があると思います。アボリジニは確実にドラッグを使いました。彼らはドラッグを使うのが常識なので、清水健太郎のように警察には捕まらなかったのです。

　こう考えると、原宿の人間の形をしたタロット占いの母は、より上の次元との通路があれば、すぐに溶けて龍に変貌するということでしょう。そして、その時には、タロット占い用のカード体系ではなく、ロゴスの表現としてのタロット体系に変貌しているのです。

第1章　マンディーン占星術とは何か？ ── その根本思想〈松村　潔〉

　日蓮が、七面観音に会った時、最初それは妙齢の若い女性、しかし紅色の龍に変わったという記述は重要です。人間の形と龍に行き来できるのは、惑星意識と恒星意識に行き来できることであり、その存在は「通路」になりうるのです。

　宇宙人はノルディック型の美男美女であるという人がいますが、彼らがレプタリアン的な形になれないとしたら、彼らは未進化の宇宙人です。エドアルド・メイヤーとコンタクトしていた惑星エラのセムジャーゼは、三十代半ば風の地球人女性の風貌をしていましたが、「人が驚くのでこの形にしている」といいました。驚くということは、実体は、筒だと思います。宇宙人は美男美女であり、金星人のオーソンは地球人女性よりも比較にならないほど美しいといったアダムスキーは、自分の惑星意識の範囲から出られないし、そこにプライドを持っていて、ずっとここに住みたい、それ以外にはどこにも行きたくないという意志表明をしています。

　私の夢に出てきたエビ星人は、一度も人間になった姿を見たことがないのですが、最初に見た時の形は七つの節目を持つオレンジ色の筒でした。

　日蓮の例では、まずは妙齢の女性、次に紅龍です。ビーナストランシットは金星が、いつもの金星でなく、高められた金星となり、真実の太陽との通路になるという説明をしましたが、普通の金星とは、惑星意識であり、ここでは美しい女性という姿。太陽と通路ができた時に恒星太陽が持つ記録にはロゴスと図形しかないので、ここでは数学的モデルのような形態、紅龍に変わるということなのでしょう。

　シュタイナーは人のオーラを見ている時に、人の形が消えて、オーラのみが見えるといいました。私は、全惑星意識は月を外化しているために、オーラとか光の渦とか、エーテル成分が見えると書きました。これは地球の周囲に月の軌道があり、この月を外化して認識するというのは、地球という肉体の外にある、地球よりもちょっと外側にあるものを見るということです。オーラを映像的に見るのは乙女座の視覚に反映させたものであり、牡牛座の思考感覚、双子座の言語感覚に反映させると、映像としては見なくても、理論とか言語として

それを見ます。あるいは、よく仏典は「読む」といわず「聞く」といいます。オーラを言葉とかトーンとして認識してもよいでしょう。

以前、オーラを見る会で、ある被験者が大きな葉の茂みを掻き分けて外に出ようとしている映像を見ました。後で聞くと、お茶の先生をもうやめたいということでした。こういう場合、オーラの色とか形で見ているよりも、暗喩を映像化して見ています。

オーラを理屈とか言葉で受け取る人は、相手に対して「君はこれこれ、こういう性格である」と説明します。野口整体では、人を体癖で分類しますが、これは野口氏のいかにも双子座的なオーラの説明であり、映像的に見る人はそれをカラーとか映像に反映させるのです。

この宇宙にあるすべての存在は、宇宙のすべての要素を含んでいるとも書きました。そして高次な存在と低次な存在の違いは、重心の違いと、また比率の違いです。私達が受け取る情報は、比率の高い振動密度の部分がより生々しく現実的に感じ、比率の少ない部分は希薄ですが、皆無ではないのです。

ということは、シュタイナーが「オーラが見えて、身体が見えない」というのは、惑星意識としての人の形の上に、全惑星意識が扱うことに慣れている月、つまり光の渦、エーテル成分を上書きしたのですが、全惑星意識の比率の方が高いために、その下地にある惑星意識が隠れたということです。

アクリル絵の具は透明なので、キャンバス地が写り、下地に鉛筆で描いた線が見えてしまいます。普通はオーラが見える人は、肉体が見えて、その周囲にうっすらと光の膜が見えるという程度でしょう。つまりは惑星意識の方が濃密で、そこにより薄い全惑星意識が上書きされたので、惑星意識が見えなくなるほど塗り込んではいないということなのです。

希薄なオーラも全惑星意識の比率が強くなると、濃密で硬く触ると怪我しそうなゴツゴツしたものに変わっていきます。このオーラはペンキで塗った看板のようにドギつく安っぽいと感じたことがありますが、その場合には、相手の全惑星意識のレベルが雑なのです。以前このようにして肉体が見えなくなったオー

ラを見ていた時、この中から突然腕が飛び出してきたので驚きました。つまり、全惑星意識の領域に、惑星意識が主張してきたのです。

　日蓮の例の七面観音は、惑星意識としての金星が象徴する女性の姿から、太陽意識としての紅龍に変貌しましたが、ここで太陽意識が少し薄いアクリル絵の具のようなものなら、女性の姿を残したままそこに紅龍映像を上書きするでしょう。

　デヴィッド・アイクはブッシュ大統領が人のいないところで、レプタリアンに戻ったと書いています。「まさかそんな馬鹿な話はない、やはりアイクは頭が壊れてしまった」のだと思うでしょう。ですが、惑星意識の12サイン情報に上位の12サインの記録を重ねてしまうと、こういう映像として見てしまうのはありえます。ちなみに、恒星探索なども空間認識が残っている間は、どこかの恒星に飛んでいくというふうに考えます。しかし植物系知覚では移動とは振動が変化することであると解釈するので、どこにも行かずに、そのまま振動がシフトすると恒星に到着します。

　そして下位のサークルと、上位のサークルが軸を合わせてぴったりと重なると、上位のサークルの持つエネルギーが下位に流れ込んでくるので、私の夢に出てきたエビ星人が感じることや楽しむこと、快楽的に受け取るスタイルを持っているという点では、金星バイパスではえも言われぬ快感として受け取るでしょう。

　九進法だとその受け取り方はしませんが、七進法は天国のような音楽として受け取るのではないでしょうか。ここで思い出してみたのですが、スピカに行くための筒の中を回転しながら移動していた時、私はとても気持ちよかったという記憶があります。

　クンダリニは、腰に眠るシャクティが目覚めて上に上がってくることですが、上から来るシヴァと、下にあるものがぴったりと軸合わせをすると吹き上がってくるエネルギーがあるということですが、ここに圧倒的なパワーの恒星エネルギーが加わると、惑星意識の範囲を吹き飛ばすようなものになるのかもしれません。つまりアルゴル、金星バイパスという回路です。

41　ホロスコープと水晶球透視の併用

　真実の太陽は無の境界線であると考えると、空間位置や角度、時間の経過などで組み立てられたホロスコープは、真実の太陽の外側の領域についてはもう計測ができないことになります。

　さまざまな次元の間には数学的な比率が成り立つと主張したウスペンスキーが、その姿勢によって、異なる次元への突破の可能性を封じたように、現代物理でも、複数の次元を数学的に考えようとする姿勢があるので、これは多かれ少なかれウスペンスキーと同じく、無のこちら側で行き止まりになっていることに等しいでしょう。

　主体と客体に分離した後、主体の姿勢は絶対に変えないと決意しているかのようです。自分が変わらないのなら対象は何も変わらない。二極化の基本性質を完全に忘れ去っています。お父さんが態度を変えない限り、息子は絶対に態度を変えません。日常生活でこんなことはすぐにわかるはずなのに。

　私はヘリオセントリック図で、東日本大震災の時のシリウス到来について説明しましたが、恒星の位置を空間座標で見て、シリウスは蟹座の真ん中あたりにあるというような見方は、シリウスについて理解する手立てになりません。

　脚本家のサミュエル・ベケットは、臨終の際に「シリウスが上から落ちてくる」といいました。これは植物系知覚として正しい理解です。振動的に、自分がシリウスに近づいたのです。それは自分を中心とする視点からすると、自分が上がったのでなく、まるでシリウスが落下してきたように感じられました。

　ベケットは死後シリウスに戻ったのです。死ぬ間際にそういったのならば、もうこれは緊急で、じっくり考える暇もなくいきなり回収です。映画監督ならこのシーンを、例えばシリウスの宇宙船がやってきて、中の乗組員が、「おい、撤収だ。時間がないぞ。ゴーゴーゴーゴーッ」と怒鳴っている光景にしてしまうかもしれません。ベケットは敵陣に潜伏した戦闘員だったのです。これはベ

ケットの伝記を読むとわかります。

　彼はある時期まで、マイナスとしかいいようのない喪失感を抱いていました。このまま放置していれば生存は続けられません。ところがある時、この中に入ろうと思ったのだそうです。その時から彼の創造的な能力が開花しました。彼はお客さんの立場から、この世界の中に入ったのです。無のこちらと向こうを行き来できる人は、出て行く時もコツをつかんでいます。

　ホロスコープは方向や角度、寸法、空間位置、時間の順番秩序などを組み込んだ体系なので、二極化された太陽の光が届く範囲のことしか読めません。リモートビューイングやヘミシンク、夢、水晶透視など植物系知覚を多用したツールは、この無の先を読むことができるので、ホロスコープができないことを補うことができます。しかし、今度はこれらの植物系知覚のツールは、それ自身の法則に忠実で、空間位置、時間位置というものに合わせる気が全くといっていいほどありません。

　そこでホロスコープと水晶球透視を組み合わせると、二極化の内側の世界の秩序、空間位置とか時間位置に、この象徴的ビジョンを正確に張りつける可能性が見えてきます。

　東日本大震災の時、日食図を見ると、そこにシリウスが関与する兆候が見えました。しかしこれは、二極化された世界にのみ通用する計算法で作られた図なので、本当のことなのかどうか確証が持てないのです。そういう時に、夢やビジョン、ヘミシンク、水晶球などで見えてきた植物系知覚は、確かにここにシリウスのヘリコプターが降りたというのです。

　植物系知覚では、空間位置、大小、時代などはほとんどどうでもよい話なので、シリウスの性質を神話の中で探したり、イシスだったりシナイに運ばれたハトホルだったりと考えます。ものの大小はあまり気にならないので、巨大なシリウスと、地球の文化の中に打ち込まれたその反映物としてのイシスのサイズの違いは気にしません。好みとあれば地球を包み込むくらいの大きさにしてもよいでしょうし、御岳山信仰のオオカミ様にしてもよいのです。ホロスコー

プではここに大きさ、空間位置、時間の枠をつけると考えてよいでしょう。

　動物系の空間知覚では、ベテルギウスは超新星爆発が近いです。ベテルギウスはもう消え去るのです。しかし四次元意識では、自分の意志で過去に戻ったり未来に移動します。そのため、今の時代ベテルギウスが燃え始めているということは誰も気にしません。神話的な空間では、ベテルギウスの椅子はちゃんと決まっており、誰も変更する気はありません。

　動物系知覚の世界に持ち込まれた植物系知覚の出先機関がホロスコープであり、ビジョンとホロスコープを共同させることで、互いの足りないものを補うことが可能だとわかると、改めてホロスコープを積極的に使ってみようという気にもなります。太陽系の外のことはホロスコープではわかりません。しかしビジョンが、これを壁の染みとして使うなら、こんなに出来のよいものはないのかもしれません。

42　予言の間違い

　象徴はたくさんの事例を含みます。しかし、脳はこの中で一つのものを選ぼうとします。真相は何なのか、どういう意味か説明してくれという具合に。ホロスコープは、空間位置、角度、時間秩序などの動物系知覚の要素を残しつつ、象徴を読むという植物系知覚も組み込んでいます。

　ホロスコープの惑星、サイン、ハウス、アスペクトは象徴的な意味を持ち、そこにたくさんの応用的事例を含みます。しかし動物的知覚の比率がもっと濃密なところでは、くっきりとした輪郭のものを見ようとするので、複合的な見方はしないし、事物の輪郭は滲んではいません。

　ホロスコープを見て、「ロンドン大火が起こる」と読んだウィリアム・リリーの時代は占星術が最も地に落ちた時代かもしれませんが、ノストラダムスが、決して具体的にいわず、「ああとも読めるし、こうとも読める」ように象徴的に表現したのは真摯（しんし）な姿勢です。

　五島勉（ごとうべん）が、「これは世界の崩壊を表している」と読んだのは、そもそも象徴的複合として提示されたものを、一つの事例に限定したために、100本の矢の中で、一つの矢を選び、99本の矢があたかもなかったかのようにみなしてしまったことで、この100本の矢の総意を読めなくなったのです。100本の矢は100本の矢が真意であり、一本の矢を示していません。

　しかも日食とは、影の太陽から、真実の太陽が顔を覗かせ、この真実の太陽と兄弟的な関係にある恒星の力が入り込む大きな隙間が開くという知識は、五島勉にはありません。1999年の日食図は、四元素がぴたっと均衡を取った瞬間であり、なおかつ皆既日食の時に、外宇宙から入り込んだものがあるのです。

　ホロスコープの読み方を五島勉に入れ知恵したのはルル・ラブアさんですが、ルル・ラブアさんは金星・冥王星がスクエアの人で、三度の飯よりも世界終末イ

メージが大好きな貞子のようで、禍々(まがまが)しいイメージにどうしても持っていきたいというバイアスがかかりました。

　それをノストラダムスは「アンゴルモアの大王」とか「恐怖の大王」といったのかもしれませんが、そんなに大げさな話ではありません。日食はヨーロッパで起きるので、恐怖の大王はヨーロッパに登場します。いったん入った傷は、どんどん広がって行き、古い世界の壁を縫合することができなくなります。

　ノストラダムスからすると、それがどのようなものか手に取るようにわかったはずです。しかし象徴的にしか言葉にしませんでした。なぜなら、一つの事例に閉じ込めたくないからです。日食は一つの事例に閉じ込められない普遍的で広範な影響を持つものなので、ノストラダムスは日食を貶(おとし)めたくなかったのです。

　「恐怖の大王」といっても、日食を通じて、銀河の中に立つフラグの基準が持ち込まれるので、これは羊の群れを崖に落とす集団誘導とは反対の、クロウリーのいう「すべての男女は星である」という自立的な進路をもたらすものです。

43　アンゴルモアの大王の正体

　サロスサイクルは 18 年と 10 日あるいは 11 日と 8 時間といわれているので、ノストラダムスが指定したらしき 1999 年 8 月 11 日の皆既日食は、だいたいルーマニアあたりにあり、1 サロス後の 2017 年 8 月 21 日、北アメリカに現れます。皆既日食は少しずつ北へ移動します。次のサロスは 2035 年 9 月 2 日で日本の本州を横断します。サロスサイクルは 8 時間のずれがあるので、1 サロスは地球の三分の一自転分、西に移動し、北アメリカから 120 度西にずれた日本となります。

　私は 1999 年から二番目のサロスの 1 か月前、2017 年の 7 月 15 日からトゥルパの本を書き始めました。続編のようにも見えて「タロット道」を提唱するかのようにも見えないこともないタロットカードの本は 9 月 1 日から書き始めました。

　トゥルパの本は、ほとんど応身に関した本です。1999 年は巨大な黒い怪物がやってきて、「私が母親だ」といいました。その時、タロットの本を書いていて、腱鞘炎（けんしょうえん）になり、巨大な母は大きな手で私の右腕をさすっていました。右腕を労っていたのではなく、早く書けという指示です。

　「私が母親だ」といったことを、私個人の母親だと勘違いしていたのですが、これはタロット体系の母のことであることに後で気がつきました。このレベルの知性体（大天使）は人間という肉体を持った生体を認識することはほとんどなく、ロゴスを生き物とみなしています。

　その頃から始めたタロットに関しての思想が、2017 年に書いていたタロットカードの本でもっと開花した感じです。発見し、包まれ、なりきるという三つのリズムがあるので、1999 年に体系の応身を発見し、2017 年に包まれ、すると 2035 年になりきるということかもしれません。初めてタロットカードを見たのは 10 代終わり頃ですが、その頃から夢の中に怪物は出てきていましたが、H・P・ラブクラフトのいう古き神々という隠蔽記憶を私が被せていたので、正体

がはっきりしなかったのです。しかし本体と生々しく直面したのは1999年です。

　包まれていると、見るもの聞くもの、考えることのすべてがそれに染まります。私はある時期から、自分が個人的に体験することがすべてタロットに関係しており、それ以外の体験を何一つしていないことに気がつき、驚きました。あらゆることは神話のバリエーションで、そしてタロットに結びついています。もちろん「2女教皇」の持つ書物で、人はみなこの中の記述に入り込むという点では、実は、誰もがそういう神話的記述の中を生きています。包まれていない部分が残ると、そこは外気に晒され痛みます。

　痛みとは分離意識なのです。包まれていると気持ちがよいという感じになります。すべてが高められた意識に浸透されるからです。何か意に反する仕事をして、それは疲れるし消耗するが、生きている以上はしようがないと諦めて取り組む。これは外気に晒された体験で痛みのある体験です。

　退屈なアルバイトをして、自分が本流から脱落した気がする、転落した、世界の果てに投げ出された気がすると思う人はたくさんいます。包まれていない部分が傷んでいるのです。自分にフィットした仕事をしている人は包まれています。応身は、痛みがなく、気持ちよさで満たされたボディでもあり、考えること思うことすべてが楽しいものです。

　占星術ならば120度を作る2点があればもう影響は十分に定着するという発想ですから、1999年のルーマニア、2017年の北アメリカのポータルができれば、これだけでも十分に定着するといえるのかもしれません。

　ちなみに、多くの人は日食も正確な日時を問題にすると思いますが、応身は滲むので、前後しても気にしません。つまり、日食の日時よりも前にも滲み、時間の中に開いたポータルから、過去にも影響が入り込みます。それに日食そのものに直撃されたくない時には、多少時間をずらします。

　日食の当日は動物的知覚が仮死状態になりますが、この影響が強すぎる時には日よけ帽をかぶります。天理教の町はレイラインである太陽の道よりも少し距離が離れていますが、このつかず離れずの距離は絶妙としかいいようが

ありません。中山みきはセンスがあるのです。直撃されると人間はちょっとおかしくなってしまいますから。

そもそもマンディーンでは、日食の図は、次の日食までは有効であり、よほど強烈な日食は、その後の日食、さらに次の日食くらいまでは影響があるとされ、日食の当日そのものを重大視していません。前倒し半年くらいも影響の範囲だとみなしてもよいのです。

私は諏訪大社の秋宮に近づいた時、そこが黒い怪物と全く同じ匂いがするので驚いたのですが、その後は、黒い怪物のことをヤサカノトメと呼ぶことにしました。諏訪大社は蛇の形をしたミシャグジが御神体の神社です。少しずつ地上的な記憶に紐づけしたということです。

私が、スピカに幽体離脱で飛んだのは1981年で、人の形がトンネルに変貌したのも印象深いのですが、もっと重要なのは、スピカの存在が「自分を地球に連れて行け」といったことです。暗闇の中、ゆらゆら揺れる一本の銀線の上を、タンデムのようにしてグライダー（天の浮き舟）に乗って地球に向かったので、スピカ存在の感触は、背中に置いた手から伝わりました。羽のように軽く人間の重さはありません。スピカ存在は北アメリカに着地したのですが、私は途中から日本に戻り、どうして北アメリカなのかということはその後何年も気にかかっていました。この1981年は、1999年とともにNASAの一覧表によると145番のサロス系列ということだそうです（< https://eclipses.gsfc.nasa.gov/SEsaros/SEsaros0-180.html >を参照）。

この145番筋は、1639年の1月4日から始まり3009年で終わります。このスタート年の1936年には年末にビーナストランシットもありました。このサロスの話を、Web会議室ソフトZoom（ズーム）を使ったオンライン集会で話したら、タロットカードは金星人からもたらされたという宇宙コンタクティの話を出してきた人がいました。金星人からもたらされたという話は、実際に金星人が肉体的に出現して、説明してくれるわけではありません。植物系知覚からすると、動物系知覚がぼうっとした時、例えばヘミシンクを使った時、夢の中で知

識が伝達されたりするのは当たり前です。曖昧な伝わり方でないことも多いです。地球人の知性に応じた歪曲が生じるのは当然だし、歪曲しないのならば、それは地上では全く使い物にならないしろものと化すでしょう。

ノストラダムスの予言は物質世界では、わりに外れていることが多いかもしれません。というのも、彼が見ていたビジョンは基本的にはデルフォイの水盤から見たもので、これは植物系知覚、あるいはエーテル体、あるいは応身から見たもので、動物系知覚の帝国での出来事とは微妙なずれがあります。

そして、私が何度もいっていることですが、エーテル体は物質体に合わせる気がありません。そもそも物質体はエーテル体からすると劣化したものです。

例えば、私はオーディオ好きで、音楽をいろいろなスピーカーで聴きますが、スピーカーの振動板にはそれなりの質量があるので、音楽信号を正確には再現しません。一部取りこぼしながら、おおまかに再生できるものだけを再生しています。つまり、スピーカーは音楽信号を劣化させています。物質の世界はどのようなに軽くしてもやはり劣化しているのです。

エーテル界と物質界という平行世界があると見ると楽です。ときどきこの平行世界は接触します。その時、ノストラダムスのビジョンは、物質界の未来に言及している場合もあるのでしょう。しかし、私ははっきり切り離した方がよいかもしれないと思います。デルフォイの水盤で見たものは、物質世界そのものでなく、少し違う地球を見ているのだと。

ノストラダムスは、人類は3797年あたりに滅亡するといっているらしい。私が提案しているタロット道は、仙道ととても似ていて、最終的に、人は達磨大師のように分身と一体化し、この世界から消えます。グルジェフがいうアストラル体を作って不死の身体になるということです。不死ということに対しても多くの人は誤解しています。

不死になるとは、より高度な振動密度の重心に移し変えることです。すると、この振動にふさわしい記憶やデータがやってきて、周囲を質量性として取り囲みます。

例えば、歳差のサイクルに自我を置くと、そこに継続する私という自我があり、それより下部のものが交代しても新陳代謝として身体の中で入れ替わるものとみなされ自分を破壊しません。しかし歳差の1日である72年を一生というふうに、そこに重心を置いてしまうと、細胞の入れ替わりに対しては不死であるが、72年がすぎて、次の72年サイクルがやってくる時には、もうこの72年サイクルに自我を置いた存在は死んで、その後はどこにも自分は存在しないとしかいいようがないです。次の72年サイクルは輪廻であり、生まれ変わるのではと思う人もいるかもしれませんが、それはより大きなパイロット波が自我であるといえばの話です。72年自我を自分だと同一化すると、その自分はそこで終わりで、生まれ変わることはありません。グルジェフのいう不死のボディを持つとは、より振動の高いところに重心を移すということなのです。自己想起とは、その足を引っ張る印象（質量性）から次々と自分を解放することです。足手まといを振り払うのです。

　秦の始皇帝は不死にこだわりました。そしていろいろなことを試みましたが、不死になるのは、まずは全惑星意識の台座に移行する必要があります。蠍座の15度手法として、強大な権力を獲得し高みに昇りました。秦の始皇帝は北極星であるといわれています。全惑星意識の台座の上で、ポルックスの中心軸と同調できたら、秦の始皇帝は永遠の命を手に入れるでしょう。それは恒星意識を重心にして大天使になることであり、人間はその分際からすると、この大天使に食べられて、腹の中に住み、全惑星意識を重心にして生きるという方が妥当です。大天使ほど不死ではないが、惑星においては不死であり、大天使を超意識にして生きるということです。

　では「秦の始皇帝は不死の存在になったか？」というと、彼の超意識は不死であり、個人という存在は新陳代謝の一部品になったと思います。それでもばらばらになったということではないのです。このようにするには秦の始皇帝は個の意識を捨てなくてはなりません。その後の中国では、いつでも秦の始皇帝のスタイルが引き継がれ、指導者は秦の始皇帝のコピーのように見えます。

つまり、秦の始皇帝の理念は引き継がれています。理念のボディこそ応身です。政権が300年弱で崩壊し、また次に似たような体制ができるとすると、これは同じ自我の身体が新陳代謝していることで、秦の始皇帝はまだ生きているということです。

中国人の性格に腹を立てる人はたくさんいて、フィリピン人は、フィリピンに住む中国人に怒っています。中国人は秦の始皇帝の分け御霊(わけみたま)で、とても厚かましいのですが、そこには秦の始皇帝が宿っているのです。

タロット道のガイドライン、取説に従うと、人間は応身になります。そして地球から退去する期限が決められています。145番筋が3009年で終わるのなら、タロット道に従ってアントロポースになった人は3009年までに順次地球から退去するようにと指示されているということです。

ノストラダムスは、地球で最後に生き残った人のことを記述しており、この日時は3009年よりもちょっと後ですが、黒い怪物はそこまで遅らせるな、もっと早いうちから、できる人から退去するようにと命令しています。現代でもよいでしょうし、次のサロスである2035年の日本でもよいし、できる人は早く、遅い人はもう少しのんびりとです。しかし期限は3009年という具合です。

また、もしタロットカードが外宇宙とつながる「高度な金星人」からもたらされたとすると、人と紅龍の間を行き来する七面観音の通路があるので、あるいは七分割形式のタロットこそ、その存在であるかもしれず、人間は筒になり、同時に、筒の中を回転しながら移動し、筒も中の人間も同時に自分である存在になります。

ただし、金星ボディと月のボディは似ていますが同じものではないです。月は地球に近いところに軌道がありますが、金星はもっと遠いところに軌道があります。

私がいう「中二階」では、この2種類が同居していますが、中二階は月の軌道にあるので、月ベースであり、金星ベースの存在は行ったり来たりしていると考えるとよいでしょう。復活したイエスは応身であり、人の形をしています

が、ここにビーナストランシットを同居させると、イエスは人の形をやめて、何らかの筒のような形になります。ロバート・モンローは体外離脱の時に、いつもロート型を好んでいたといいます。

　145道筋のガイドラインに従うと、人はタロットの「21世界」のカードのような結末にまで歩んで行き、地球人の目から見ると消滅したように見えます。つまり、恒星意識が軸にある全惑星意識が、惑星意識が見えなくなるまで濃い絵の具で上塗りをするのです。恒星意識がやや薄い場合には、人体の形に、龍の形がレイヤーとして重なります。人の形を消すくらい上塗りすると達磨大師と同じく「気化」します。

　惑星意識として生きるH 12 − H 48 − H 192の側は、マルスの統治、つまり火星に移住するなどという選択肢もあるのかもしれません。惑星意識を捨てずにちょっと違う惑星に移動するのです。こうなると、かろうじて人の形を残すことができます。生き物は場所によって適応する形に変形するので、今の人間の形が残るのかどうかはわかりません。

　預言集などに出てくるノストラダムスのビジョンに私は混乱させられてしまいますが、いっそデルフォイの水盤で見たものはすべてエーテル皮膜に映されたものであり、この世界と物質界は平行世界であると考えるとすっきりします。エーテル界では正確な図形であるが、物質界に落とすと劣化した福笑いの顔になってしまいます。へたうまの絵とは、物質的な空間表現としては正確ではないが、エーテル的にはより忠実というもので、ノストラダムスの予言はへたうまなのかもしれません。ノストラダムスは身体がばらばらの残骸になって死んだ。へたうまの肉体になったのです。

　未来予測をする際に、一つの限定した事例として予言できるのかというと、これはできない。占星術は当たるのかというと、特定の事件や出来事を示すものとしては当たりません。植物系知覚の占星術はそのことに関心を持っていないし、動物系的知覚の目からすると、のらりくらりと、ああともいえるしこうともいえると主張しているのです。当たるも八卦当たらぬも八卦ということに似

ています。

　当てることにこだわらず、ホロスコープは多層的に印象の流れを提示しているのだと考え、リラックスして楽しくホロスコープを味わいましょう。地震という「限定イメージの事象」については言及していないが、揺れている、裂け目を作っているという印象の流れはわかるのです。

　迷える子羊は惑星意識の柵の中に住んでいるがゆえに、自分の進路がわからない。そして占星術は、迷える子羊を迷える子羊の視線から見た世界観の中で導くことはしない。しかし波動的世界観というところからアドバイスすることは可能でしょう。この場合、占いをする人も動物的知覚には乗らないことが重要です。

　動物系知覚は特有の欲で生きています。しかもこの欲は集団社会の中で、社会が植えつけた公共的な欲（大きな白い十字架）であり、本人個人がそれを所有しているわけではありません。

　だからオースティン・オスマン・スパー（スペア）はそれを使い古された雑巾（ぞうきん）というような言い方をしました。人はその視点の中に映るごくわずかな情報だけを拾って生きているので、この欲の視線に気に入るようにアドバイスされると役立ったというし、この欲の視点に合わせないと当てはまらないといいます。占星術のアドバイスは、個人的なエゴの視点に迎合しないことが大切ですが、お金をもらうことでそれに加担する誘惑に勝てないこともあります。全惑星意識から惑星意識に転落したのです。

　仏陀が占いをしてはならないというのは、植物的知覚を、動物的な限定された知覚に拘束し、クライアントの欲に迎合した見方で説明するというのがありがちな占いの姿勢になるならやめろといっているのです。むしろ、占いが植物系の知覚を力強く提示するものであることがわかっていれば、これを積極的に使うべきでしょう。そして占い師は当たるも八卦当たらぬも八卦とドヤ顔でアドバイスします。虹のふもとの金の壺のありかを教える妖精おじさんのように、一筋縄ではいきません。

44 イエスの言葉をそれぞれが多様に解釈する

　よく映画とかドラマで、「大きな何千人の安全を守るためには、少数の犠牲はやむを得ない」と主張するボス的な人がいて、それに対して主人公は「許せない。目前の人を守らなくてはならない」といいます。

　これは新約聖書の『ルカによる福音書』第15章1-7にある「あなたがたのうちに、百匹の羊を持っている者がいたとする。その一匹がいなくなったら、九十九匹を野原に残しておいて、いなくなった一匹を見つけるまでは捜し歩かないであろうか」という言葉を動物系知覚によって誤解したことから始まったのではないかと思います。

　イエスの言葉はとことん象徴言語です。羊の群れは、集団で崖から落ちます。それは、羊は隣の羊との位置関係でしか自己確認していないからです。もし、ここで群れから離れた羊がいたら、それはこの集団意識による拘束から自由になって、自分の道を見つけ出した羊かもしれません。それは星になったのかもしれません。いなくなった一匹を見つけることは、集団原理に隷属する意識から、大きな軸に拠点を置く意識にシフトしたことかもしれません。そのため、このイエスの言葉は、群れの原理に従うよりもっと自覚した生き方になりなさいというメッセージ「も」含まれています。

　しかし表面的には、一匹を助けるために、集団を犠牲にしてもよいというふうにも取られます。「世界がいま大事件に巻き込まれようとしても、それよりも自分がお茶を飲むことが重大事だ」というドストエフスキーが問題提起した内容です。あるいは隣の人との関係で自分の位置決めをしている人なら、「世界がいま滅びようとしても好きな人とお茶を飲むことの方が重大事」ということになります。

　イエスは「真実は一つ」という限定された動物系知覚の価値観に落とさない。すると使徒それぞれの自分を映し出す鏡としての言葉になります。落としどころ

を作ると、その結末に同意する人もいるし、またそれは違うと離れる人もいます。しかし落としどころを作らないと、「どうしてどうして？」と、全員が寄ってきます。回答が与えられるまでは、その現場から離れることはできなくなります。応身は磁力を持つ身体で、引き寄せられる身体は砂鉄のようなものです。

　ある人は九十九匹の羊を優先する。ある人は一匹の羊を愛しているのなら集団を犠牲にして、惑星意識に舞い戻る。ある人は、一匹の羊は自分の道を見つけたので、それは九十九匹の羊を超越していると思う。ある人は一匹の羊は道に迷ったので救済しなくてはならない。それぞれの人が決めたファイナルアンサーで使徒は自ら裁かれます。

　神が太陽系の太陽ではない違う恒星の場合には、確実に群れから離れるでしょう。いなくなった一匹を探すと、その羊は違う群れに入っていたかもしれないのです。ロバート・モンローやブルース・モーエンは、クラスターの出向もあるといいます。この場合も、本来のクラスターから違うクラスターに一時的に移ります。

　イエスが語る言葉の結末にはたくさんの応用例があり、何を指すかその先は何も言及していません。ミスター都市伝説の関暁夫のように「信じるか信じないかはあなた次第です」と。

　かつてアメリカ大統領の演説の原稿を作成するチームがあり、彼らは聖書の言葉を研究して、この象徴的な表現というものを活用しました。どのようなメッセージも具体的な落としどころを作らない。すると、演説を聞いた人は勝手に自分の都合のよいように解釈して、大統領の演説に感動したといいます。

　自分の独自性を主張する人は、多くの人が想像する落としどころではないところに落とします。すると多くの人はそれに同意しません。その人は孤立するところに行きたいのです。集団の眠りの中に埋没したくないのかもしれないが、一つの眠りを否定するために違う眠りに入ることは、乙女座の排他制御スタイルで、レベルを上げることになりません。批判的な人というのは、冷静に見えて、実は自分の眠りに安心して入りたいために、他の眠りを否定します。

45　原罪

　イエスが十字架の磔(はりつけ)にあったことで、西欧には原罪の意識が生まれたといいます。しかしイエスは磔にあうことで、肉体的存在から応身に開放されました。やっと皮膚の牢獄から開放されることは楽しく嬉しいことです。西欧的な思考は、この楽しく嬉しい移行の出来事を契機にして、勝手に原罪を作り上げてしまいました。

　身体をじっと動かさず深くリラックスすると、金縛りになります。そして植物的知覚が働くようになります。そして人によって肉から離れる幽体離脱を起こします。イエスが磔で、応身になったこととあまり変わりません。脳波がシータ波になると身体が動かなくなり、応身知覚になります。

　ゴルゴダの秘蹟は神を認めるかどうかの試金石といわれますが、日食の中で応身として出現したイエスを見た人は、二極化された太陽ではなく、そこに真実の太陽を見出します。また肉の身体でなく、月の身体を持つアントロポースを見ます。月の身体を見た人は、幻のように現れたイエスを見て、自分もこうなりたいと熱望するでしょう。生きる目標がそこに設定されたのです。それはあらゆる宗教や魔術が追求している、神と一体化すること、不死の身体を持つというテーマです。しかしイエスを見ることのできなかった人は、物質的なところだけで見ることになり、そこには磔にあったイエスの死体しかないので、原罪を感じることになります。

　ヨモツヒラサカで多くの人が二分されたのです。原罪を抱きながら物質的生活を続ける人は、いつもどこかに後ろめたさを感じながら生きます。自分の生き方は間違っているのではないかという疑念をぬぐい去ることはできません。

　何かを否定することで自分が同一化しているものを肯定する姿勢、闇を退けることで光ある世界に入る人は、オカルトとか魔術的なものを怪しいものとして否定する人でもあり、原罪を抱いているために、いつも恐怖心と攻撃心をぬ

ぐい去ることができません。そしてコリン・ウィルソンのいうように、正義漢は自分に言い聞かせるべきことを人に言い聞かせて強調しようとするので、人のすることを放置せず、自分の考え方に従わせようとします。

46 象徴存在

応身は、意味や象徴そのもので成り立っており、肉を持ちません。私達は肉を持つので、毎日食事をして眠りという機械のような、「意味を奪われている」暮らしをする中で、身体の上部組織は、目的や意味を追求しています。朝から晩までずっと意味や目的を追求することに専心できず、食事やトイレや睡眠が割り込んできて、その中断で思わず意味や目的を忘れてしまうこともあります。

人が応身になるとは、意味に貫通されて、手足すべてが意味につらぬかれ、寝たり起きたりということが減っていくのですが、戦前まで日本人にとって天皇は「あらひとがみ(現人神)」であり、天皇は食事もしないしトイレにも行かないというイメージで見ていたと思います。戦後、日本国憲法第1条に書かれたように「天皇は、日本国の象徴であり日本国民統合の象徴であって、この地位は、主権の在する日本国民の総意に基く」となりました。天皇とは日本という国と日本国民統合の象徴であるという意味では、戦前の天皇とあまり違いはありません。

初期のキリスト教での議論として、キリストは神性の存在であるという派と、キリストは神性を持ち、同時に人の子でもあるという派がありました。同時に人の子でもあるという時に、この神性という象徴は上半身を構成し、下半身は肉を持つ身体ということです。磔にあって、応身になったイエスは、この人の子である要素を脱ぎ捨てて、神性のみでできている身体になったということです。

原罪を抱き肉の身体のみで生きている人は、この憲法の定義の天皇の扱いについて真の意味を理解できないと思います。そして「日本国民統合の象徴」ということは、名前だけで実体はなく、つまり傀儡(かいらい)だと解釈します。実は、熱心なキリスト教徒であるマッカーサーはこの憲法の言葉の意味を理解しており、ちっとも軽く見てはいませんでした。

もし、キリスト議論の時のように、キリストは神性であり、同時に人の子で

あるというのならば、戦後の天皇については、日本国民統合の象徴という意義を持ち、同時に肉体的な存在であるということになります。平成天皇が生前退位するというのは、身体的には老いて疲れた。つまり人の子であることを認めるということです。もし象徴そのものであれば、生前退位は決して認められません。

　そもそも憲法は誰が作ったのでしょうか。1945年の10月に、GHQ（連合国最高司令官総司令部）から憲法改正要求が出て、1946年2月8日に日本側が作った憲法草案が作成されます。これに不満を抱いたダグラス・マッカーサーはGHQ民政局長コートニー・ホイットニーにマッカーサー草案を作らせます。時間のない中で、急ぎで草案が作られ、日本側は原則的にマッカーサー草案に従って、改めて最終案を作ります。

　この憲法が改正された表向きの理由は、前の憲法は自由主義的でないから、というものですが、この自由民主主義はアメリカ強いては西欧的な視点においての自由民主主義であり、原罪を裏に抱いた肉の目で見たものともいえるでしょう。しかし「日本国民統合の象徴」という言葉には何とも矛盾があり、統合して象徴的な存在になると、もう既に個体として肉に包まれて生きる視点の埒外になります。

　原罪を裏に抱き肉の目で生きている人々の集まりの中に、統合の象徴が入り込むと、キリストが磔にあった時に、イエスの死しか見ることのできなかった肉の目で生きている人の存在性を傷つけます。統合の象徴を発見できなかった人々の中に、統合の象徴が入り込んでくることは、ハンマーで殴りつけたような衝撃があるのです。

　イエスは応身になる契機として磔を使いましたが、老衰を切り替えに使ってもよいでしょう。肉の目で見ている人は、老衰による死を失われたものと見ますが、復活のイエスを見た人は、老衰で死ぬ人を見て、そこに霊を見て、喜びを感じるでしょう。

　天皇を象徴と決めたマッカーサーは、キリストを神性と見ていたのならば、

第1章　マンディーン占星術とは何か？ ── その根本思想〈松村　潔〉

　天皇は日本国民の統合の象徴であると定義した段階で、天皇とは人の子ではないと認めたことになります。しかしマッカーサーは天皇に対して敬意を払わなかったのです。その姿勢は複雑です。というのも天皇は象徴であるが、しかしキリスト教徒としてはキリスト以外に神性は認めたくない。キリストと同等の天皇の意義を知りつつ、天皇をおとなしくさせたかった。

　実は、この天皇の存在もなかなか複雑です。ある神道では、天皇は地上においてはアマテラスの代理という定義をしており、これは思い切りシンプルな考え方です。しかし天皇とアマテラスには、ちょっとギャップがあります。アマテラスを拝んだのは、天武天皇（大海人皇子）が最初です。アマテラスは伊勢神宮に置かれていると考えられますが、伊勢大神は伊勢の神で、そもそもアマテラスは高天原の神です。アマテラスを伊勢に置いた段階で、日神と人格神アマテラスは、合祀されたと見てもよいでしょう。正直、この時、瀬織津姫はむっときています。

　この強引な処置をしてしまったので後ろめたいのか、天皇は伊勢神宮には直接参拝しませんでした。崇神天皇は国が乱れた原因がアマテラスの霊が宿る八咫鏡の呪いと考え、八咫鏡を宮中から出し、八咫鏡はヤマト姫によって伊勢の地に鎮まります。

　伊勢には天皇自ら参拝せず、斎王を血縁から選び出し、斎王にお祀りを代理させます。御杖代としての斎王は、アマテラスから預かった預言をします。

　八咫鏡のお世話は、初代は豊鍬入姫命で、二代目がヤマト姫です。この制度は1330年頃の南北朝時代から廃止されました。

　全惑星意識を持つ存在は、恒星意識そのものが高自我として機能するので、このアマテラスの意志ははっきりと受け取ることができます。惑星意識からするとさっぱりわからない話です。御杖代を天皇から少し遠ざけるのは、太陽が恒星太陽と二極化太陽に分離したこととも関係するでしょう。

　H6の恒星意識は自灯明であり、これは図形としては点、あるいは球です。その下のH12は小天使の意識ですが法灯明であり、これは図形としては線で

あり、関係性、つなぐものです。太陽は自灯明から割れ、蚕(かいこ)から紐を出すようにして、大天使意識から小天使意識になるのです。銀河の中のフラグであるアマテラスが、受け皿としてのヤマト姫に、一言でも指示をすると、アマテラスは関係性の中に入り、そこで小天使になります。

　南北朝時代以後、日本が武家の支配する世界になると、H24が中心となり、アマテラスも、アマテラスの分(わ)け御霊(みたま)としての小天使アマテラスも、ヤマト姫も、後ろに隠れてしまいます。

47　霊能力

　ヤマト姫の話を出したので、霊能力の話に脱線します。

　霊能力というと、人によって何か生まれつきの能力があるのだとか、訓練して身につけるものなどと考えたりします。しかし、訓練して身につけるものではありません。

　意識の振動にふさわしい記憶や情報は、腹巻のように集まってくると説明しました。小さくは惑星意識において、月、水星から冥王星まで、それぞれふさわしい音階の12サインの印象あるいは感覚があります。大枠では、惑星意識、全惑星意識、太陽意識、全太陽意識にふさわしい記憶、情報があります。

　天皇の血縁から、ヤマト姫が御杖代としての斎王に選ばれた。この立場になることで、ヤマト姫は八咫鏡を見るだけで、あるいはそばにいるだけで、アマテラスの意志を預かることができたのです。

　古い風習として、天皇は差別民の中から女性を選び、それに霊能力を発揮させるというものがありましたが、生まれつき霊能力を持たずとも、その女性を選んだ段階で、その女性は能力を発揮します。受容的な性質を持っているとか、杯の形を象徴する金星的なキャラクターであるというだけで、確実に能力を発揮します。できない場合は能力がないのではなく、その立場のプレッシャーに耐え切れないということなのです。私はこれをずっと昔から「土手歩き遊び」といいますが、ちょっとした不注意で脱落します。

　太陽意識によって持ち込まれた強烈なパワーは、一人の身体が受け止めるというのはそもそも無理なので、「17星」のカードでは、女性が受け止めた星の力を池に流しています。池とは蟹座の象徴で集団です。星から持ち込まれた力は、集団に流し込むと自分一人が受けなくてよいので、個人として生き延びることができるわけです。

　ノストラダムスの背後の暗闇にいて、光の中に出ると型崩れするといいまし

たが、光の中に出て、二極化された惑星意識になると、水晶を凝視しても見えるのは綺麗で透明な水晶だけです。しかし、全惑星意識であったり、太陽意識であったりすると、訓練しなくても、水晶の中に違う映像が見えるのです。特に映像にこだわる必要はないので、好みで自分の得意な感覚で情報を扱うとよいでしょう。匂いで嗅ぎ分けるというのでもよいです。

　私は、乙女座について木を見て森を見ないと書きましたが、しかし階層意識を考えると、小さな範囲での魚座をはるかに凌駕（りょうが）する視野の乙女座もあるのです。惑星意識の水準で見る乙女座、全惑星意識で見る乙女座、太陽意識で見る乙女座は、全くのところ違う範囲の情報を手に入れます。

　ブレイディは水星とトゥバンがパランしていた場合、図書館司書と書いています。トゥバンは財宝を集める龍。つまり本を集めて手放さないからです。トゥバンは乙女座の7度前後にあります。ここで、もし真実の太陽意識を手に入れると、トゥバンは恒星意識のレベルにおいてのアカシック書庫なので、宇宙図書館のデータを読むことができることになります。

　ノストラダムスが水晶やデルフォイの水盤に未来の映像を見ることができるのは訓練や修行によってではなく、太陽意識に至ることで、太陽が管轄する範囲の全容、長い歴史の絵巻が自然的に見えてくるということなのです。太陽意識が全惑星意識とリンクすると、惑星意識を対象化した全惑星意識は、人の形をした人々が生きている世界についての歴史の全容を見ることができるでしょう。

　恒星意識は、最低限歳差運動の2万6000年スパンの絵巻を見ます。H12の意識、ヤマト姫のような斎王は、その12分割のプラトン月2200年スパンの絵巻を見るでしょう。人の世界においての預言をしてほしい人は、全惑星意識でリーディングする内容を求めていて、ここでいきなり歳差スパンの絵巻を読み解いても、それはあまり実用的ではありません。天皇が10年後までの状況を聞いても、5000年後に人類はこうなるという回答は現実離れしています。

　太陽は真実の太陽と、二極化された太陽がある。そして地上においては、

二極化された太陽を太陽として崇拝し、真実の太陽は多くの人の意識から退きます。中臣氏は旧家系を根こそぎ滅ぼそうとしました。なぜならば、旧家はさまざまな星をルーツにしていたからです。そして中臣氏は伊勢神宮を管理しました。

日本国体は、象徴の存在する国家なので、肉の目が支配する民主主義国家にはなりません。マッカーサーが、日本の憲法は自由主義的でないという理由で新しい憲法に挿げ替えた時に、天皇は象徴であるという言葉を残したために、日本はずっと自由民主主義にはならないでしょう。

芳垣資料では、マンディーンの太陽は、「国家元首、政権」と書かれていますが、日本という国の特殊性からすると、ここは「天皇」になる可能性は高いです。河合隼雄が日本の中空構造の本を書いたのは、まだ日本には天皇が健在であることを指摘したのです。

ここまで説明して、次項からやっとマンディーンとしての日本国憲法図の話に入ります。他の国と同じような態度で日本国図を読むことはできないので、長い前振りとなりました。

48　日本国憲法発布図

　日本国憲法は、大日本帝国憲法の改正案として、1946年6月に枢密院で可決され、第90回臨時帝国議会に提出後、貴族院・衆議院両院で修正、10月7日に可決。枢密院では10月29日に可決されて、11月3日に公布されました。

【日本国憲法発布図】

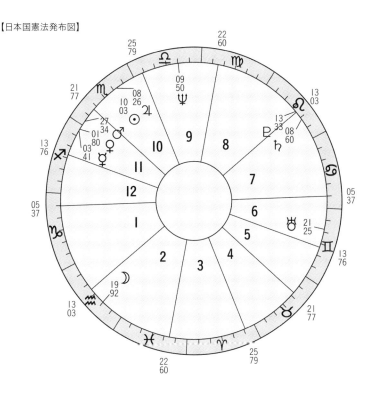

　蠍座の太陽・木星は土星・冥王星とスクエアとなるのが目立ちます。木星は保護であり、蠍座は集団的圧縮をするものです。圧縮するので、集団を広げてしまうと、圧縮は難しい。限られた人で固まっているというのは蠍座の特徴です。
　土星・冥王星はプレッシャーのようなもので、これが蠍座の太陽・木星を重

くしています。私はよく蠍座の太陽と獅子座の木星がスクエアの人を「居候していながら、食事が貧しいと文句をつけるような人」といいました。蠍座の傘下にありつつ、獅子座がときどきうっかり顔を出すのです。しかし土星・冥王星のプレッシャーは、獅子座そのものにかかるものなので、自己主張そのものがすんなり通りにくくなります。

軽く読めばこの太陽・木星と土星・冥王星のスクエアはうだつの上がらない人です。何かしようとしても重くのしかかるものがあり、キレが悪いのです。見た瞬間、気が重くなります。集団の力は個人よりも強いので、武家社会以後、太陽が国家元首とか政治家であるなら、政治家になった瞬間に、この蠍座の太陽・木星の性格に染まり、重苦しくて立ち上がれなくなります。

ところが、芳垣氏の資料による月の定義「国民、世論、農作物」の中での国民は、のびのび自由な水瓶座で、しかも枠からはみ出す天王星とスクエアで、どんどん外に飛び出します。実は、ここでは、月は火星とパラレルで、月は外に飛び出す攻撃性があります。

この月と120度で、機械工業のように見える天王星は、冥王星とパラレルで、スクラップアンドビルドの破壊力があります。

例えば、ホンダはヨーロッパに向かった時、ヨーロッパのすべてのバイクメーカーを潰しました。トヨタはそんな派手なことはしませんが、しかし自動車の領域で世界一のシェアのメーカーとはトヨタです。ロシアに旅行した女性が、ロシアはちょっと怖い雰囲気がある国だというと、ロシア人は「お前達に言われたくない」と答えたそうです。

国際的友好関係とかお友達関係では、開かれた射手座の水星・金星があり、若者、女性は海外に親しみやすいともいえます。私は、日本は島国なので、海外には馴染まないし、外国語も不得意で、閉鎖的な国だと思っていましたが、それは蠍座の国体の方の傾向で、子供や婦女子、一般人（月）は開かれています。

惑星の力関係という点からすると、冥王星・土星の影響を根底から変えるのは、同じ冥王星でなくてはなりません。それ以下の天体では、ちょっとかするだけです。

2020年には、太陽・木星に対して180度側に天王星がやってきて、もともとのスクエア配置が、T字スクエアになりますが、天王星は冥王星に対しては力不足で、一部改変ということしかできません。根底的な影響としては、2029年あたりから徐々にトランジット冥王星が、太陽に対してスクエアになる時期で、T字が出来上がります。国が死ぬか深く傷つく時期で、この時期に一気に憲法を変えてしまうとよいのかもしれません。

　蠍座は依存でもあり、木星の保護とは、安保などを意味すると思いますが、同時に、土星のスクエアなどは地位協定などに関係し、強くいえない立場を作りますから、これが嫌ならリフォームするしかありません。

　冥王星は生死に関係しやすいでしょう。

　例えば、江戸時代は、だいたい冥王星の1回転のスパンです。中国四千年の歴史といいますが、中国はそんなに長い期間続いている国ではありません。一人が権力を持ち民衆はそれを打倒する。いつもこのパターンの繰り返しで、だいたい200年とか300年で国が滅びて、また新しい国ができるわけです。一人が権力を握ると衰退する兆候です。細かく考えたわけではないのですが、これは大まかに冥王星寿命ではないかと思いました。秦の始皇帝の下部にあるものの新陳代謝です。

　日本国では、冥王星リターンは2191年前後で、このあたりに憲法を変えるなどという細かい操作ではなく、戦後日本が消失するというのが自然なのかもしれません。人間にだいたい平均寿命があり、多くの人はほぼそのあたりで疲れ果ててしまいます。寿命を延ばしたいといっても心がついていかないでしょう。例外的な人はそう多くないということでは、国もこのあたりで疲れ果てると考えてもよいのではないかと思います。

　国は人工的に作られたもので、そういう意味では、長々と生き延びるよりも、適度に新陳代謝した方がよいともいえます。シュタイナーは、民族は大天使が保護しているといいましたが、大天使とは恒星のことなので、恒星軸を持つ民族は群れなして崖から落ちることもなく、もっと長生きするでしょう。しかし国

はこの民族のサブフォルダにあるもので、民族が着ている洋服のようなものなので、古着をずっと着続けるよりも、定期的に変えた方が自然でしょう。季節の装いというものがあるのです。

　歳差から計算されたプラトン月は2200年くらいで、この12分割は183年くらいです。このあたりを区切りにしてもよいのかもしれません。すると海王星の周期に少し近づきます。

　占星術は惑星全部が同じ配置になることは永遠にありえないというところで、単純な周期に従うものではありません。しかし、人工的な国は、カレンダーで決めるように人工的な衣替えをする方がよいのではないでしょうか。

　私には2300年頃には、地球は龍族の支配下になるという話が面白くて、また2300年頃には世界はインドになっているという冗談のような話が好きです。つまり、ナーギニーが統括しているという点では、龍族の支配下といえないこともないのです。龍族とは筒型形態であり、特定の次元に閉鎖されて生きる動物系知覚の人間の形に比較して、複数の次元を行き来する性質です。あるいはA点とB点をつなぐトンネルのようなものが龍型形態の祖形です。

　とはいえ人間型も、おおまかには、大きな筒に、より小さな筒が手足として接合されているだけです。筒型生命体としては、タロットカードの「16塔」の大砲のような形を思い浮かべてもよいでしょう。飛び出すには手足を引っ込めなくてはなりません。着いたところで引っ込めた手足をおそるおそる出すのです。

　太陽に対する土星・冥王星のスクエアは要石で踏まれているとも考えられます。マッカーサーは、日本の明治憲法は民主主義的でないから憲法を改正したといいますが、日本の民はひどく攻撃的な本性を隠し持ち、日本の君主がうだつが上がらない間に、企業が日本を乗っ取るということも可能な図ではあるのです。憲法の文章を無視すればそれもありえます。民主主義は、民の目で決めたものではなく、集団を扇動する能力のある人が決めたもので、イメージ操作能力に長けた人が決めます。テレビのCMで、「最近大評判の」というと、誰も知らなかったものなのにちょっと自分も買いたくなります。

マッカーサーは、民に強大な力を与えた。しかしキリスト教徒だったので、天皇の意義は認めざるをえなかった。認めつつ、それを踏みつけにしたかった。マッカーサーは日本をキリスト教国にして、自分を法皇の立場にしたかったのですが、ことごとく失敗しました。そんな暴挙は誰も受けつけません。

　この事情を考えると、多くの日本人は、「こんな憲法いらない」と思うかもしれません。改憲して、天皇象徴の記述を削除すると、太陽は国家元首になり、記述を残しておくと、天皇が日本全体を覆います。日本は頭打ちと、広がりすぎのハイブリッド生命体で、日本はおとなしい国だと思ったら、気がつくと拡張しています。一人の人間として想像すると、「すみません。申し訳ありません」といいつつ、どんどん厚かましく手を広げている人です。

　参考までに日本国憲法図のヘリオセントリックも見てみましょう。

【日本国憲法発布図（ヘリオセントリック図）】

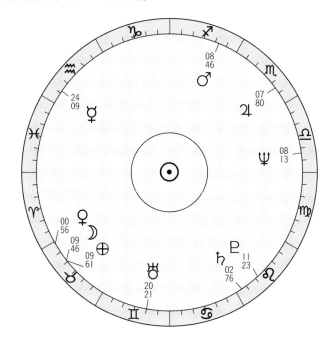

地球ポイントである牡牛座の09.61度の近くには、牡牛座の7度40分のハマルがあり、7度47分のシェダルがあります。ハマルは独立性、シェダルは女王の権威。あからさまに主張せず、節度ある態度で、そこに品位を感じさせるというものです。

　マッカーサーの靴のような土星・冥王星は、ヘリオセントリックでは土星が獅子座の02.76度にあり、冥王星は獅子座の11.23度です。冥王星のところには獅子座13度39分のアキュベンスがあります。これはスカラベを象徴としており、「生命の門番」といわれ、太陽神の死と再生という意味があります。女王の権威に対して、その地位の死と再生を司る力が働いているということです。マッカーサーはスカラベとしてやってきたので、この天皇の権威についてどうするか、大きな力が与えられていたとも取れます。

　出口王任三郎は、日本は悪い国なので、戦争を起こすべきだといい、第二次世界大戦を画策したといわれていますが、戦後の図は、天皇の地位の失墜あるいは再生を表しているということでもあります。決して失墜に終わることなく、再生の可能性もあります。スカラベは死と再生だからです。

　折口信夫は、第二次世界大戦の敗戦は日本の神々の敗北であるといいました。しかし冥王星のスクエアというのは、両面どちらからも見ることが可能で、金星と冥王星のスクエアは、妹の死でもあり、井戸の底から貞子がやってくるという意味でもあります。死んだ妹が、井戸の底から貞子に変身して戻ってくるということでもあり、金星をスーパーにするために、死の彼方に追いやったともいえるのです。帰ってこない者もあるが、帰ってきたら確実に貞子になっています。

　映画『リング』の主題歌である「feels like "HEAVEN"（フィールズ・ライク・ヘブン）」の「きっと来る」という歌詞は、死の彼方に追いやったが、必ずスーパーになって帰ってくると確信したということです。

　太陽が冥王星とスクエアになると、太陽の死の後、シンゴジラになって帰ってきます。

49　ソニーの事例

　この段階で、どうして一企業としてのソニーの例を出してくるのか。
　日本国は、果たして恒星軸を持ったAランク組織か、それともBランクなのか。
　シュタイナーはスイスには民族霊がいないといいます。大天使としての民族霊がいないということは、スイスはBランク国家です。
　もし、日本国が敗戦することで、折口信夫がいうように、日本の神々が敗北したということなら、AランクからBランクに失墜したということになります。そしてマッカーサーはスカラベとして、日本国を折ってしまったということです。これは日本民族というより日本国家での話です。
　さらに、もし国家が首なし組織となった場合、AランクないしBランク企業はそれを超えるものとなる可能性があります。こうなると会社は国を支配します。
　出口王任三郎は、二人目の天皇はいらないと弾圧されました。実際に大本教が主権を持ち、その下に日本国が存在するということもありえたと思います。大本教の軸はオリオンといっても贖罪（しょくざい）の神としての性質があるので、ベラトリックスの性質が強まるかもしれません。出口王任三郎は自分をスサノヲと同一視もしていました。ならば天皇が担うアマテラスと主導権争いをするのは当たりまえかもしれません。
　スサノヲはオリオンのどの恒星かというよりも、オリオン全体を象徴しています。冬の大三角として、ベテルギウスは飼い犬のシリウスとプロキオンを呼び寄せます。王任三郎は新聞社も買収したので、犬といってもムルジムの方を呼び寄せたのかもしれません。ムルジムは吠える犬で、いつでも大切なメッセージを発信し続けるのです。
　グーグルは一時、政治アプリを作ろうとしましたが、断念したようです。しかし経済原理、そして民主主義（惑星意識）が支配する世界では、AI（人工知能）がより優れた導きとなり、政治アプリが統括する国になった方が安全で

す。むしろ無駄がなくなるので、シンギュラリティ（技術的特異点）に到達した2045年以後は、世界をAIが統括してしまう可能性は十分にあります。全惑星意識の中に海王星を組み込む程度のことはAIでも可能でしょう。要するにホロスコープのパラメーターを入れてしまえばよいのです。

　もし、企業が恒星軸という永遠性を持った組織になれば、それは国の範囲を打ち破ると思うのですが、しかしこの企業ははたしてそういうものなのか、それとも経済原理で動く首なし組織なのかをホロスコープでは判定不可能です。ホロスコープのシステムに、そもそも太陽意識のレベルのことが組み込まれていないので、この測定器には測定限界があるということなのです。あとは人力で考えるしかありません。

　1946年5月7日に資本金19万円で、創業者としての井深大と盛田昭夫らは東京通信工業株式会社を設立し、これが多国籍コングロマリットとしてのソニーのスタート点です。

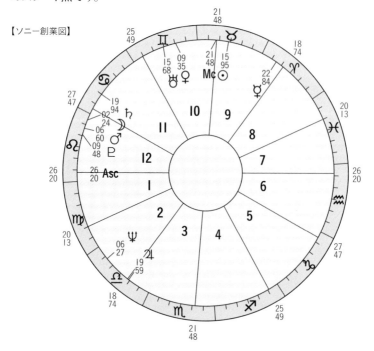

【ソニー創業図】

太陽が地上においての会社の本性だとすると、牡牛座の16度にあり、これは一般の社会の集団的な物欲の風潮に抗って、自分の趣味はちょっと違うということを打ち出す度数です。牡牛座は一般的にはものづくりです。この度数は、雑誌に掲載されている洋服のあれもこれも気に入らない。ならば自分で作ろうという意志を打ち出すことです。

　そして、目立つものを表現する獅子座の火星・冥王星があり、火星のある獅子座の7度は、「空の星座」というサビアンシンボルで、火・固定サインの獅子座らしく、変わらない星のように、長く続くものを出したいのです。地上では栄枯盛衰があるが、それには振り回されず、自分は星になりたいわけです。

　実際、昔のソニー製品を持っている人は、このソニーの匂いにたまらない魅力を感じ、何を作ってもソニーの個性があり、ソニー以外は見向きもしないという人も多かったのです。

　例えば、私はソニーのカセットデンスケというテープレコーダーを購入し、用事がなくてもそれを持ち歩き、意味もなく駅のホームの音を録音したりしました。

　CDはフィリップスとソニーが共同開発し、最初のCDが46分前後の録音時間だったのは、指揮者のヘルベルト・フォン・カラヤンに意見を聞いた時、ルートヴィヒ・ヴァン・ベートーヴェンの『交響曲第九番』はだいたいそのくらいの時間で収録できるということから決められたようです。カラヤンだから46分で済むのであり、他の指揮者なら50分以上かかる場合もあります。ハンス・シュミット＝イッセルシュテットに聞けば60分にしろといいそうです。

　ソニーが開発したカセットウォークマンは外でもカセットが聞けるということで大流行し、カラヤンはカセットウォークマンを聴きながら高級スポーツカーでドイツのアウトバーンを乗り回すと評判になりました。

　このソニーの個性は、最近は徐々に衰退しているのでしょうか。しかし、カメラ分野とかオーディオでは、相変わらず圧倒的な強みを見せています。企業にも寿命があり、つまりソニーはだんだんと老いてきて、獅子座の火星・冥王星の尖ったところが丸くなってしまった面はあるかもしれません。

創業72年。個人でいえば歳差活動の年数の360分の1、つまりプラトン日なので、理屈の上での人の一生が終わる時期です。

縦波の一撃として、金星、土星、天王星はパラレルです。双子座の金星と天王星はやや合に近いのでパラレルにはなりやすいのですが、ここに隣の蟹座サインの土星がパラレルになります。天王星・土星がかちっとした精密さをあらわすとしたら、それに金星の美意識が加わり、シャープで絞まった美しさを表すという意味で、かつてのソニーの製品に対して、すべての人はそういう印象を抱いていたのではないでしょうか。

例えば、ソニーのレンズは、パナソニックがライカということに対抗して、カール・ツァイスの技術を導入しています。私も、一時、ライカのレンズに凝ったことがありますが、圧倒的に美しいカラーにふんわりした暖かさがあります。ツァイスはそれに比較して、そもそもが計測器用のレンズメーカーだったこともあり、どこまでも切れ味鋭いので、35mm版レンズでも、髪の毛一本一本が識別できます。これはソニーの金星・土星・天王星と気が合うのです。

それは天秤座の木星とリンクして多くの人に親しまれるのです。ソニーのヘッドホンで、業務用のMDR-CD900ST、通称「信濃町モニター」というのがあります。これはさまざまな録音スタジオで使われ、黒くて、横に赤の文字がついた、誰もが見たことのあるモニターヘッドホンですが、廉価であるがバランスがよいという意味で、一般にもよく使われました。これは高級なイメージというよりも、双子座や天秤座のカラーが浸透したものでしょう。

金星は人体では腎臓に関係するといわれます。テレビで、大食いチャンピオンのアンジェラ佐藤がたくさん食べた時のCTスキャンの画像を見ると、胃が腹の中を占有するような大きさになることがわかりました。医師は、胃が腎臓を圧迫している、腎臓はどこか外部から触ると壊れやすいので要注意といいました。

腎臓は触られると壊れるという意味では、それに関係した美術品、若い女性などは、「蝶よ花よ」と大切に育てられ、特別扱いをされて、みだりに触っ

てはならないという扱いを受けるのが正しいということになります。

　ソニー製品の黄経においての金星・天王星。赤緯においての金星・土星・天王星の、開かれてはいるが絞まった美を持つ製品は、特別扱いされるべきで、へたに指紋をつけてはいけないのです。金星は天王星に庇護されています。

50　全惑星意識は惑星を乗り物にできる

　こうした企業のマンディーン図でソニーの動向を推理することはできると思いますが、しかし、ソニーの生き死に関しては、企業にふさわしい寿命があり、ホロスコープのアスペクトのさまざまな変化によってカウントすることはできないのではないでしょうか。

　惑星周期という点では、天王星に乗れば84年くらい、海王星に乗れば170年くらい、冥王星に乗れば250年くらい生きます。冥王星は最も長い公転周期であり、長生きなので、それよりも速い公転周期の惑星がアスペクトで干渉しても、この本来の周期を害することは少ないのです。冥王星は外的要因でなく、それ自身の寿命で250年前後で死ぬか、あるいは次の輪廻に入るのです。自身よりも早い惑星がどこかにプレッシャーをかけても、一時は大変だったが何とか乗り切りましたということで、生き延びます。

　マンションの耐用年数が30年くらいだとすると、土星周期で生きているマンションで、それを過ぎると、何かのショックに耐え切れなくなり、ちょっとしたことでひびが入ります。個人の社会的な立場は、土星周期なので、29年過ぎても同じ位置にいると、壊れやすいマンションと同じです。もし、ある有機体または組織が木星に同一化して生きていると、その寿命は12年なので、これよりも深い、公転周期の長い土星に立ちはだかれると、例えば批判などによっても死ぬでしょう。芸能人で、同じ芸能人のいじめに遭って自殺した人がいますが、同じ芸能人が同一化している惑星よりも周期の長い惑星に乗っていれば、苦しむことがあっても克服します。

　ソニーが、金星・天王星、あるいは金星・土星・天王星によりかかって生きていると、この中で最も長い周期の天王星の84年のリズムに乗り、それよりも公転周期の短い金星、土星は天王星の傘の下に入り、土星が3回脱皮しても、金星が何十回生き死にしても、生き残るでしょう。

地域のローカルな社会ルールに従うのは土星に従うことなので、ソニーがこうしたローカル企業のアイデンティティで生きていると29年の寿命だったはずです。これはよりスパンの長いものは、より短いものにおいては不死であるというルールです。人間は夏しか生きていない蝉に対して不死なのです。
　この惑星の公転周期とは、春夏秋冬、種を蒔き、夏に育て、秋に成果が生まれ、冬に死骸を残すということを内包していますから、まるで来夢さんの春夏秋冬理論みたいです。そして春になると新しい周期に入ります。必然的に、ソニーが天王星周期で生きているとすると、つまり天王星にふさわしい志とビジョンで生きているのならば、それよりも速い速度の惑星の妨害があってもそれを跳ね除け、種を蒔き、育て、成果を出し、結果を残すのです。
　もし、天王星周期で生きようとする志があっても、50年で死んでしまう企業はあるかもしれません。それは天王星という振動密度の周期から脱落し、目標を失い、いつの間にか土星周期とか木星周期に同一化することになって、それなりに短命になってしまったのです。
　創始者が退陣して、初心を忘れ、創始者の息子が二代目になると、彼は土星周期で生きていて、売却してその企業はなくなった、とか。天王星周期で作り出した集団は、その目標が成果を出すのに時間がかかり、それまでは死んでも死に切れないし、亡霊になってどこか違う会社に取り憑くだろうし、冥王星ならば、250年くらい経過しないことには疲れて死ぬといわないのです。疲れて死ぬというのはもう目標を達成し、することがなくなったという事です。目標を失い楽しくなくなり退屈すると、身体に急激に癌細胞が増殖します。癌細胞は誰でもあるが、その増殖に抵抗する気がなくなったのです。
　ソニーの寿命がどの長さなのか、創始者の井深大さんや盛田昭夫さんにインタビューして、企業を作った時のビジョンを聞くとよいのではないでしょうか。
　特定の惑星に同一化することと、乗り物にするというのは意味が違います。全惑星意識の上では、特定の惑星に同一化することはなく、特定の惑星を乗り物にするのです。なぜならば、企業ではこれは業種ということであり、ソニー

のように牡牛座の太陽は、ものづくりの金星が乗り物に見えてきますが、このサイクルを天王星がパラレルで支えることになり、金星がいくら死んでも、それは大きなスパンからすると、単なる新陳代謝と解釈されるのです。特定の惑星を乗り物にするのは、全惑星意識にしかできないことです。なぜなら、惑星同士は同列にあるので反発し、他の惑星の作用を押しのけようとするのです。全惑星意識は、これら惑星すべてを統括するので、特定の惑星をセレクトする権利がある。そのことで他の惑星は文句がいえません。

同一化することと乗り物にすることは違うという点では、私はいつもズスマンの言葉を引用します。いろいろな本でしつこく書いたのですが、また書いてみます。「ほら、いまお父さんが車から降りてきた。お父さんは車だったんだね」これは同一化と乗りものを混同した言葉ですが、占星術を扱う人は、しばしばこの惑星乗り物を本体だと勘違いします。というのもホロスコープには惑星しか書かれていないので、これらが組み合わされた図を見ると、惑星が何かしているというふうに主体と勘違いし、誰も乗っていない車があちこちを走り回っている図であることを忘れます。

正確にいえば、全惑星意識があるとそこでは初めて惑星は主体ではなく、乗り物であり、そこに全惑星意識は主人として乗れるということです。主人がいないと惑星は勝手に自分が主人だと思い込み、勝手に走り回ります。

1999年に来た黒い怪物は皆既日食を使って、皆既日食の前かあるいは後に、太陽系の中に入り込んできたのですが、その時に冥王星は射手座の9度あたりにあり、サビアンシンボルとしては「母親の助けで幼児が急な階段を上がる」というものでした。黒い怪物が「母親だ」といったのは、このシンボルの母親のことを示しており、しかも母親は幼児の母親ではなく階段の母親です。階段とはタロットカードのロゴスの体系です。

冥王星の記号（♇）は「巳」の記号に似ているので、この黒い怪物が数メートルの大きさの龍ならば、これが冥王星イメージなのだという話になるかもしれませんが、日食のさい、太陽系の外からやってきて、この太陽系環境の中

に入り込むために冥王星を乗り物としたので、黒い怪物は冥王星ではありません。

「11 力」のカードはライオンに自己同一化したことをやめるので、これをグルジェフのいう自己想起であると説明しましたが、惑星意識に自己同一化することをやめた人は、惑星意識を使わないのでなく、むしろその後はそれを乗り物にします。私は月意識を外化するには、犬とか猫をペットとして飼うのがよいと頻繁に勧めていますが、そうすると、月はもう自分の内面にはいない。そして犬とか猫を丁寧に愛着を持って扱うことで、月を乗り物にするということにもなるのです。

数年前に、私は夢の中で、いつもの声に「そろそろ惑星を扱うのはやめたらどうだ」といわれました。私はそれを「占星術そのものをやめたらどうだ」というアドバイスだと勘違いした面があります。確かに、17歳くらいから占星術をしているので、使い古しており、新鮮味がなく、せいぜい興味があることは人のホロスコープを見て、「この手があったか」と、人それぞれの違いを楽しむことでした。しかしアドバイスの正しい意味とは、惑星意識の地平であれこれ弄り回すのは卒業したらどうか、ということでしょう。

占星術は長い歴史があり、たくさんの技術とか見解があり、膨大な見方があります。しかしこうした細部に至るテクニックに深入りすることはちょっとした寄り道です。全惑星意識から見ると、惑星が作り出す作用についてはすべてにおいて中和できます。つまり「全惑星意識は惑星上では不死である」のです。惑星が作り出すものを中和できるのならば、惑星が作り出す作用についてあれこれと細かく深入りすることは、余計なことに熱中している話になります。占星術のマニアックなテクニックには深入りせず、もっとトータルに扱う。これがアドバイスの真意ならば、占星術をやめることもなく、むしろ新しい視点で楽しむことができるでしょう。

乗り物としての特定の惑星に乗ると、その惑星らしき周期や志があり、種蒔き、成長・発展、成果、成果の定着というサイクルがあり、途中下車はしづら

いのと、全部の周期を終わって初めてこの惑星作用から下車できます。そのため、正確には乗り物として乗っているが、周期が終わるまでは、経験として同一化しており、対象化はできにくいかもしれません。そして周期が完結すると、もうそこには戻れないのだと思います。

　惑星周期のどれかに乗ることは、「10 運命の輪」のカードのことを示しています。地上で活動するには、どれかの惑星周期を乗り物にします。「7 戦車」は無意識に地球周期で生きています。「9 隠者」ではそこからは自由になっており、「10 運命の輪」は意識的にどれかの輪に乗るのです。すると降りる動物がいて、上がる動物がいて、この動物が支配する輪の回転の中で経験が進行します。

　「10 運命の輪」は幸運のカードですが、四つの節目すべては幸運で、四分の一区間の目標が達成したのがハウスでいえば四番目で、次の節目の始まりです。「生まれて嬉しい」、「育って嬉しい」、「結果が出て嬉しい」、「成果が定着して嬉しい」、など、誰もがその時その時で嬉しいという視点が変わっていることに気がつくはずです。ゲットできて嬉しいけど、これが面倒になると、手放してすっきりして嬉しい。買って嬉しい、手放して嬉しいという両方を感じているためにヤフオク！も流行るのです。

　よく社長などから「うちの会社の特徴を一言でいうと何ですか？」と聞かれますが、これは切り口を一つに決めて考えるということで、まずそんなことはできません。

　昔から、例えば太陽サインで決めたり、ルーラーで決めたりする人もいましたが、部分で全体を決定するというやり方で、今それを信じている人などいないのではないでしょうか。つまり、惑星意識という狭い視野でいえば単純な一面だけで考えることはできるし、キャラクターの優先順位も考えられないことはないが、それはすぐさま覆されるわけです。

　全惑星意識で考えると、「全部のサインにほどよく分布していて良好である」といえる会社もあり、特定の惑星色には染まっていません。「カモノハシは一言

でいうと何族に属しているのですか？」と聞かれても答えられません。

　それより、そんな質問を受けたら、「この会社を作った動機は何？」と聞けば、その会社が一言でどのようなものかは即座に判明することです。社長が作った時の気持ちや気分、意志などは、そのホロスコープに露骨に表れていますが、ホロスコープを見るまでもありません。

　会社のマンディーン図では、こういうふうに会社の設立図を作って、トランシット天体などの組み合わせで会社の盛り上がり状況などを考えますが、全惑星意識を持つと、ここから特定の惑星を乗り物にできる、そして細かい天体のアスペクト、干渉、妨害などはあまり気にすることはないということです。

　ただし、乗り物が比較的周期が短い場合、例えば地域社会を盛り上げたいという動機で作ったりすると土星周期の乗り物となり、これよりも長生きの天王星、海王星、冥王星は決定的な影響を与えるでしょう。それでも全惑星意識ならば、乗り換え切符を持ったようなものです。

　私は会社についてよく質問されますから、例えばチャートを見て、今の業種では飽き足りない要素があると思ったら、そういう業種にも手を伸ばした方がよいとアドバイスします。社長は、会社を作った時から薄々自分の気持ちの中にそれがあるので、すぐに納得します。

　社長ばかりが集まる会で、いろいろな会社の図を見てきて、どうもいくつかの会社には人為的に手が加わっていると感じることがあります。同じ匂いがあるのです。そこで聞いてみたら、その会社を作った人々は、会社を作る時に、同じ占星術カウンセラーに相談していたのです。この占星術カウンセラーは、どういう会社がよいのかというイメージをあらかじめ持っており、例えばグランドトラインは良いものであると思っています。それならやはりグランドトラインができる日を選ぶでしょう。

　私なら、グランドトラインは怠けものと思ったりしますから、もっと違う絵にします。あるいはグランドトラインには推進力がないのでイカの骨のように脊髄（せきずい）を入れたカイトを選びます。工夫がある巧妙なものはレクタングル。努力は

150 度。集中力は 45 度なども加えたりします。

　設立時間の調整で、緊張する場所を影響の少ない場所に逃がしたり、あるハウスに犠牲になってもらったりして調整します。避けられないハードな配置を 6 ハウスに逃がしたら、2 週間もしないうちに社員グループが反抗し、社長を干そうとしたことには驚きました。

　しかし、良い会社、悪い会社というのはありません。会社を作る時に、「よい日取りを決めてほしい」といわれて決めることはなく、どういう目的の会社かを聞き、ここから設計図を組み立てます。よい日取りというのは、そもそも社会が植えつけてきた価値観に機械的に従属したところでの判断であり、そういう判断で作る会社には、まともなものはありません。

　会計士から「会社にした方が、税が低くなりますよ」といわれて作った会社はろくなものではありません。

　「全惑星意識は惑星上にはおいては不死である」という点では、会社や組織の力はそれが全惑星意識を持っているなら、惑星意識である個人を乗っ取ります。

　昔、「アッシー君」という言葉が流行りました。男性をタクシー代わりに使うということです。全惑星意識の会社は惑星意識の社員を乗り物にします。

　小泉元首相は、東日本大震災で破損した原子力発電装置は、もともとアメリカで作られた時に、社員がホイッスルブロワー（内部告発者）として欠陥商品であることを訴えていた。しかしそれは製造会社によって握り潰されたということをいっていました。

　組織は個人の主張を握り潰します。力関係としてはそうなるでしょう。惑星意識は全惑星意識には勝てないのです。

51　ソニーのヘリオセントリック図

　企業が太陽系範囲の活動で止まっているならば、二極化太陽が最終的な発達段階なので、ランクBです。企業の創始の志の中に、永遠性を目指す恒星要素が高自我として存在するならば、企業は長く生き延び、途中で社名が変わったとしても、それは新陳代謝とみなされ、ずっと生き続けます。

【ソニー創業図（ヘリオセントリック図）】

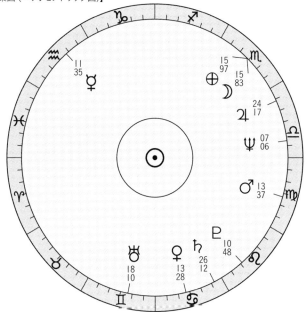

　ソニーのヘリオセントリック図では黄緯で、金星、火星、木星、海王星がN1.5度前後です。また土星と天王星がN0.1度前後に重なります。
　地球ポイントは、蠍座の15.97度ですが、地球ポイントはもともと黄緯0度であり、ここに土星・天王星が緯度で重なることになり、N0度20分には、ズベン・エルゲヌビがあります。つまり、地球を挟んで太陽とズベン・エルゲヌ

ビが黄経、黄緯で重なる傾向になるということです。

　ズベン・エルゲヌビは、社会の理想、あるべき姿について追求する恒星で、そもそも社会に対する働きかけは、自分の会社の中にある構造を考えるということから始まります。会社とは社会の模型であり、ソニーがもしランクA企業だとすると、組織のあるべき正しい姿を追求します。

　そもそも、蠍座16度は、組織をまとめて山を作るという度数で、ルディアのいうようにパワーゲームにも関わりますが、悪しきパワーゲームは基本的には軸のなさから来るもので、経済とか権力そのものが目的になってしまったものです。そして最後は必ず腐敗します。

　もし、そこに恒星太陽が入ると、これは高邁な理想を持つ社会を追求するという意味になります。首なし組織になってしまうと、このズベン・エルゲヌビの要素はいつの間にか消える、というよりも、組織の方が脱落してしまうのです。この側面ともう一つは金星・火星・木星・海王星の追及のラインがあるということです。

　首なし国家ならAIが支配した方がましだと書きましたが、ソニーが国家を超えるなら、新しいaibo（アイボ）が統率者になってもよいのかもしれません。

52　2012年魔の3回生

　組織、集団が全惑星意識であれば、それに惑星意識としての個人は振り回されるという例として、やや無駄話ですが、この集団意識は特定のタイミングのイベントとしても成り立つことを書いてみましょう。

　アドルフ・ヒトラーは出生日時が不明なため、ヒトラーのことを考える時には宰相に就任した時の図を作ることが多いようです。

　日本の第46回衆議院総選挙で、2012年12月16日に開票されて決まった議員のことを、通称「魔の3回生」といいます。議員という仕事は、個人よりも集団性が高く、サイズの大きなものなので、この図の方が個人の出生図よりも魔力が強くなるのではないでしょうか。

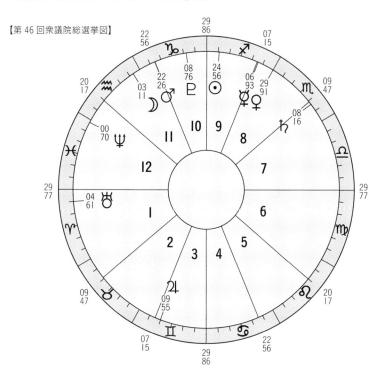

【第46回衆議院総選挙図】

ちょうどこの原稿を書いている時に、この中の一人の議員の失言が問題になったので取り上げたくなったのです。
　魔の3回生は、穴見陽一議員、武藤貴也議員、中川俊直議員、豊田真由子議員、中川郁子議員、務台俊介議員、橋本英教議員、大西英男議員そのほかです。
　間抜けなスキャンダルを起こすので有名ですが、この時のホロスコープで目立つのは、射手座の水星、双子座の木星という柔軟サインの180度に、弱い海王星のスクエアを加えてT字らしきものができていることです。射手座、双子座を含む柔軟サインのT字に加えて、この惑星の組み合わせですから、無防備な失言があり、言わなくてもよいことをたくさん言ってしまいます。
　さらに水星・冥王星の下側のパラレル。刺すような内容の衝撃発言かもしれません。土星と海王星の下側のパラレルはスキャンダルです。土星の型を何らかの手段、時には不祥事などで壊そうとします。いずれも下側なので、本能的です。
　蠍座の終わりの金星は、愛情面での執着心で、ストーカーのように追いかけ、相手の女性の家のドアをどんどん叩くような行動も含まれるのかもしれません。射手座で行動的だからです。本来は、ストーカーは自分から働きかけという意味では活動サインの方がふさわしいのですが、水・固定サインで、最後の度数は、諦めるべきなのに諦めきれないで引きずるというものです。海王星のスクエアで不倫などもあります。
　まるで呪われたかのような魔の3回生です。しかし深刻で暗いというより、豊田議員の「このハゲー！」発言に見えるように、あまりにも軽い失敗に笑いを誘うというような種類です。
　この時期に当選した議員は、議員の出生図と組み合わせて、この時期のホロスコープのカラーを出しやすくなってしまうこともあれば、中には出さないで済ませることのできる議員もいます。この図は力関係では、個人の図よりも強いので、後ろから押されているように仕向けられますが、それでも乗らない議

員もいるのです。全惑星意識に生きていれば、惑星の誘惑に乗らないで済ませられるのです。うっかり脱線しそうな時に、そのことにはっと気がつきます。ですから、魔の3回生の逃れられない運命ではありません。失敗を指摘されて、その後、本人は月・土星のスクエアで、ひどく落ち込むのかもしれません。

　集団性の力は個人を凌駕するという点では、この時期に当選した人が、この天体配置に支配されるというよりも、漁をして、この籠(かご)に適した小魚を釣ったということでしょう。選ばれるべくして選ばれたのです。面白いお祭りを見るかのようです。

　本章を魔の3回生で締めくくると気分悪そうですが、正しいホロスコープとは、惑星意識のレベルで細かいテクニックに埋没することではなく、振動密度の違う階層があることを認識し、その使い分けをして考えていくことです。

　惑星意識からすると、惑星の配置やアスペクトは議論の的になりますが、全惑星意識からするとそうこだわることではないし、どのような配置、アスペクトでもそれを中和、あるいは時には無力化可能です。

　また12サインの示すイメージにしても、月、惑星意識、全惑星意識、太陽意識などで違うので、惑星意識のレベルでのサインの意味も、惑星の作用を中和する時に同時進行で、内容が変わります。これは上位の記録が上書きされるということです。

　このように考えると惑星意識のレベルで平面的にあれこれと考えるのは退屈な作業だし、井の中の蛙というもので、ホロスコープはもっと多層的ダイナミックに活用ができるものだと思います。

第 2 章
マンディーン占星術の歴史的背景

倉本和朋

1 どこで生まれて、どのように広まったか

「マンディーン占星術（Mundane Astrology）」- "mundane" は日本語で「平凡な」や「現世の」などを意味する形容詞、"astrology" は占星術を意味する名詞、そして左記両者を結びつけたマンディーン占星術は、「歴史・社会・政治を扱う占星術であり、過去を理解し、未来を予知し、そして最も重要なこととして、左記過去・未来を踏まえ、現在を上手に扱い、切り盛りし、統率する、という役割を伝統的に（traditionally）有します」- の "mundane" という語の語源は、ラテン語 "mundus"[※1]、英語で "world（＝日本語で「世界」「万物」などの意）" の意味を有する語です。

1世紀、ローマ人のプリニウス[※2]は、「ギリシャ人は "ornament(＝日本語で「装飾」「飾り」などの意)" を意味するこの語をもって、世界を明示した」としていますが、「完全な仕上がりと優美」をも意味する "mundus" の語は、"world-order（＝日本語で「世界秩序」などの意）" を意味するギリシャ語 "kosmos" の翻訳でもあり、この語を最初に用いたのは、おそらく紀元前6世紀の哲学者パルメニデス[※3]か、あるいはピタゴラス[※4]の二人のうちの一人であろうとされています。

この "kosmos" の語は、"adornment（＝日本語で「飾ること」「装飾」などの意）" とも英訳可能であり、この語は現代英語 "cosmetic（＝日本語で「化粧用の」などの意）" の語源でもあります。ラテン語の "mundi" という語が、占星術のなかで世界について述べるために用いられた記録は11世紀に遡りますが、17世紀までは後述いたします「回帰、回転（Revolution）」を扱う占星術は、ラテン語で "Astrologia Munda" と呼ばれていました。

マンディーン占星術という語が、歴史・社会・政治などを扱う占星術の一分野を表す占星術用語として頻出し、一般化されるようになったのは19世紀ですが、それは当時著名な占星術家であったラファエル6世[※5]ならびにハーバー

ド・グリーン※6の二人が、それぞれの自著においてこの語を用いた影響が大きかったようです。ですが、「マンディーン占星術」の語が用いられる以前の遥か昔の占星術は、国家の出来事・情勢のみに関与していたので、占星術そのものがマンディーン占星術と同義だったのです※7。

⚜ 古代メソポタミア時代～ギリシャ時代 (紀元前19世紀～5世紀)

　西洋占星術は、古代メソポタミア※8の神話※9から現れ出てきたものです。当時の占星術は、神話と切り離し得るものではありませんでした。神々が有する特徴は、天体が有する特徴そのものでしたし、それら神々の動き－それらは、当時の偉大なる叙事詩に記録されているそうです－は、天体の動きによって描かれた前兆（omens）に青写真をもたらしていました。どうやら元来、天体は神々を表しているものでなく、神々そのものだったようなのです。

　例えば、メソポタミアの占星術師達は、天体同士がコンジャンクション（合）の配置にある状態を、複数の神々（＝天体）が一つの場所を占拠するために争うこととみなしていましたが、天空で起きることは地上に反映される、と彼らは考えていたので、こうした天空上での争いは地上での争いをあらかじめ示す前兆と見なされました。

　占星術は（天空の）神話上に描かれた事象を、地上に引き降ろす手法と考えてよいでしょうし、地上ならびにそこに住む人々の行方を左右していた神々の行動や望むところなどを理解する術でもあったのです。恒星や天体は、神々からのメッセージの運び手であり、それら神々の意思は占星術師を通じて人々にもたらされていました。

　メソポタミアの占星術は、全くもってマンディーン占星術、すなわち国王と国家の繁栄（welfare）のみを扱う占星術、とされており※10、いまだホロスコープ―個人のホロスコープを扱う占星術は、紀元前410年に至るまでその実例を見い出せません―を扱うものではありませんでした。

第2章　マンディーン占星術の歴史的背景〈倉本和朋〉

　西洋占星術の起源は、永らくはっきりしませんでしたが、19世紀半ば、イラクの砂漠の砂山などから寺院・宮殿などの崩れた遺跡が見い出され、調査の結果、多くの（古代の人々が、ものを書き遺すのに用いた）書字板が発見され、それらはすべて船舶でロンドンなどにもたらされました。それらが考古学者などの専門家達に徐々に解読されることで、古代メソポタミア史の基盤が明確になりました。

　ただし、上記船舶でそれら書字板を適切に搬送する方法に関する知識が、当時は欠如していたことなどもあり、搬送途上でそれら書字板の保存状態が悪化したり、あるいは失われたりした書字板も多くあったため、その後、多くの発見があったにもかかわらず、19世紀の専門家が入手し、21世紀現在の私達に受け継がれている、メソポタミアに関する知識にはいまだ空白部分や不明点なども多く残っているそうです。

　もちろん、21世紀現在も未発見の書字板も存在するかもしれませんし、板などに書き遺さず、口頭のみで伝える口伝という手法で伝授され、いつしか伝授が途絶え、後世に伝わらなかった教えというものも存在するかもしれない、というのもあると著者は考えます。

　上記書字板の中で現存するものには、さまざまなタイプの未来予知・予言におけるスペシャリスト、すなわち達人が書き遺したものがあり、それらは例えば、鳥の群れや生贄とされた羊の肝臓が表す血管の様子などから未来を予知する、というものをも含みますが、占星術に関わるものももちろん存在します。これら未来予知・予言を行う者は当時、社会的にも重要な地位をあてがわれ、宮廷で国王のアドバイザー、忠告者としての役割を担っていました。上記書字板には月、太陽、気象、恒星からもたらされた前兆（omens）などの記載があるそうです。

　紀元前7世紀までには、占星術は、国家が支援する、いわゆる公式の予言のなかでも主軸をなすものとなっていましたが、当時の占星術の技法については、21世紀現在の私達にはまだまだ未解決の疑問点が残っているようです。

紀元前6世紀に、天空に関する知恵を学ぶために、バビロニア※11に8年間程滞在したピタゴラス−彼は古代ギリシャ※12文化圏の東辺に位置する、現在のトルコ沿岸で生まれました−の尽力を通じて、メソポタミアの占星術がギリシャ世界に触れることになりました。

　ピタゴラスは、人間は（神々などにより）運命づけられた存在（A fated being）であるという、バビロニア世界で通念とされていたものをあたかも覆すように、人間は自由な個（A free individual）の存在である、という概念に至りましたが、これにより、永遠なる存在としての人間であるとか、魂（soul）※13のうちにある真の自意識（self-consciousness）に至る可能性を持つ存在、などに関わるシステムがギリシャ人にもたらされました。

　天空に示された前兆を、主に国家のために用いた時代から、個人が自身を認識する意識が高まっていく時代への転換を、ピタゴラスは担ったといえるでしょう。

　紀元前538年、メソポタミアがペルシャ※14に侵攻されたことにより、あらゆる宗教的教義−メソポタミアでは、寺院の力が絶大でした−なしに、星々について学ぶことができるようになり、結果、それらは宗教性が取り除かれ（≒世俗化し）ました。かつては、神々の出来心とみなされた天体の動きも、観察を通じての合理的な理論で説明されるようになりました。

　それら学びの成果であります、メトン周期※15によるカレンダーの発展や春分点・秋分点・夏至・冬至の発見などを経、（上述通り）紀元前410年頃には個人の出生図が現れました。こういったギリシャでの影響により、連綿と受け継がれてきたバビロニア占星術にも変化が始まっていました。

　ギリシャ人は国家よりも個人に多くの関心を寄せましたが、この傾向が伝統的なバビロニア占星術と融合した結果、ネイタル・チャートの概念がおそらく生じたのでしょう。プラトン※16は、当時のギリシャで影響力の大きかった哲学者ですが、紀元前400年頃、彼がメソポタミアの思想に触れ、占星術に関わる仕事を多く遺したのは興味深いといえるでしょう。彼は、人々が宇宙と調

和するのが理想であるとか、大宇宙と小宇宙とは互いに相応するものである、などの思想を有していました。

紀元前3〜紀元前2世紀には、マンディーン占星術、ネイタル占星術それぞれに関する研究が、占星術史上初めて別々に発達していきました。

紀元前331年には、メソポタミアとエジプト[17]がギリシャの支配下に置かれ、アレクサンドロス大王[18]が中東を侵攻し、学術と科学が推奨される時代に入り、多くの学者が輩出されましたが、その拠点となった都市はナイル川のデルタ地帯上のアレクサンドリア[19]です。そのようなわけで、ついには占星術が数学と融合し、黄道360度、さらにしばらく後にはアセンダントが発明されました。

バビロニア占星術の学校も設立されましたが、紀元前281年には、ギリシャ領地内にも占星術学校が設立され、古代バビロニアの叡智(えいち)がギリシャ語に翻訳もされました。天体の動きをまとめた天文暦や、天文上の日々の記録は、現存するものでは紀元前4世紀に遡りますが、これらにはギリシャ・バビロニア双方の影響を吸収した占星術師達の活動ぶりがよく表れているそうです。

紀元前最後の300年間は、アレキサンドリア(には、50万冊の蔵書を誇る図書館もありました)とアテネを中心に、学問の急速な発展が実現しましたが、それら業績の一例は、例えば、月が太陽の光を反射していることを裏づけた理論や、地球のサイズや月・太陽との距離が計測されたこと、そして地動説などです。

当時は、占星術上のアイデア・発想は、占星術家達の専売特許などではなく、教養のある人々なら誰でも話題にしていたことでしたが、これはストア派[20]の哲学者が、占星術を支持していたことが大きな動機となっていました。ストア派の教祖であるゼノン[21]は摂理に対する信仰を有していましたし、また人生を宇宙と調和する方向へもたらす道筋を運命と考えた場合、その運命に従うことに対しても信仰を有していました。そして何より、バビロニア人が持っていた概念であります、天と地との照応という考え方が彼らストア派にはしっくりく

るものだったこともあり、占星術は支持されたのです。

　ヒッパルコス※22 は春分点の歳差運動を発見した、とされていることで著名ですが、占星術の実践（＝地球から見た天体の位置計算に基づき、ホロスコープを作成し読み解く作業）家でもあった彼は、当時アリスタルコス※23 が上記地動説を唱えたにもかかわらず、地球中心に宇宙を見るジオセントリック占星術※24 を支持しました。

　初期のローマ※25 では、占星術は大きな役割を担っていませんでしたし、メソポタミア世界に触れる以前のローマの占星術は洗練もされていませんでした。ローマで占星術が受け入れられるようになったのは紀元前1世紀で、占星術が上記の通り、数学を取り入れたものになってからです。

　ローマの人々は占星術師を、メソポタミアの古い呼称であります「カルディア※26」人と呼びましたが、これは当時ローマにいた占星術師達のほとんどがバビロニア人などの外国人であったことを推測させますし、長じて彼らの中にはローマの軍隊にならい随行する人物として雇われた者がいたことをも推測させる、といえるでしょう。

　上記ギリシャのストア派の教えの広まりを通じ、ローマの知識層が占星術に興味を持ち始めたのが紀元前1世紀ですが、占星術がローマの政治界に浸透したのは紀元前27年、占星術を支持していたアウグストゥス※27 が皇帝に就いてから後だったようです。幼少時、占星術師に将来の成功を告げられた経験を有するといわれるアウグストゥスは、政治上の未来予知のために占星術を積極的に用いましたが、彼の後を襲った1世紀のローマの皇帝達も、占星術師達と密な関わりを有しましたし、それどころか自身で占星術を学んだ皇帝もいたほどでした。

　ですが一方、政治上の未来予知という重要事項に携わった当の占星術師達の中には、皇帝達から任された任務を全うできず、追放されたり、あるいは死刑になったりした者もいたようで、当時のローマでは、占星術は軽率な気持ちなどで学び得るものではなかったのです。

ローマの詩人であり占星術家のマーカス・マニリウス[※28]が、アウグストゥス治世下最後の数年の段階でまとめた著書『アストロノミカ("Astronomica")』は、ローマ占星術ならびに占星術史における大いなる成果の一つですが、そこにはバビロニア占星術に多くを負っているマンディーン占星術に関わる情報が多く見られ、これによりマニリウスが古代の書字板に書かれた情報や教えの多くを習得した人物であることがわかります。マニリウスは、マンディーンすなわち国家での出来事を、個人に結びつけ判断するメソッドを有していましたが、そこで用いられた技法は後世で見られる、12のハウスを用いる手法とは異なるものです。

マニリウスはまた、占星術で用いるサインの象徴を国に当てはめましたが、それは例えばスペインとドイツは山羊サイン、バビロニアは魚サインなどといったものです。上述の通り、ローマで占星術が受け入れられた状況があるのと同時並行で、もちろんギリシャでも占星術は発展－ローマでのように政治上に用いられるというよりも、主に科学的発展－していきました。

クラウディオス・プトレマイオス（プトレミー）[※29]は天文学の書『アルマゲスト("Almagest")』ならびに占星術の書『テトラビブロス("Tetrabiblos")』を著すことで、当時未分化であった天文学と占星術とを分類し、さらに『テトラビブロス』の中でマンディーン占星術とネイタル占星術とを分類しました。

後述いたします、1980年以降隆盛を極めた、ギリシャ時代以降の占星術の再発見・研究を踏まえても、キリスト誕生以降最初の千年間で、政治ならびに宗教での変動の最中にあっても、占星術が生き永らえたのは『テトラビブロス』のおかげというのはあるでしょう。

プトレマイオスは、『テトラビブロス』を通じて、アリストテレス[※30]の教えに裏づけられた合理的な視点－例えば、天体の影響は神々の干渉（intervention）でなく、観測し得る自然界での要因による、など－をも占星術にもたらしました。プトレマイオスが提示した、マンディーン占星術上の技法は蝕図（日蝕図、月蝕図）[※31]を読むことが主でした。

ギリシャ時代の占星術研究が一層の深まりを見せた、後述いたします1980年以降には、プトレマイオスの占星術が必ずしもギリシャ占星術の中心をなしていたわけではないことが判明するのですけども、とりわけマンディーン占星術に関しては－ホロスコープを読む際の、細かい技術についてはともかく－概ねプトレマイオスが唱えた上記技法が、2019年現在も主流であり続けています。

　上記マニリウスが行った、国々を占星術での象徴に当てはめることはプトレマイオスも行っており、それは例えばスペインは射手サイン、バビロニアは乙女サインなどといったものです。こうした当てはめの中でも、プトレマイオスの説は、20世紀後半に欧米で出版されたマンディーン占星術教科書中でも踏襲されているようです※32。

⚜ ヨーロッパでの占星術の衰退・復興ならびにアラブ・イスラム占星術（6～10世紀）

　475年頃、ローマ帝国が崩壊し、ヨーロッパでは知識を貪欲に追求することが徐々に推奨されなくなり、またキリスト教※33神学者達が占星術を受け入れることに不本意さを表明し始めた結果、占星術も消え失せていきました－実際には、占星術の図書を蔵書として保存し続けていた修道士達もいたこともあり、完全に消え失せたわけではないのですけども。500～800年の300年間－ヨーロッパでの占星術復興は、自身も占星術の研鑽(けんさん)を積んだカール大帝※34が当時、西ヨーロッパのほぼ全域に勢力を及ぼしたフランク王国※35を支配するまで待たねばなりませんでした－は、ヨーロッパにおける西洋占星術のどん底の時代の一つでしたが、その間、占星術などヘレニズム※36時代に栄えた知恵を相続し維持したのはアラブ※37人でした。

　622年を元年とし、その宗教・帝国のみならず、学術も発展させて行ったイスラム帝国※38では、占星術の隆盛が起きました。ビザンティン※39、ペルシャ、ヒンドゥー※40などの周囲の国々－特にビザンティン－が、自分達の知らないこ

とをどうやら知っているようだ、とアラブ人達は気づいたので、彼ら周囲の国々の人々の中で知識を有する人物を自身の領地、特にバグダッドに招きました。使者を他国に送り本を入手し、個人・政府双方共編集局を設け、上記国々の図書をアラビア語に訳しました[41]。

ユダヤ[42]人占星術家マシャアラー[43]が、その建立に携わった都市でありますバグダッドに、777年より占星術学校の運営がスタートしましたが、その校長を務めた歴代人物達の中で、アラブ人占星術師アブ・マシャー[44]は後にプトレマイオスの上記著書をアラビア語に翻訳しました（後にヨーロッパ人がこれをラテン語訳[45]するに至ります）。

11世紀、バグダッドが略奪・占領されたことを受け、占星術はイスラムで衰退します[46]が、上述の通り9世紀にヨーロッパでは占星術が復興し始めます。

984年にはイスラム占星術のテキストが翻訳されましたが、下記に示しますプトレマイオスの著書が翻訳されるまではジュリウス・フィルミクス[47]（の教えがアラブ世界に伝わったもの）の影響の方が大きかったようです。

スペインのコルドバという都市は、ジブラルタル海峡を挟みアフリカ大陸と通じている、当時のイスラム知識の中心をなす学術都市でしたが、後にアラブ占星術の知識がヨーロッパに流入する拠点にもなりました。また、9世紀のスペイン北部ならびにフランス南部（のユダヤ人達の間で）、そしてローマ帝国後期（具体的な期間は不明ですが）のガリア・キサルピナ[48]（現在の北イタリアに当たる、共和政ローマにおける属州）でも占星術は繁栄したそうです。

後述いたしますが、連綿と続いた西洋占星術の歴史が17世紀後半、いったん、途絶えたこともあり、アラブ占星術の研究が深まったのは1980年以降です。

アラブ占星術の中で、マンディーン占星術に関わる事象につきましては、後述1980年〜2019年の項で書きますけども、ホロスコープを読む実践レベル、細かい技術においてはプトレマイオスよりもシドンのドロセウス[49]が提唱した、アクシデンタル・ルーラー[50]を用いる手法を当時のアラブ占星術師達は用いていたようです[51]。

⚜ 11世紀〜17世紀半ばのヨーロッパ

　マンディーン占星術は戦争、疫病、天変地異などを予知するのに用いられましたが、それらを予知する占星術師を雇うことができたのは国家の支配者のみであり、中世のヨーロッパでは、知識があり経済的に余裕のある人々のみがマンディーン占星術に関わることができました。

　10世紀の学者達は、上記占星術師を雇うことができる国王達から、真っ先にアラブ占星術のテキストをラテン語訳する依頼を得ました。アラブのテキスト（のラテン語訳）を基に書かれた、ヨーロッパの占星術家による占星術テキストは11世紀に見い出されます※52。

　1138年には、『テトラビブロス』の翻訳が出版されたことで、古代ギリシャ占星術の知性に容易にアクセスが可能となり、当然ながらマンディーン占星術の技術も紹介されました。

　1170年にはマンディーン占星術をネイタル、イレクショナル※53、ホラリー※54と分類した上で述べた著書もリリースされましたが、中世は占星術が自然占星術（natural astrology）と判断占星術（judicial astrology）の二つに分類された時代です。マンディーン占星術は自然占星術に、ネイタル、イレクション、ホラリーは判断占星術に分類されましたが、自然占星術は天空の現象（天体のサイクル、月相、天体の会合や彗星など）と地球上の出来事（天候、農業、戦争、宗教の発展・衰退など）の関係を学ぶもので、判断占星術はホロスコープを読み出生図の持ち主の人生や出来事の成り行きを判断するものです。

　占星術はこの時代、ヨーロッパでの学術の場において中心 − 知識レベルでは最高位、精神レベルでは神を崇拝することに次ぎ二番目と唱える学者も存在します − の役割を果たしましたが、判断占星術は「人間の魂（soul）を支配するのは星々なのか、あるいは神なのか」というイデオロギー上の問題において、キリスト教との間に対立があり、さまざまな妥協などにより、両者は共存しつつも永らくこの対立は続きました。

第2章　マンディーン占星術の歴史的背景〈倉本和朋〉

　マンディーン占星術にも、天体の動きから未来を予知する、すなわち神々でなく星々の影響の下、世の中は動くという考えが含まれていると考えた場合、判断占星術の要素も入っていることになりますので、マンディーン占星術の方も上記対立から完全に逃れることはできなかったわけですけれども、上述の通り、大まかには自然占星術に分類されていたため、判断占星術の面々（＝ネイタル、ホラリー、イレクション）よりは多くの人々に受け入れられました。

　修道院や聖職者達の学校で学ぶ、学者達のような高貴な人々は、世界の進化を占星術のサイクルに倣い哲学的に説明することも可能でしたが、宮廷に仕える占星術師達の面々はあらゆる種類の会合・蝕・彗星などを、世に浮き沈みや災害をもたらす可能性をもたらすものと見ていた国王の質問に答えるのに多忙であり、上記高貴な人々のように、哲学的なことばかりを考えている余裕はありませんでした。

　政治・軍事上のアドバイスを求められ、国王やその家族のネイタル・チャートをこしらえ判断し、彼らの重要な決断に際してはホラリー・チャートやイレクショナル・チャートを立て未来予知を行うことが多く、それがゆえに彼らは実際には判断占星術を行うことが多かったのです。そういった意味では、マンディーン占星術は自然占星術の範疇に括られつつも、判断占星術とも手を携え発展していった、といえるでしょう。

　マンディーン占星術の理論的背景は、アルベルトゥス・マグヌス[※55]やトマス・アクィナス[※56]などの当時を代表する知識人、学者達により深まっていきました。アクィナスは自由選択が可能な個人に対し、それら個人の集まりである集団は自身の（集団）情熱（their passions）に支配されるとし、ゆえに集団は星々の影響を受けやすく、個人についての予知よりも（集団に関する予知の方が）容易であると論じました。

　ロジャー・ベーコン[※57]は、マンディーン占星術を用いることで戦争を回避できるだろうと考えましたが、この姿勢は冒頭に掲げました、マンディーン占星術の重要な役割であります、（最悪の事態を避け）現在を切り盛り（manage）す

るという、ニコラス・キャンピオン[58]が指摘した点に適っているものと著者は考えます。

セヴィーリャのジョン[59]やマイケル・スコット[60]など、上記学者達の範疇に分類されつつ、同時に占星術の実践家でもあった人物も現れました。11～14世紀の占星術を概観すれば、それは宮廷で実践され、医療上での利用を除けばマンディーン占星術の特色を帯びていたのです。上述学者達や聖職者達は、マンディーン占星術の背景をなす知的レベルを深めましたが、フランスやローマ帝国の宮廷では、殊にその実践レベルにおいての重要性が高かったのです。

この頃、最も成功した占星術師の一人として、イタリア占星術界を席巻したグイド・ボナッティ[61]を挙げておきましょう。彼の著書『天文の書』("Liber Astronomiae")は、ラテン語が衰退し始める17世紀後半までは、ヨーロッパ占星術界で基礎をなすテキストでしたし、ウィリアム・リリー[62]が名著『キリスト教占星術』("Christian Astrology")で頻繁に引用したのがボナッティの上記図書でした。

14世紀のイタリア、フランス、ドイツでは、マンディーン占星術が占星術師達にとって、いわゆるビッグ・ビジネスとみなされ、占星術師達は高給を以て迎えてくれる宮廷を探していました。この背景には当時、世の中の先行きの不透明さをもたらしていた百年戦争[63]の存在がありました。

1402年の彗星到来など、世間を騒がせる天文現象の影響により、この先どうなるか、との問いに答える予言が待望される状況が起き、マンディーン占星術も喝采をもって迎え入れられました。占星術師の中には、より大きな市場を求め、来たるべき一年間の予言を綴った書を出版する者が現れ、それらのうち現存するものは1405年のものです。

1450年頃には印刷技術の発達を受け、こういった予知本は広範囲で普及し、1469年には最初のアルマナック[64]が出版されました。

16世紀には、印刷技術－1490年、室項表[65]が印刷され、多くの占星術

家の手許に届くようになると、アラブ占星術時代以来、趨勢を占めていたアルカビティウス・ハウス・システム[66]は下火となり、レジオモンタナス・ハウス・システム[67]が主流となりました[68]－ならびにルネサンス[69]文化、そして北ならびに西ヨーロッパでの大学の発達により、占星術はヨーロッパの新たな領域－北ドイツ、ハンガリー、スカンジナヴィア、ポーランド、そしてイギリス（England）など－に拡がりました（当時、マンディーン占星術の理論を強化した人物としてアバノのピエトロ[70]を挙げておきましょう）。

イギリスは、その頃、封建制度から離れ、より近代的な行政スタイル、経済、社会、宗教を含む変化の方向へ重要なシフトがなされていましたが、占星術がイギリスに広まったのはちょうどその頃でした。16世紀以前のイギリスにも占星術は存在しましたが、主に宮廷内のみでした。

1473年に最初のアルマナックが出版されると、占星術は急速に広まり定着しましたが、かような状況に至った理由は、イギリスの人々が政治に関する予言について敏感な国民であったことが挙げられます[71]。占星術はヨーロッパの宗教、政治、文化の影響を受けるばかりでなく、ヨーロッパ史に対し影響を与えてもいますが、それは①宮廷における政治上の決定、②大衆の意見に影響を及ぼし、物事の成り行きやその結果起きる出来事を左右する、という二つの方向性においてでしょう[72]。

政治上の指導者（＝上記①の代表的存在）、そして戦争に疲弊していた庶民（＝上記②の代表的存在）、双方の要求に応えていた17世紀半ばの占星術師達の中で、最も代表的な人物はウィリアム・リリーです。リリーは1649年に自身のアルマナックを3万部売り、また新聞紙上に占星術の記事を書いた最初の人物でした。

英国のみならず他欧州諸国でも、占星術はイギリス同様の道をたどり発展していきました。特にその中心の役割を担ったのはフランスとイタリアで、フランスではルカ・ガウリコ[73]、イタリアではノストラダムス[74]がその代表でした。ノストラダムスは彼と同時代の占星術家であるジョン・ディー[75]同様、占星術

を魔術（magic）ならびに魔法（necromancy）と結びつけました。15〜17世紀前半の間も、占星術は人気を博しましたが、活躍した代表的占星術師としてジロラモ・カルダーノ[76]、ティコ・ブラーエ[77]、ヨハネス・ケプラー[78]、ジャン＝バティースト・モラン[79] を挙げておきましょう。

　この時代ならびに後述いたします19世紀までに関する、マンディーン占星術に関わるトピックとして挙げておきたいのは、国・国家というものが16〜19世紀に徐々にできた概念であるという説です。これはニコラス・キャンピオンが述べていることですが、では左記時代の直前に当たる時代の人々はどうだったかというと、自身を地理上の一部をなす、ある地域の居住者（tenants）、ある宗教に準ずる者とみなしていたのだそうです。

　マンディーン占星術を行う占星術師達は、16〜19世紀の300年をかけ、従来のプトレマイオスの影響のもと、蝕図や四季図[80]、そしてその土地を統治する国王などのネイタル・チャートを用いる手法から、国・国家の始まりを表すホロスコープ、すなわち国・国家のネイタル・チャート（＝その国民の集合無意識を反映したチャート）を用いる方向へ徐々にシフトしていったのです。

⚜ 17世紀後半〜19世紀後半のヨーロッパ、そしてアメリカ

　イギリス、フランス、そしてヨーロッパ全土で突如、占星術がほぼ消滅しました。18世紀には宮廷、大衆の双方共、占星術にほぼ見向きもしませんでした。特にホラリー、イレクション占星術の衰退は顕著だったようです。

　そのようになった要因を、満足のいくかたちで調査・研究・説明した人物はいない、と永らくはされていました[81]が、ただ一ついえるのは、「占星術は科学的に誤っていることが証明されたせいで、突然衰退してしまった、という説」はニコラス・キャンピオンにより否定されている[82] という点です。

　ジェイムズ・ホールデン[83]は新聞、小説、エンターテイメント音楽など（の安価な娯楽）が急激な高まりを見せ、アルマナックなどに見向きする人々が激

減し、長じて占星術師を訪れるクライエントもいなくなったことが衰退の大きな要因としています※84。

　占星術の発明以来、占星術家が頭を抱えていた問題の一つに、天文暦の不正確さがありましたが、1700年代後半には精度の高いそれが現れ始めました。欧州諸国のほとんどがグレゴリオ暦※85に合わせたことで、いずれのカレンダーを用いるか、という問題も軽減されました。

　標準時※86も、およそ70年の歳月をかけ地方真時※87から地方平均時※88に変更されましたが、この恩恵を最も受けたのは鉄道の普及（1840年頃）ならびに電信線の建設です※89。

　アメリカ（＝元々ヨーロッパに住んでいた人々が1492年以降、大西洋を渡り移住し、1776年建国された国）の占星術の起源、ならびにその歴史は、古代占星術のそれらよりも曖昧（obscure）である※90という説も存在しますが、アメリカでのマンディーン占星術についてのトピックは、やはりアメリカの独立に関するものでしょう。

　1776年7月2日、アメリカの独立に向けての投票が行われ、4日には独立宣言・調印が行われましたが、アメリカの出生図として信頼度の高いものの一つとして欧米では著名な、エベネザー・シブリー※91による「シブリー・チャート」があります。

　このチャートの誕生について、ニコラス・キャンピオンが綴っている文章はとても興味深いので、以下要点を掲げてみます。

> ①（そもそも、国の誕生が7月4日午後5時という推測が存在するのだが、それに対し）興味深いサポートとなる事実がある。それは1778年7月4日－すなわち1776年7月4日の独立記念日から2年後－に行われた記念祭典が午後5時に始まり、また他の年の同様の祭典も似たような時間に始まったというものである。

② こうした証拠により、アメリカ合衆国向けに最初に公式出版されたチャート、いわゆる射手サインが上昇している（＝アセンダントが射手サインにある）「シブリー・チャート」が導き出された。このホロスコープは1787年、すなわち独立宣言調印からわずか11年後、独立戦争から5年後、そして初代ジョージ・ワシントン大統領就任2年前に最初に出版された。

③ シブリーのホロスコープは、ロンドン時間10時10分（＝アメリカ・フィラデルフィアでは午後5時10分）として作成されたが、彼は計算の過程で幾つかの誤りを犯した（中略）この結果、互いにライヴァル関係になる二つの「シブリー」チャート－一つは午後4時50分、もう一つは午後5時10分－が世に出るに至った。

④ 5時10分のチャートを推奨する理由について[※92]。

⚜ 19世紀末～1970年代

　19世紀末から20世紀の時期は、ニコラス・キャンピオンが『西洋占星術の歴史　第二巻－中世ならびに現代世界』[※93]において、この期間に関わる三つの章のタイトルの中に、わざわざ盛り込んだ語彙であります神智学(こう)[※94]（第16章）、ニューエイジ[※95]（第17章）、心理学[※96]（第18章）などと切り離し論じることはできない時代であり、19世紀末の占星術、そしてその影響を大いに受け発展した20世紀以降の占星術も、それらの影響を逃れることは不可能です。

　後述いたします、1980年代に始まる伝統占星術運動は古代ギリシャ、アラブ、中世ヨーロッパ占星術に回帰する運動ですが、上記時代の影響を仮に（完全に、は無理ながら）削ぎ落としたとしても、例えば18世紀以降発見されたトランス・サタニアン天体を考慮に入れるか否か－上記伝統占星術復興運動に携わった人々でも、例えばネイタル・チャート、ホラリー・チャートなどを読む際、このトランス・サタニアン天体を全く無視しホロスコープを読む占星術師は少ないようです－のディベートは存在するのであり、「純粋な」伝統回帰は無理なわ

けで、そういった意味では、占星術は 21 世紀の今日に至っても、いまだに新たなステージを有するといえるでしょう。

例えばロバート・ハンド※97 のように、20世紀占星術と伝統占星術とを統合することが可能、と嘱望される占星術家※98 が存在するのもその裏づけでしょう。それはともかく、占星術の一カテゴリーでありますマンディーン占星術がその用語を有するようになったのが 19 世紀ですけども、この頃のマンディーン占星術における顕著な成果は上述ハーバート・グリーンやラファエルの著書の刊行。また社会的には蝕や彗星などによる予言や、大衆や国家を占う「オフィシャル（official）占星術」などは、新聞のコラム欄占星術などから完全に消え失せることはなく、ここでは挙げませんが、事例は枚挙に暇がないほどだそうです。

この時代の占星術シーンで中心をなした人物といえば、アラン・レオ※99 ですが、レオの占星術上のスキル、複数の物事や多くの人々を組織立てる能力、推進力がなければ、19 世紀末以降の占星術の復興はもっと時間がかかったであろうし、かつ活気溢れるものにはならなかったでしょう。

レオの跡を継いだのはチャールズ・アーネスト・オーウェン・カーター※100 ですが、カーターのマンディーン占星術上の功績として挙げるべきは、20 世紀前半大いに流行した、膨大な数のホロスコープ上の天体配置などをデータとして統計的にまとめたことで、例えばカーターはマンディーン占星術の一カテゴリーであります、事故・イベントとそれらが起きた瞬間などのホロスコープとの関係性を研究し、『アクシデント・事故の占星術("Astrology of Accidents")※101』としてまとめました。

第一・二次世界大戦における、国の統括者達による占星術師雇用というものも存在しましたが、その代表が第二次世界大戦におけるヒトラー※102 です。ヒトラーは「私達ナチスのために働かない占星術師の言う事は聞かない」※103 などとし、占星術をプロパガンダに用いたりもしました。1970 年代については下記、1980 年代を詳述する過程で述べます。

⚜ 1980年～2019年

　ロバート・ゾラー[※104]が1970年代前半、彼の師であるゾルタン・メイソン[※105]の教えに倣いラテン語の勉強を始め[※106]、グイド・ボナッティ『天文の書』に書かれた教えをもとにまとめた『占星術におけるアラビック・パーツ[※107]－失われた未来予知の鍵 ("The Arabic Parts in Astrology - A Lost Key to Prediction")』が出版されると、いわゆる伝統占星術復興運動[※108]が始まりました。

　17世紀後半、上述通り占星術は衰退しましたが、その頃、同時にラテン語の衰退も起き、以降20世紀に至るまでラテン語・ギリシャ語など古代の言語を読む能力を有さない占星術家達が、英語などの現代言語で書かれた占星術図書のみを拠り所としたのは無理もない、といえるでしょう[※109]。

　古代言語を読む能力を有し、また古代占星術に興味をもって取り組んだ人物は、19世紀末から20世紀前半にかけ活躍したフランツ・キュモン[※110]などのいわゆる占星術を学問的に捉え研究する「学者」(≒ホロスコープを用い占星術の実践を行わない、すなわち占星術師ではない人々)のみでした。

　1970年代、西洋占星術はジッポラー・ポテンジャー・ドビンズ[※111]の『12文字のアルファベット』などの実践占星術での簡易化マニュアルや、パーカー夫妻[※112]によるミリオン・セラー本の誕生などにより、占星術が多くの人々にとって、より身近なものになり人気を獲得し、占星術に取り組む人々も増えた、という明るい側面もありながら、あたかもその皺寄せのごとく、初心者がそれら図書から得た知識を誤ったかたちで習得し、それらが一人歩きし、敷衍してしまったり、簡略化という側面が強調されたことにより、ホロスコープ解釈を曲解する占星術家が増えてしまったりという側面[※113]もありました。

　また、心理占星術[※114]が誕生したこともこの時代の大きなトピックであり、その誕生に当たっては占星術の側もユング[※115]やディーン・ルディア[※116]などの教えが、心理学を受け入れる土壌を充分、育んできたという背景もあるもの

の、一方で西洋占星術が、占星術自身に比べれば歴史の浅い学問であります心理学と手を携えること、占星術が心理学へと縮小・還元（reduce）させられたことに違和感を抱いていた占星術家－主にホラリー、イレクショナルなどを学ぶ占星術師でしょうか－もいたというのもあるようです。

　あたかも占星術人気が高まった時点で、その足元を狙った事象のごとく、科学者達が占星術家に対し攻撃を開始し、両者の間に大いなる論争が巻き起こったというのもこの時代の出来事で、その代表がいわゆるゴーグラン事件[117]です。

　1970年代のこれらトピックに関する歴史研究は、一層の掘り下げを要するものと著者は考えますが、いずれにせよ、かような時代背景の最中、真剣に占星術に向き合う占星術師の中には、ずいぶん苦悩していた人物もいたようで、例えばロバート・ハンドは自身の占星術家としてのアイデンティティに危機が訪れたそうです[118]。

　そんな1970年代が終焉を迎え、1980年に上記ゾラーの図書がリリースされ、19世紀末以降、拠り所とされていたもの（＝プトレマイオス、リリーからアラン・レオ、チャールズ・カーターらに依拠した占星術）とは別の拠り所に立脚した占星術[119]が紹介されるや否や、復興運動は加速し、英語で書かれた図書－特にその嚆矢であるウィリアム・リリー『キリスト教占星術』や、当時英訳図書が既に存在したプトレマイス『テトラビブロス』など－のみが大いに拠り所とされた時代は終焉を迎え、例えばアブラハム・イブン・エズラ[120]、リリーが大いに参照した[121]グイド・ボナッティ、ヨハン・ショナー[122]や、プトレマイオスと同時代を生きたヴェッティウス・ヴァレンズ[123]、そして永らく待望とされていたマシャアラー、アブ・マシャーなどのアラブ占星術師達の著書が続々英訳され、同時に上述19世紀後半以降に活躍した「学者」達の文献の検証も大いになされ、結果、リリーやプトレマイオスの図書中には見い出せなかった情報－特にネイタル・ホロスコープを読んだり、未来予知を行う技術－が実に多く（再）発見されました。

また伝統を学ぶ過程で、それらをより理解するためというのもあったでしょう、占星術の歴史をも同時に学ぶ占星術家も増えた※124 結果、例えば 1978 年、すなわち上記復興運動が起きる 2 年前の時点で、当時のアメリカ占星界での大御所的存在でありました、マーク・エドモンド・ジョーンズ※125 が述べた、「占星術は現在の劇的な様相をなすに至りましたが、それに至る総ての物語を書き記した人物はいません／中世の停滞を鼓舞した重要人物といえばおそらく 17 世紀のウィリアム・リリー、以降はラファエル 6 世……※126」といった、数千年以上にわたる占星術の歴史が綿密には語られなかったり、あるいは語られるにしてもわずか数人の「著名」や「偉大」とされる人物の功績のみの概要程度でざっくり丸め簡略化された程度でしか述べられることはない、といった事態は収束に向かい出したといえるでしょう–それでももちろん、ニコラス・キャンピオンが述べた※127 通り、占星術の歴史研究にはまだまだあまたの課題はありますけども。

　マンディーン占星術に話を戻しますと、上記運動を経て、見い出された、マンディーン占星術関連知識の最たるものの一つは、ロバート・ハンドが占星術雑誌『マウンテン・アストロロジャー（≒山の占星術家）』誌※128 上で、9・11 アメリカ同時多発テロ事件※129 関連記事中に発表したことでも話題となりました、中世ペルシャ・アラブでの「精巧かつ洗練された技巧」である、アブ・マシャーの技巧（グレート・コンジャンクション、ミューテーション・コンジャンクション、リースト・コンジャンクション、火星と土星が 30 年ごとに蟹サインの初期度数近くに来ることなどを考慮に入れたもの※130）でしょう。

　ハンドは左記手法、九つのホロスコープならびに二つの表を用い、この事件の本質を徹底解説し、長じてこの記事を締め括るに当たり、「イスラム世界に私達を、彼らの兄弟姉妹として受け入れてもらいたければ」、「この記事で用いられた技法が、イスラム世界で創り出されたものである事を記憶しておかなくてはなりません。彼らがこの手法を私達の（中世ヨーロッパの）先祖達に教えてくれたのです」※131 と述べましたが、これは西洋占星術における、イスラム

世界による貢献（が確実に存在することが、伝統占星術復興運動を経た21世紀現在、判明しているのだから、ヨーロッパの占星術家はかつての17世紀頃の占星術家のように、イスラムからの知識を蔑んだりすべきでない、という意味？）を認め、また現実世界においても、アメリカはイスラム世界と手を携え合うべきという（世界平和を願っての）ものだったのでしょうか。

　9・11アメリカ同時多発テロ事件につき、あらかじめ警鐘を鳴らしたのはロバート・ゾラーでした。1999年7月時点で、「アメリカが不当に振る舞うのをやめなければ、ウサーマ・ビン・ラーディン※132、サッダーム・フセイン※133、スロボダン・ミロシェヴィッチ※134 らのような手段を選ばぬ人達（adventurer）による破壊・略奪行為（depredation）を招くであろう。これは緊急注意を促す事である。私達の人生ならびに文化は、危機に瀕している」と自身のマンスリー・ニュース・レターに綴り、翌年（2000年）9月の同ニュース・レターでは、危機の時期として2001年9月と明言しました※135。

　事件後、世界中の占星術家達が上記事件を各自、さまざまな手法で検証しました（上記ハンドの技法も、その検証記事から公にされたものです）が、ついには複数の検証記事を収録したペーパーバック本※136 が事件から4か月以内にリリースされたほどでした。

　ジョージ・W・ブッシュ大統領※137 のホロスコープは、この時期の上記マウンテン・アストロロジャー（山の占星術家）誌に毎号のように出ていたと著者は記憶しています。世界中の占星術家が、ウェブで購入可能な占星術雑誌マウンテン・アストロロジャー誌は上記テロ事件関連記事以外にも、アメリカ大統領選の記事なども選挙があるたびごとに徹底掲載する、充実した雑誌です。

　政治家が自身のライバル達に先んずるといった、目下状況での利己的な動機に従い動くことを否定するわけではないのだけども、（より長期的かつ、利己的でない、より大きな視点に基づく）平和・秩序・安定を確保することがマンディーン占星術においては鍵であると述べた※138 ニコラス・キャンピオンは、1980年代は占星術コラムを書き、そこで判断占星術を行って（当てたりもして）

いましたが、2019年現在はマンディーン占星術を哲学的に考える人物の最先端、という印象が、著者にはございます。

かつてチャールズ・ハーヴェイ[※139]が、湾岸戦争勃発につき、その日づけまでを見事に予知した際、キャンピオンは判断占星術師としてのハーヴェイを称えましたが、それに対しハーヴェイは「数千人の人々の死を予知した事に、何の意味があるのでしょう」と答えたそうです[※140]。この発言は、判断占星術師として成功しても、自身の仕事（予言）そのものは世界の平和・秩序・安定に貢献する類いのものでないことを知っての無力感の表れだったのでしょうか。

マンディーン占星術での未来予知を行う際に用いる回帰・会合（Revolution）に特化された占星術専門図書は、欧米で数多くリリースされています（具体例、ジョン・リー・レーマン[※141]のソーラー・リターン本など）。また、マンディーン占星術そのものに特化された著書もいくつかリリースされており、それらは例えば上記チャールズ・カーターによるものや、引用に用いましたニコラス・キャンピオン『世界のホロスコープの書 ("The Book of World Horoscope")』などです。

『世界のホロスコープの書』は国のみならず就任式、街や市、軍事機構、国際機関などの出生ホロスコープを収録しています（キャンピオンに次ぐ、国などの出生ホロスコープ・コレクターとして著名な人物がマーク・ペンフィールド[※142]ですが、そもそも1980年前後はホロスコープ・データ収集運動自体が高まっていました）。それら国などのチャートを扱う際、ほぼ必ずといってよい程噴出する問題として、国の出生チャート（の候補）が複数存在するというのがあり、それら複数存在する候補チャートのうち、いずれのチャートが正しいか、実践で用いる上でいずれがプロミネント（＝卓越している、傑出している、の意）か、またそもそも「国の誕生瞬間」の定義とは何か、などの疑問点はマンディーン占星術師の誰もが抱く疑問ですけども、それら疑問にキャンピオンは上述『世界の〜』で触れています。

以下にそれら要点を一部ご紹介いたします。

① 国家の出生チャート（= 独立国家誕生の瞬間を表す）については、「正確な創設瞬間とはいつ？」という疑問が伴う。

② 世界中には、さまざまな創設プロセスを経て、成り立った国々があり、誕生の瞬間を概括したり、普遍的に適用可能な基準を選んだりするのが難しいということがわかる。

③ マイケル・ベイジェント[※143]とも合意した意見なのだが、クーデター・武力政変（coup）がなかば、あるいは最終的に絶頂に達した瞬間（≒古い秩序が新しいそれに取って替わる瞬間）が重要。

④ 権力が取って替わるやり方は、社会それぞれでまちまちー戴冠式・選挙等、アメリカのように公衆が見守る中取り決められるものもあれば、旧ソビエトのように秘密裏に行われるものもある。革命・軍のクーデター、外国による侵略等、不法なかたちでの政権交代もあり得る。

⑤ 政権交代についての具体例：イラン（1979年）。いずれの出来事・瞬間を選ぶべきか、占星術師達は迷うところである。ホメイニ師が個人的に取り決めた瞬間か、あるいは法を有するものとしてのイスラム国家、立ち上がりを示す瞬間か。

⑥ 法律上（de jure）か、あるいは（革命や軍による）事実上（de facto）か、という問題について：私（=キャンピオン）自身が本書（『世界のホロスコープの書』）を書くに当たり行ったリサーチに基づく態度として申しておきたいのは、国の出生図を探している、という姿勢そのものが誤りをもたらすということであり、（それよりも）その社会において、政治的に重要な瞬間がいずれか、という点を真に究明するべきであろう。

⑦ ある社会のホロスコープを作成する際、占星術師は（あくまで）その社会のある段階（stage）でのそれを作成しているのであり、その社会そのものには真の始まりの瞬間があるわけでない（遡れば、数千年にわたる累積、数十万年にわたる先史での人類の発達、数百万年にわたる地球の生命……がある）。

⑧ ある社会のホロスコープを作成することは不可能、あくまでも国・国家にとっての政治上のホロスコープを作成することがベスト。それは占星術師にとって、ある時代の社会を切り取ったもの。

⑨ 国・国家のチャートとは新たな秩序の始まりを表しもするが、その国・国家の歴史上での連続したプロセスの連なり (series) の中での高揚の瞬間をも表すであろう。

⑩ 独立の瞬間とは、国・国家における発展の連なりの絶頂 (the culmination of a series of developments in the state) である。

⑪ 独立の概念について：真の意味で独立している国・国家は存在しない。

⑫ 国家のホロスコープの精度について：いくつかの事例において、出来事が起きた正確な場所に関する歴史的情報源が明確でないものがある。

⑬ 歴史上のソースにおける問題について：いったん出来事が起きてしまうと、実際に起きた時間を確かめるのに、それら歴史的事象が繰り返されることはあり得ない。すべての歴史上の記録は人間の手による報告であり、いったん出来事が過去のものになるや否や、公式による記述の中にさえ誤りがはびこることが避け得なかったりする。それら誤りが、参照されるべき「権威のある」記録・業績、そして認知された真実となってしまうのである。出来事が起きた直後ですら、それらを報じる新聞それぞれに書かれた時間がまちまちだったりするかもしれない。しばらく間を置き、編集された情報には間違いや矛盾した(時間はもちろんのこと)日づけが含まれていたりもする。ゆえに調査を行う人々は、総ての情報源を二重チェックする必要があるし、信頼できる別情報源にみいだせる情報を査定できるようになる必要もある。※144

⚜ 市場、企業、事故、地震等災害を扱う占星術

　占星術を用い、市場の動向を予測することも、世の中の動きを扱うという意味で、マンディーン占星術の一カテゴリーの一つと考えてよいでしょう。

　占星術における特化された一分野としても知られる、「財政・金融占星術（Financial Astrology）」すなわち株式、債券、農・鉱産物のマーケットを予測する占星術は、小規模の占星術家の集まりやトレーダーの中で永らく学ばれていました。

　この占術のテクニックを用いている人々は、左記株式などに投資すること自体が目的ではなく、浮き沈みの激しい価格の動向を読み、トレードを行うのに相応しい時機をピンポイントで選び、実利を得ることを目的とするトレーダーがほとんどです。

　この分野で活躍した先達を何人かご紹介いたしますと、ウィリアム・デルバート・ガン[※145]は占星術を数秘術と交え、独自のメソッドを開発、マーケットならびに富くじにおいて巨万の富を得たとの説があります。金融占星術以外においても重要な仕事をなした、著名な占星術家ということでいえばセファリアル[※146]、『株式市場価格に対する天体の影響（"Planetary Effects on Stock Market Prices"）』の著書を有するエドワード・ジョンドロ[※147]、『天体のトレーディング（"Planetary Trading"）』の著書を有するビル・メリディアン[※148]そして21世紀現在の金融占星術で、最も名を馳せていると思われるレイモンド・メリマン[※149]を挙げておきましょう。

　なお、欧米では財政・金融占星術専用のソフトウェアが存在し、高額なのだそうです。

　地震に関わる占星術もマンディーン占星術に括られており、上記ハーバート・グリーンは地震が起きる可能性が高まる、ホロスコープ上の条件を列挙しています。2011年3月11日に東日本大震災が起きた際、『山の占星術家』誌は日本の原初のホロスコープやそれらチャートのプログレス・チャート、東日本大震災以前の日本の四つの大地震瞬間ホロスコープで見い出される共通項目、そして

福島原子力発電所の設立ホロスコープなどを掲げ総力特集※150 を組みました。

⚜ まとめ

　以上、述べましたことを、冒頭「どこで生まれて、どのように広まったか」という問いに答えることを主眼とし、ダイジェスト形式－と申しましても、箇条書きで 37 項目ありますが－でまとめます。

① マンディーン占星術は古代メソポタミアで生まれました。「マンディーン占星術」の語が頻出・一般化されたのは 19 世紀ですが、古代メソポタミアでの占星術は、国家の出来事・情勢を占うことのみに関与していたので、占星術そのものがマンディーン占星術と同義でした。

② 紀元前 6 世紀、ピタゴラスの尽力を通じ、メソポタミアの占星術がギリシャ世界に触れることになりました。人間は自由な個(A free individual) という存在、などの概念に至ったピタゴラスの思想がギリシャ人にもたらされました。これにより、天空に示された前兆を主に国家のために用いた時代から、個人が自身を認識する意識が高まっていく時代への転換が起こりました。

③ 紀元前 538 年、メソポタミアがペルシャに侵攻されたことにより、あらゆる宗教的教義なしで、観察を通じての合理的な理論に基づき星々について学ぶことができるようになりました。それら学びの成果として、メトン周期の発見や春分点・秋分点・夏至・冬至の発見などがありました。

④ 紀元前 410 年頃、個人の出生図が現れましたが、紀元前 3～2 世紀には、マンディーン占星術、ネイタル占星術それぞれに関する研究が、占星術史上初めて別々に発達していきました。紀元前 331 年には、メソポタミアとエジプトがギリシャの支配下に置かれ、アレクサンドロス大王が中東を侵攻し、学術と科学が推奨される時代に入り、多くの学者が輩出されました。占星術が数学と融合し、黄道 360 度、さらにしばらく後にはアセンダントが発明されました。

⑤ 紀元前1世紀、数学を取り入れた占星術がローマで受け入れられるようになりました。ローマの人々は占星術師を、メソポタミアの古い呼称であります「カルディア」人と呼びましたが、これは当時ローマにいた占星術師達のほとんどがバビロニア人などの外国人であったことを推測させますし、長じて彼らの中にはローマの軍隊にならい随行する人物として雇われた者がいたことをも推測させる、といえるでしょう。

⑥ 紀元前27年、占星術を支持していたアウグストゥスが皇帝に就いて以降、占星術がローマの政治界に浸透しました。アウグストゥスならびに彼の後継達は政治上の未来予知のために占星術を積極的に用いましたが、政治上の未来予知という重要事項に携わった占星術師達の中には、皇帝達から任された任務を全うできず、追放・死刑等の刑に処された者もいたようです。当時のローマで活躍した占星術家として、マニリウスがいました。

⑦ ローマで占星術が受け入れられた状況があるのと同時並行で、もちろんギリシャでも占星術は発展－主に科学的発展－していきました。クラウディオス・プトレマイオスは天文学の書『アルマゲスト』ならびに占星術の書『テトラビブロス』を著すことで、当時未分化であった天文学と占星術とを分類し、さらに『テトラビブロス』の中でマンディーン占星術とネイタル占星術とを分類しました。プトレマイオスが提示した、マンディーン占星術上の技法は蝕図（日蝕図、月蝕図）を読むことが主でした。

⑧ 5～8世紀、ヨーロッパで占星術が衰退しましたが、7～10世紀のアラブ・イスラム世界で上記ギリシャ・ローマの占星術は継承され生き永らえました。当時を代表する占星術家であるマシャアラー、アブ・マシャーの著書は1980年以降大いに英訳されましたが、マンディーン占星術上の未来予知の技術は主に会合・回帰図（各種リターン図、グレート・コンジャンクションなど）でした。

⑨ 9世紀、ヨーロッパで占星術が復興し始めました。スペインのコルドバ、スペイン北部、フランス南部、そしてローマ帝国後期のガリア・キサルビナなどで占星術が繁栄したのがその足がかりです。

⑩ 10世紀、占星術師を雇うことができたのは国家の支配者であり、知識と経済的余裕のある人々のみがマンディーン占星術に関わることができました。学者達は、上記占星術師を雇うことができる国王達から、真っ先にアラブ占星術のテキストをラテン語訳する依頼を得ました。アラブのテキスト（のラテン語訳）を基に書かれた、ヨーロッパの占星術家による占星術テキストは11世紀に見い出されます。

⑪ 1138年、『テトラビブロス』の翻訳が出版され、古代ギリシャ占星術の知性に容易にアクセスが可能となり、当然ながらマンディーン占星術の技術も紹介されました。

⑫ 1170年、マンディーン占星術をネイタル、イレクショナル、ホラリーと分類した上で述べた著書がリリースされましたが、中世は占星術が自然占星術と判断占星術の二つに分類された時代です。マンディーン占星術は自然占星術に、ネイタル・イレクション・ホラリーは判断占星術に分類されました。大まかには自然占星術に分類されたマンディーン占星術は、キリスト教とのイデオロギー上の対立（星々の影響か・神の影響か？など）を回避し、多くの人々に受け入れられました。

⑬ 学者達のような高貴な人々は、世界の進化を占星術のサイクルに倣い哲学的に説明することも可能でしたが、宮廷に仕える占星術師達は国王の質問に答えるのに多忙であり、高貴な人々のように、哲学的なことばかりを考えている余裕はありませんでした。国王などのネイタル・チャートをこしらえ判断したり等で多忙であった彼らは、実際には判断占星術を行うことが多かったのです。ゆえにマンディーン占星術は自然占星術の範疇に括られつつも、判断占星術とも手を携え発展していった、といえるでしょう。

⑭ 当時のマンディーン占星術の理論的背景は、アルベルトゥス・マグヌス、トマス・アクィナス、ロジャー・ベーコンなどにより深まっていきました。セヴィーリャのジョン、マイケル・スコットなど、上記学者達の範疇に分類されつつ、同時に占星術の実践家でもあった人物も現れました。

⑮ 11〜14世紀の占星術は、宮廷で実践され、医療上での利用を除けばマンディーン占星術の特色を帯びていたのです。上述学者達や聖職者達は、マンディーン占星術の背景をなす知的レベルを深めましたが、フランスやローマ帝国の宮廷では、殊にその実践レベルにおいての重要性が高かったのです。

⑯ この頃最も成功した占星術師の一人として、イタリア占星術界を席巻したグイド・ボナッティを挙げておきましょう。彼の著書『天文の書』は、ラテン語が衰退し始める17世紀後半までは、ヨーロッパ占星術界で基礎をなすテキストでしたし、ウィリアム・リリーが名著『キリスト教占星術』で頻繁に引用したのがボナッティの上記図書でした。

⑰ 14世紀のイタリア、フランス、ドイツでは、世の中の先行きの不透明さをもたらしていた百年戦争や1402年の彗星到来など、世間を騒がせる天文現象の影響により、この先どうなるか、との問いに答える予言が待望される状況が起き、マンディーン占星術が占星術師達にとって、いわゆるビッグ・ビジネスとみなされ、占星術師達は高給を以て迎えてくれる宮廷を探していました。

⑱ 1405年、来たるべき一年間の予言を綴った書を出版する占星術師が現れ、1450年頃には印刷技術の発達を受け、こういった予知本は広範囲で普及し、1469年には最初のアルマナックが出版されました。また1490年には室項表が印刷され、多くの占星術家の手許に届くようになると、アラブ占星術時代以来趨勢を占めていたアルカビティウス・ハウス・システムは下火となり、レジオモンタナス・ハウス・システムが主流となりました。

⑲ 16世紀には、印刷技術、ルネサンス文化、そして北ならびに西ヨーロッパでの大学の発達により、占星術はヨーロッパの新たな領域－北ドイツ、ハンガリー、スカンジナヴィア、ポーランド、そしてイギリス（England）などに拡がりました（この頃の代表的占星術家＝アバノのピエトロ）。イギリスはその頃、より近代的な行政スタイル、経済、社会、宗教を含む変化の方向へ重要なシフトがなされていましたが、占星術がイギリスに広まったのはちょうどその頃でした。

⑳ 占星術はヨーロッパの宗教、政治、文化の影響を受けるばかりでなく、ヨーロッパ史に対し影響を与えてもいますが、それは①宮廷における政治上の決定、②大衆の意見に影響を及ぼし、物事の成り行きやその結果起きる出来事を左右する、という二つの方向性においてでしょう。

㉑ 政治に関する予言について敏感な国民を擁するイギリスで、政治上の指導者(＝上記①の代表的存在)、そして戦争に疲弊していた庶民(＝上記②の代表的存在)、双方の要求に応えていた17世紀半ばの占星術師達の中で、最も代表的な人物はウィリアム・リリーです。

㉒ 英国のみならず他欧州諸国でも、占星術はイギリス同様の道をたどり発展していきました。特にその中心の役割を担ったのはフランスとイタリアで、フランスではルカ・ガウリコ、イタリアではノストラダムスがその代表でした。

㉓ 16〜19世紀に関する、マンディーン占星術に関わるトピックとしては、国・国家というものはこの約300年間に徐々にできた概念であるという説です。マンディーン占星術を行う占星術師達は、この約300年をかけ、従来のプトレマイオスの影響の下、蝕図や四季図、そしてその土地を統治する国王などのネイタル・チャートを用いる手法から、国・国家の始まりを表すホロスコープ(＝国・国家のネイタル・チャート)を用いる方向へ徐々にシフトしていったのです。

㉔ 18世紀、ヨーロッパ全土で突如、占星術がほぼ消滅しました。その要因を、満足のいくかたちで調査・研究・説明した人物はいない、とされていましたが、ただ一ついえるのは、「占星術は科学的に誤っていることが証明されたせいで、突然衰退してしまった」のではない(ニコラス・キャンピオン)という点です。ジェームズ・ホールデンは新聞や小説、エンターテイメント音楽など(の安価な娯楽)が急激な高まりを見せ、アルマナックなどに見向きする人々が激減したことが衰退の大きな要因としています。

㉕ 1700年代後半、精度の高い天文暦が現れ始めました。欧州諸国のほとんどがグレゴリオ暦に合わせたことで、いずれのカレンダーを用いるか、という問題も軽減されました。標準時も、およそ70年の歳月をかけ地方真時から地方平均時に変更されましたが、この恩恵を最も受けたのは鉄道の普及（1840年頃）ならびに電信線の建設です。

㉖ その起源ならびに歴史が、古代占星術のそれらよりも曖昧（obscure）ともいわれるアメリカでのマンディーン占星術についてのトピックは、やはりアメリカの独立に関するものでしょう。1776年7月4日に独立宣言・調印が行われましたが、アメリカの出生図として信頼度の高いものの一つとして欧米では著名な、エベネザー・シブリーによる「シブリー・チャート」があります。このチャートの誕生について、ニコラス・キャンピオンが綴っている文章はとても興味深いです（著者によるキャンピオン文章要約引用あり）。

㉗ 19世紀のマンディーン占星術の成果は上述ハーバート・グリーンやラファエルの著書の刊行、また社会的には蝕や彗星などによる予言や、大衆や国家を占う「オフィシャル（official）占星術」などは、新聞のコラム欄占星術などから消え失せることはなく、ここでは挙げませんが、事例は枚挙に暇がないほどだそうです。第一・二次世界大戦における、国の統括者達による占星術師雇用の代表が、第二次世界大戦におけるヒトラーです。

㉘ この時代の中心をなした人物といえばアラン・レオで、レオのスキル、複数の物事や多くの人々を組織立てる能力・推進力がなければ、19世紀末以降の占星術の復興はもっと時間がかかったであろうし、かつ活気溢れるものにはならなかったでしょう。レオの後継であるチャールズ・アーネスト・オーウェン・カーターのマンディーン占星術上の功績として、事故・イベントとそれらが起きた瞬間などのホロスコープとの関係性を『アクシデント・事故の占星術』の一冊にまとめたことです。

㉙ 1970年代、西洋占星術はジッポラー・ポテンジャー・ドビンズらの活躍により人気を獲得した、という明るい側面もありながら、簡略化という側面が強調された事により、ホロスコープ解釈を曲解する占星術家が増えたという側面もありました。また、心理占星術も誕生しましたが、西洋占星術が、占星術自身に比べれ

ば歴史の浅い学問である心理学と手を携えることを、占星術が心理学へと縮小・還元（reduce）させられたと捉え違和感を抱いていた占星術家もいたようです。

㉚ あたかも上記占星術人気が高まった時点で、占星術の足元が狙われた事象のごとく、科学者達が占星術家に対し攻撃を開始し、両者の間に大いなる論争が巻き起こったというのもこの時代の出来事で、その代表がいわゆるゴーグラン事件です。1970年代の占星術史については、一層の掘り下げを要するものと著者は考えますが、真剣に占星術に向き合う占星術家・占星術師の中には、ロバート・ハンドのようにずいぶん苦悩していた人物もいたようです。

㉛ 1980年、ロバート・ゾラーの図書リリースを皮切りに、19世紀末以降拠り所とされていた占星術（＝プトレマイオス、リリーなどに依拠した占星術）とは別の拠り所に立脚した占星術が紹介されるや否や、伝統占星術復興運動は加速し、それまで権威とされていたプトレマイオスやリリーの仕事は相対化され、ヴェッティウス・ヴァレンズからヨハン・ショナーに至る、ギリシャ・ラテン世界の占星術が続々英訳され、19世紀後半以降活躍した「学者」達の文献の検証も大いになされました。

㉜ 占星術の歴史をも学ぶ占星術家も増えた結果、かつてマーク・エドモンド・ジョーンズが述べたような、数千年以上にわたる占星術の歴史が綿密には語られなかったり、あるいは語られるにしてもわずか数人の「著名」「偉大」とされる人物の功績のみの概要程度でざっくり丸め簡略化された程度でしか述べられることはない、といった事態は収束に向かい出したといえるでしょう。それでももちろん、ニコラス・キャンピオンが述べた通り、占星術の歴史研究にはまだまだあまたの課題はありますけども。

㉝ 伝統占星術復興運動を経ての、マンディーン占星術関連知識の成果の最たるものの一つは、ロバート・ハンドが占星術雑誌『山の占星術家』誌上、9・11アメリカ同時多発テロ事件関連記事で述べた、中世ペルシャ・アラブでの「精巧かつ洗練された技巧」である、アブ・マシャーの技巧（グレート・コンジャンクション、ミューテーション・コンジャンクション、リースト・コンジャンクション、火星と土星が30年ごとに蟹サインの初期度数近くに来ることなどを考慮に入れたもの）でしょう。

㉞ 9・11アメリカ同時多発テロ事件につき、あらかじめ警鐘を鳴らしたのはロバート・ゾラーでした。氏は事件の2年2か月前時点である1999年7月に、自身のマンスリー・ニュース・レター読者に緊急注意を促し、翌年（2000年）9月の同ニュース・レターでは、危機の時期として2001年9月と明言しました。事件後、世界中の占星術家達が上記事件を各自の手法で検証し、ついには複数の検証記事を収録したペーパーバック本が事件から4か月以内にリリースされたほどでした。

㉟ マンディーン占星術を哲学的に考える人物の最先端の一人であるニコラス・キャンピオンは、かつてチャールズ・ハーヴェイが湾岸戦争勃発の日づけまでを見事に予知したのを称えた際、「多くの人々の死を当てたからといって、それが何だというのでしょう」などと答えたのに心を打たれました。この発言は、判断占星術師として成功しても、自身の仕事が世界の平和・秩序・安定に何の貢献もしなかったことに対する無力感の表れだったのでしょうか。

㊱ マンディーン占星術での未来予知に利用可能な占星術専門図書は、ジョン・リー・レーマンのソーラー・リターン本など欧米で数多くリリースされています。ニコラス・キャンピオン著『世界のホロスコープの書』は国のみならず就任式、街や市、軍事機構、国際機関などの出生ホロスコープを収録しています（1980年前後はホロスコープ・データ収集運動自体が高まっていた時代です）が、それら国などのチャートを扱う際噴出する多くの疑問につき、キャンピオンは触れています（著者、要点を列挙）。

㊲ 財政・金融占星術の分野で活躍した先達としてウィリアム・デルベルト・ガン、セファリアル、エドワード・ジョンドロ、ビル・メリディアン、レイモンド・メリマンを挙げておきます。地震に関わる占星術では、上記ハーバード・グリーンが地震が起きる可能性が高まる、ホロスコープ上の条件を列挙しています。『山の占星術家』誌は2011年3月の東日本大震災に関する総力特集号を、リアルタイムで迅速に組み発行しました。

2　日本における隆盛

　日本でマンディーン占星術が隆盛をなしたか、については、関連図書を多くは見い出し得ない（著者曰く、日本の占星術図書の一つの特徴として、リファレンス（Reference）すなわち「参照、参考文献」ということに頓着が充分なされている図書が極めて少ない、というのがあると考えます※151）、またマンディーン占星術に特化された図書もほとんどないというのもありますがゆえ、ブッキッシュ、すなわち図書を掘り下げるやり方で調査することは容易でなく、ゆえに以下に示します通り、著者による情報量はわずかなものなのですけども、とは申せ、ブッキッシュ（Bookish）すなわち本を利用しなくとも、良質な占星術は世界中のどこかで見い出し得る※152のであり、日本のマンディーン占星術においてもそのようなケースはひょっとしたらあるのかも、そして過去にもあったのかもしれません。

　1904年、ロシアが予期せぬかたちで日露戦争（Russo-Japanese War）に破れましたが、その軍事上でのタイミングの決定を、日本の占星術師達が担った、との説があります※153。

　1928年、潮島郁幸※154が渡英し、西洋占星術を修得、その潮島郁幸を師と仰いだ占星術家にルル・ラブア※155がいますけども、先達であるルル・ラブアに、占星術を学ぶ上で読んだらよい洋書は何かを手紙で訊いた※156占星術家が松村潔です。上記三名は日本における、占星術を学ぶ上で洋書を読んだ人物の系譜です。

　松村潔の著書に『ホロスコープ・メッセージ 占星術が解読する世界・日本の危機』（KKベストセラーズ、1994年）という図書がありますが、その初版帯には「占星術が告げる世界の運命！　アメリカの権威失墜、北朝鮮の軍事的脅威、PKO派兵で死者続出、関東を襲う大地震　21世紀の地球は？　そして日本は？」とあります。世界の運命、アメリカ、北朝鮮、PKO、大地震、21世

紀の地球……これら語彙からも明らかな通り、この一冊はまさしくマンディーン占星術についての図書−ただし、マンディーン占星術の研究書・教科書というよりも、マンディーン占星術を駆使し当時の世界を読み解くエンターテイメント（ベストセラー、ワニの本！）本といった趣きです（著者曰く、上述、見い出し得るマンディーン占星術関連図書、特化された図書は、そのタイトルから推して研究本というよりもエンターテイメント本という印象を見る者に抱かせるものが多いという印象を著者は抱いております）。

ただし、エンターテイメント、読んで面白い読み物でありつつも、それだけで終わらず、さまざまな世界で起きる出来事を 31 個のホロスコープを用い占い、私達読者をぐいぐい牽引していく、1994 年時点での松村潔のマンディーン占星術のスキル、技術、判断法は読んでいて鋭いものがあり、マンディーン占星術家であれば、教科書として持っておいて損はない一冊、と著者は考えます（2019 年現在絶版品切れ）。

ちなみに、松村潔の図書を読み、講座でのお話を伺うとわかることなのですが、氏は実際相当な量の占星術洋書を読んでおられる[157]というのもあるのです。

洋書といえば、國分秀星[158]は日本でも著名ながら、それ以上に海外での評価が高い占星術家で、オリヴィア・バークレーに師事しつつ、英語のみならずラテン語の占星術図書をも読み、上述、伝統占星術復興運動をリアルタイムで経験なさった方でもあります。著者曰く、氏のホームページ掲載記事にはマンディーン占星術上の知識、ならびにそれらを得る上でのヒントが、まとまったかたちではないにせよあちこちに散見されます。

占星術の歴史に関する図書の出版も、近年の日本の占星術におけるトピックであり、それら図書によりマンディーン占星術の歴史にも容易にアプローチが可能になりました。上記でご紹介いたしました、ニコラス・キャンピオンによる歴史書の邦訳版（監訳・鏡リュウジ[159]）は大きな成果の一つと著者は考えます。また、マンディーン占星術に関する講座開講も、首都圏を中心に行われて

いるようです。

　上述いたしました、マーク・ペンフィールドの国のホロスコープに関する図書の中に、日本について書かれた部分があり、ペンフィールドがそこで紹介している日本のホロスコープの特徴を列記してみます。

> ① 紀元前660年2月11日07時05分（≒日の出時）、奈良：ソースはジェフリー・コーネリアス[160]の調査による。神武天皇[161]が王位に就いた、という伝説に基づく「日本創設」（Foundation of Japan）の瞬間。アセンダントに太陽がコンジャンクトし、文字通り「『日出づる国』となった」とペンフィールドは述べています。

> ② 1868年1月3日11時55分、東京（LMT）：ソースは東京大学図書館で、時間はレクティファイ[162]がなされています。明治天皇が将軍[163]から玉座を取り戻した瞬間のホロスコープ。[164]

　この二つで、ペンフィールドは他に東京、広島、京都、長崎、名古屋、大阪のホロスコープをも掲載しています[165]。

第2章　マンディーン占星術の歴史的背景〈倉本和朋〉

脚注

※1　ラテン語 "mundus" ●男性名詞①化粧道具、装身具。②(一般に)道具、備品。③世界、地球。④天、天空；宇宙。⑤人間、人類。⑥よみの国、地獄。⑦俗界、俗世（水谷智洋編『改訂版 羅和辞典』（研究社 改訂版第5刷、2012年／初版1952年）参照。

※2　プリニウス（23～79）●古代ローマの博物学者、政治家、軍人。ローマ帝国の属州総督を歴任する傍ら、自然界を網羅する百科全書『博物誌』を著した。プリニウスは思想的にはストア派で、論理と自然哲学と倫理学を信奉していた。ストア派の第一の目的は、自然法則にしたがって徳の高い生き方をすることであり、自然界の理解が必要であった。

※3　パルメニデス（紀元前500 あるいは475～???）●古代ギリシャの哲学者。南イタリアの都市エレア出身。エレア派※3a の始祖。アナクサゴラスの弟子・クセノパネスに学んだとも、ピタゴラス学派のアメイニアスに師事したとも伝えられる。感覚で捉えられる世界は生成変化を続けるが、そもそも「変化」とは在るものが無いものになることであり、無いものが在るものになることである。理性で考えれば「無」から「有」が生じたり、「有」が「無」になるのは矛盾である。パルメニデスは感覚よりも理性に信を置いて真に在るものは不変だと考えた。このことから感覚より理性を信じる合理主義の祖であると考えられている。

※3a　エレア派●南イタリアのルカニアのギリシア植民地エレア（現在のサレルノ県のヴェリア Velia）における、前ソクラテス※3b 期の哲学の学派で、パルメニデスによって紀元前5世紀の初期に創立された学派で、この学派に属するのはエレアのゼノン、サモスのメリッソスがいる。

※3b　ソクラテス（紀元前469頃～399）●古代ギリシャの哲学者で、妻は悪妻として知られるクサンティッペ。ソクラテス自身は著述を行っていないので、その思想は弟子の哲学者プラトンやクセノポン、アリストテレスなどの著作を通じ知られる。プラトンの『ソクラテスの弁明』においてソクラテスが語ったところによると、彼独特の思想・スタイルが形成されるに至った直接のきっかけは、彼の弟子のカイレフォンが、デルポイにあるアポロンの神託所において、巫女に「ソクラテス以上の賢者はあるか」と尋ねてみたところ、「ソクラテス以上の賢者は一人もない」と答えられたことにある。これを聞いて、自分が小事・大事ともに疎くて賢明ではない者であると自覚していたソクラテスは驚き、それが何を意味するのか自問した。さんざん悩んだ挙句、彼はその神託の反証を試みようと考えた。彼は世間で評判の賢者達に会って問答することで、その人々が自分より賢明であることを明らかにして神託を反証するつもりであった。しかし、実際に賢者と世評のある政治家や詩人などに会って話してみると、彼らは自ら語っていることをよく理解しておらず、そのことを彼らに説明するはめになってしまった。それぞれの技術に熟練した職人達ですら、たしかにその技術については知者ではあるが、そのことをもって他の事柄についても識者であると思い込んでいた。こうした経験を経て、彼は神託の意味を「知らないことを知っていると思い込んでいる人々よりは、知らないことを知らないと自覚している自分の方が賢く、知恵の上で少しばかり優っている」ことを指しているのだと理解しつつ、その正しさに確信を深めていくようになり、さらには、「神託において神がソクラテスの名を出したのは一例」に過ぎず、その真意は、「人智の価値は僅少もしくは空無に過ぎない」「最大の賢者とは、自分の知恵が実際には無価値であることを自覚する者である」ことを指摘することにあったと解釈するようになる。

※4　ピタゴラス（紀元前582〜496）●古代ギリシャの数学者、哲学者。伝記によると、彼は若くして知識を求めて故郷を旅立ち、古代オリエント世界の各地を旅した。エジプトでは幾何学と宗教の密儀を学び、フェニキア※4aで算術と比率、カルディア人から天文学を学んだという。

※4a　フェニキア●古代の地中海東岸に位置した歴史的地域名。シリアの一角であり、北は現シリアのタルトゥースのあたりから、南はパレスチナのカルメル山に至る海岸沿いの南北に細長い地域で、およそ現在のレバノンの領域に当たる。フェニキア人という名称は自称ではなく、ギリシア人による呼称である。ギリシア人は、交易などを目的に東から来た人々をこう呼んだ。

※5　ラファエル6世 Raphael VI（1850〜1923）●イギリス出身の占星術家。『ラファエルの天文暦』歴代編集者の一人で、本名はロバート・トマス・クロス Robert Thomas Cross。『ラファエルのマンディーン占星術』("Raphael's Mundane Astrology"(Kessinger Publishing, 2010/First printed in ???)) の著者。

※6　ハーバート・S・グリーン Herbert S. Green（1861〜1937）●英国の占星術家。著書として『マンディーン占星術―国民と国家の占星術』("Mundane Astrology - The Astrology of Nations and States"(The Astrology Center of America, 2004/First printed in ???)) があります。

※7　James R. Lewis"The Astrology Book - The Encyclopedia of Heavenly Influences"(Visible Ink Press, 2003), "Mundane Astrology"by Nicholas Campion, p. 473, 474（ジェイムズ・R・ルイス『占星術の書―天空の影響についての百科全書』（ヴィジブル・インク・プレス、2003年）収録、ニコラス・キャンピオンによる「マンディーン占星術」の項中、473、474ページ）参照。

※8　メソポタミア●チグリス川とユーフラテス川の間の沖積平野で、現在のイラクの一部にあたる。古代メソポタミア文明は、メソポタミアに生まれた複数の文明を総称する呼び名(ゆえに、バビロニアや新バビロニアなども含む)で、世界最古の文明であるとされてきた。地域的に、北部がアッシリア、南部がバビロニア。古代メソポタミアは、多くの民族の興亡の歴史である。古代メソポタミア文明は、紀元前4世紀に終息をむかえヘレニズムの世界の一部となる。

※9　神話●人類が認識する自然物や自然現象（≒天地・宇宙の万物）など様々な事象を、世界が始まった時代における神など、超自然的・形而上的な存在などと結びつけた、一回限りの出来事として説明する物語であり、諸事象の起源や存在理由を語る説話でもある。

※10　マイケル・ベイジェントは、21世紀の私達が「バビロニア占星術をまとめたもの」と捉えているものは、王国の占星術すなわち国王や国家に関わる占星術についてまとめたもののみであろう、とし、パピルス※10aに書かれたが破損などで後世には伝わらなかったものの中に、個人（一般人）についての占星術も実際には存在した可能性を示唆しています。

第2章 マンディーン占星術の歴史的背景〈倉本和朋〉

※10a　パピルス●カヤツリグサ科の植物の一種、またはその植物の地上茎の内部組織（髄）から作られる、古代エジプトで使用された文字の筆記媒体のこと。「紙」を意味する英語の "paper" やフランス語の "papier" などは、パピルスに由来する。ただし、パピルス紙は一度分散した繊維を絡み合わせ膠着(こうちゃく)させてシート状に成形したものではないため、正確には紙ではない。

※11　バビロニア●チグリス川とユーフラテス川下流の沖積平野一帯を指す歴史地理的領域で、現代のイラク南部に当たる。南北は概ね現在のバグダード周辺からペルシャ湾まで、東西はザクロス山脈からシリア砂漠やアラビア砂漠までの範囲に相当する。バビロニア（紀元前1894〜625）、新バビロニア（紀元前625〜539）などの時代包括がなされている。

※12　ギリシャ●ギリシャ人の基本概念は一般的に『ギリシャ語を話す人々』を指しているが、母語がギリシャ語であるかどうか、母語がギリシャ語でも血統はどうか、また、母語としていても方言等の派生言語系統を含めてどこまでがギリシャ語であるか、という問題が存在する。ただし、古代ギリシャにおいてはギリシャ語はあくまでも認定要件の一つにすぎず、祭儀や慣習の共有が重視されていた。この意識は前6世紀に至って形成が開始され、前5世紀のペルシア戦争の影響で確立されたという研究が近年出されている。このように、ギリシャ人を定義付けるのはかなり困難であるが、彼らがギリシャ人であるという基本概念はミケーネ文明以来、その文化の中核を担ってきた人々がギリシャ人の子孫であるという意識を持っていたということが存在する。古代ギリシャの人々は各地に殖民を行い、他の人々（例としてフェニキア人）などと交流してきたが、この中でギリシャ人という意識が芽生えたことにより、ギリシャ人のアイデンティティが形成され、ローマ帝国やオスマン帝国占領下においても『我々はギリシャ人』という民族意識が保たれ、現在のギリシャ人へとつながっている。古代のギリシャはアテナイ、コリントス、テーバイなどの多数のポリス※12a（都市国家）が並び立っており、言語・文化・宗教などを通じた緩やかな集合体でありマケドニア王国※12b（紀元前808〜168）に征服されるまで統一国家を形成することはなかった。政治的に独立していた各ポリス間では戦争が絶え間なく繰り返された。紀元前5世紀にペルシャ帝国が地中海世界に進出してくると、各ポリスは同盟を結び、これに勝利した（ペルシャ戦争）。紀元前4世紀半ばにマケドニアのピリッポス2世※12c がカイロネイアの戦いに勝利すると、ギリシャ諸ポリスはマケドニアを盟主としたコリントス同盟※12d に属することとなる。ギリシャ人はアレクサンドロス大王の東方遠征に従軍して、長年の宿敵ペルシャ帝国を滅亡させた。大王死後、マケドニアを支配したアンティゴノス朝と対抗。やがてアカイア同盟を結成して共和政ローマと手を結ぶ。マケドニアの没落後はローマと対決したが、紀元前146年にローマ軍に敗北、コリントスの破壊と共にローマ属州アカエアとされた。古代ギリシャは民主主義の原点であった。

※12a　ポリス●都市、都市国家、市民権または市民による政体を指すギリシア語である。古代アテナイなど古代ギリシアに関して使用される場合は、通常都市国家と訳される。ポリスという語は古典ギリシャ時代のアルカイック期（紀元前8世紀〜480年）には、まず「砦・城砦・防御に適した丘」を意味した。エミール・バンヴェニストはポリスはアクロポリスに由来するとしている。アクロポリスとは、「小高い丘、高いところ、城市、成山、平地内の孤立した丘」を意味し、ポリスの中心部となる丘で、のちギリシャ都市国家のシンボル的な存在ともなった。通常、防壁で固められた自然の丘に神殿や砦が築かれている。左記アルカイック期には、以下のように語義が変遷した：城砦（アクロポリス）→建設された都市国家→都市の開祖→国家

および市民権→市民集団。古代ギリシア人は、アテナイ、スパルタ、テーバイなどのポリスの単位ではなく、アテナイ人、ラケダイモーン、テーバイ人という単位で考えていたともいう。それゆえ「市民集団」という意味は、ポリスという語の最も重要な意味となった。ギリシア人は、ポリスを領土の分類とは見なさず、宗教的政治的団体とも見なさなかった。ポリスはその都市自体を超えて領土と植民都市を統御していたのであるから、単なる地理的な領域から成立するものではない。小アジア以東では、アレクサンドロス大王によるヘレニズム化の主要な装置がポリスであった。彼はギリシア化の影響の中心となるよう運命づけた70を下らない都市を建設したといわれている。そして、これらの大多数が都市生活が知られていなかった土地にあった。彼の例は彼の後継者であるディアドコイによって見習われた。

※12b　マケドニア王国●紀元前7世紀に古代ギリシア人によって建国された歴史上の国家。都市国家を形成せず、古代ギリシャの他の地域とは異なる制度を有していたが、言語と宗教は古代ギリシャの諸ポリスと同一であった。

※12c　ヒリッポス2世（紀元前382〜336）●アルゲアス朝マケドニア王国の君主（在位紀元前359〜336）。ギリシアの弱小国であったマケドニアに国政改革を施し、当時先進国であったギリシア南部の諸ポリスにも張り合える強国に成長させた。カイロネイアの戦いでアテナイ・テーバイ連合軍を破り、コリントス同盟の盟主となってギリシアの覇権を握った。

※12d　コリントス同盟●マケドニア王ピリッポス2世がカイロネイアの戦いでアテナイ・テーバイ連合軍に勝利した後の紀元前337年にコリントスで結成させた同盟。スパルタを除くギリシアの全ポリスが加盟した。コリントス同盟により、ペルシア戦争でギリシアに多大な損害をもたらした復讐としてペルシア討伐が決議され、各ポリスはその為に兵士をマケドニア王国に派遣した。この兵士たちは人質の役目も果たした。ピリッポス2世が暗殺された後は、その息子であるアレクサンドロス大王がコリントス同盟の盟主を引き継いだ。

※13　soul（＝日本語で「魂」の意）の語は、アリストテレスの哲学書（可能であれば原書、さもなくば原書から直接の翻訳書）などで厳密に意味を精査した方がより好ましいものと著者は考えます。バビロニアならびにギリシアの人々がこの語を、21世紀現在の私達日本人が用いているのと全く、100%同じ意味で用いているのではないのかもしれません。

※14　ペルシャ●現在のイランを表す古名。ペルシャ帝国はアケメネス朝、アルサケス朝、サーサーン朝の時代（紀元前550〜651）を指す。ペルシャは3〜6世紀にかけ、インドから仕入れた占星術に関する図書を有していたし、それらのうちのいくらかは8世紀まで遺っていた。

※15　メトン周期●ある日づけでの月相が一致する周期の一つであり、19太陽年は235朔望月にほぼ等しいという周期のこと。太陰太陽暦において閏月を入れる回数（19年に7回）を求めるのに用いられた。紀元前433年にアテナイの数学者メトンが当時行われていた太陰太陽暦の誤りを正すために提案したのでこの名がある。

※16 プラトン(紀元前427〜347)●古代ギリシャの哲学者で、ソクラテスの弟子にして、アリストテレスの師に当たる。40歳頃、ピタゴラス学派と交流を持ったことで、数学・幾何学と、輪廻転生する不滅の霊魂(プシュケー)の概念を重視するようになり、それらと対になった、感覚を超えた真実在としての「イデア」概念を醸成していった。また、パルメニデス等のエレア派にも関心を寄せ、中期後半から後期の対話篇では、エレア派の人物をしばしば登場させている。

※17 エジプト●「エジプトはナイルの賜物(たまもの)」という言葉で有名なように、豊かなナイル川のデルタに支えられ古代エジプト文明は発展してきたが、三千年にわたる諸王朝の盛衰の末、紀元前525年にアケメネス朝ペルシャに支配され、紀元前332年にはアレクサンドロス大王に征服された。その後ギリシャのプトレマイオス朝※17a が成立し、ヘレニズム文化の中心の一つとして栄えた。

※17a プトレマイオス朝●古代エジプトのヘレニズム国家の一つ(紀元前306〜30)。アレクサンドロス大王の死後、部下であったプトレマイオス(マケドニア出身のマケドニア人)が創始した。首都はアレクサンドリアに置かれた。

※18 アレクサンドロス大王(紀元前356〜323)●マケドニア王国の君主(在位:紀元前336〜323)。また、コリントス同盟の盟主、エジプトのファラオも兼ねた。ヘーラクレースとアキレウスを祖に持つとされ、ギリシャにおける最高の家系的栄誉と共に生まれた。ハンニバル、ガイウス・ユリウス・カエサル、ナポレオンなど、歴史上の著名な人物達から大英雄とみなされていた。

※19 アレクサンドリア●ギリシャのマケドニア王であったアレクサンドロス大王によって、紀元前332年に建設された都市。アレクサンドロスの死後は、その部下だったプトレマイオスⅠ世がエジプトを支配し、古代エジプト最後の王朝であるプトレマイオス朝の首都として発展。文学・歴史・地理学・数学・天文学・医学など世界中のあらゆる分野の書物を集め、70万冊の蔵書を誇りながらも歴史の闇に忽然(こつぜん)と消えたアレクサンドリア図書館があった。

※20 ストア派●ヘレニズム哲学の一学派で、紀元前3世紀初めにキティオンのゼノンによって始められた。ストア派が関心を抱いていたのは、宇宙論的決定論と人間の自由意思との関係や、自然と一致する意思を維持することが道徳的なことであるという教説である。このため、ストア派は自らの哲学を生活の方法として表し、個々人の哲学を最もよく示すものは発言内容よりも行動内容であると考えた。創始以降、ストア派の思想は古代ギリシャやローマ帝国を通じて非常に流行した。

※21 ゼノン(紀元前335〜263)●キプロス島キティオン出身の哲学者でストア派の創始者。フェニキア人。エレアのゼノン等と区別するために、キティオンのゼノンともいう。彼が展開した思想は、資料が断片的にしか残存していないために、総合的な理解は困難となっている。しかし、自然学、論理学、倫理学という哲学の三分法を設定したこと、快や不快に対して心を奪われないことによって心の平穏が獲得できるという、ストア派倫理学の基本軸を設定したことは、彼に起源を見ることが妥当だと考えられている。

※ 22　ヒッパルコス（紀元前190頃〜120頃）●古代ギリシャの天文学者。現代にすべてつながる46星座を決定した。プトレマイオスの『アルマゲスト』で、最も引用回数の多いのがヒッパルコスである。

※ 23　アリスタルコス（紀元前310〜230頃）●古代ギリシャの天文学者、数学者。宇宙の中心には地球ではなく太陽が位置しているという太陽中心説を最初に唱えた。彼の天文学の学説は広く受け入れられることはなく、ずっとアリストテレスやプトレマイオスの説が支配的だったが、約2000年後にコペルニクスが再び太陽中心説(地動説)を唱え、発展することとなった。

※ 24　ジオセントリック占星術●地球を中心とした占星術（⇔太陽を中心とした占星術、ヘリオセントリック占星術）。

※ 25　ローマ●ここでは共和政ローマ（紀元前509〜27）ならびにその後のローマ帝国（紀元前27〜1453）を指す。共和政ローマは、イタリア中部の都市国家から、地中海世界の全域を支配する巨大国家にまで飛躍的に成長した。古代ローマがいわゆるローマ帝国となったのは、イタリア半島を支配する都市国家連合から「多民族・人種・宗教を内包しつつも大きな領域を統治する国家」へと成長を遂げたからであり、帝政開始をもってローマ帝国となったわけではない。ローマ帝国は共和政から帝政へと移行する。ただし初代皇帝アウグストゥスは共和政の守護者として振る舞った。ディオクレティアヌス帝が即位した285年以降は専制君主制へと変貌した。

※ 26　カルディア●メソポタミア南東部に広がる沼沢地帯の歴史的呼称。古代世界においてカルディア人は天文学・占星術を発達させていたことで高名であり、「カルディア人の知恵」とは天文学・占星術のことであった。占星術を司るバビロニアの知識階級ないし祭司階級をたんにカルディア人と呼ぶようにもなった。

※ 27　アウグストゥス（紀元前63〜14）●ローマ帝国の初代皇帝（在位：紀元前27〜14）。志半ばにして倒れた養父カエサルの後を継いで内乱を勝ち抜き、地中海世界を統一して帝政を創始、ローマの平和を実現した。出生の時の名はガイウス・オクタウィウス・トゥリヌスと称する。紀元前44年、暗殺されたカエサルが自分を後継者に指名していたことを知り、以後ガイウス・ユリウス・カエサル・オクタウィアヌスを名乗ったようである。紀元前27年、かつてユリウス・カエサルの副官であったルキウス・ムナティウス・プランクスが、オクタウィアヌスにアウグストゥス（尊厳者）の称号を贈ることを提案、オクタウィアヌスは数度にわたり辞退した上でこれを承諾した。

※ 28　マーカス・マニリウス Marcus Manilius（15年頃活躍）●古代ローマの詩人。英訳書としてG・P・グールド訳『アストロノミカ』("Astronomica"(Ed. and Trans. by G. P. Goold, Harvard Univ. Press 1977/First Edition in ???))、『アストロノミカ』の邦訳書としてマルクス・マニリウス『占星術または天の聖なる学』（有田忠郎訳、白水社、1993）があります（グールド版と有田忠朗版とは底本が異なります）。

※29　クラウディオス・プトレマイオス（プトレミー）Claudius Ptolemy（100〜178）●天文学者、地理学者、科学ライター。占星家であったか否かについては、歴史家、占星術家ごとに意見が分かれています。占星術史に大きな影響を及ぼした『テトラビブロス("Tetrabiblos")』の著者。『テトラビブロス』の英訳図書はF・E・ロビンズ F. E. Robbins 版（Wm. heinemann Ltd., 1940）など、異なる英訳者によるいくつかの版があります。

※30　アリストテレス（紀元前384〜322）●プラトンの弟子であり、ソクラテス、プラトンとともに、しばしば「西洋」最大の哲学者の一人とされ、その多岐にわたる自然研究の業績から「万学の祖」とも呼ばれる。また、マケドニア王アレクサンドロス大王の家庭教師であったことでも知られる。紀元前323年にアレクサンドロス大王が没すると、広大なアレクサンドロス帝国は政情不安に陥り、マケドニアの支配力は大きく減退した。アテナイではマケドニア人に対する迫害が起こったため、アリストテレスは母方の故郷であるエウボイア島のカルキスに身を寄せた。紀元前322年、そこで死去。

※31　蝕図 Eclipse Chart ●月が太陽の全部、あるいは一部を覆い隠す日蝕と、地球の影が月の全部、あるいは一部を覆い隠す月蝕とが蝕の代表的なもので、これらがチャート上で表示されている場合、太陽と月の合（コンジャンクション）あるいは衝（オポジション）に対し、さらにノード軸が一定のオーブ内で合あるいは衝になります。

※32　マニリウスならびにプトレマイオス、両者のサインと国々との当てはめは興味深いですが、両者による当て嵌め以前の文献が未発見か、あるいは永久に失われてしまったため、両者が拠り所とした起源は曖昧なままであり、また1980年時点での研究によれば、プトレマイオスの当てはめはキケロ[※32a]の教師であるポセイドニオス[※32b]の影響による、との説があるとマイケル・ベイジェントは述べています。

※32a　キケロ（紀元前106〜43）●共和政ローマ末期の政治家、文筆家、哲学者。ラテン語でギリシア哲学を紹介し、ギリシア哲学の西洋世界への案内人（キケロの名前に由来するイタリア語の「チチェローネ」という言葉は「案内人」を意味する）としての役割を果たした。占星術を批判したことでも知られる。

※32b　ポセイドニオス（紀元前135〜51）●ギリシャのストア派の哲学者、政治家、天文学者、地理学者、歴史家、教師。その時代の最高の万能の知識人であった。膨大な著作を行ったが現在はその断片しか伝わっていない。天文学の分野ではクレオメデスの著書にポセイドニオスの著作が引用されて伝わっており、ポセイドニオスは太陽が生命のもとであるという理論を進めた。太陽の距離と大きさを計り、太陽までの距離は地球の半径の9893倍と見積もった。実際の距離の半分以下であったがアリスタルコスらが求めた距離よりも、大きくより近いものであった。また月までの距離の測定も行った。キケロによれば、ポセイドニオスは太陽や月や惑星の位置をしめす器具を組み立てたとされる。

※33　キリスト教●キリスト教と占星術との関係については以下、「歴史的に言うと、占星術はヘレニズム文化の数々の側面とともにキリスト教に統合された。時代時代のキリスト教思想家が、自由意思と占星術の見かけの決定論との間の緊張を憂慮したが、概して星の科学は西洋の伝統に

栄えある地位を占めた。聖書の預言者の一部は占星術をさげすんだが、東方の三博士[33a]が占星術家だったのは間違いないし、聖書の他の箇所からは、神がいつも惑星サインによって信者を導いていたことが明らかだ。（以下略）」（ジェームズ・R・ルイス『占星術百科』（鏡リュウジ監訳、原書房、2000年）、127、129ページ参照）。

※33a 　東方の三博士●新約聖書に登場し、イエスの誕生時にやってきてこれを拝んだとされる人物。「東方の三賢者」とも呼ばれる。『マタイによる福音書』2:1－13に博士達について記されているが、「占星術の学者たちが東の方から来た」としか書かれておらず、人数は明記されていない。

※34 　カール大帝（742～814）●フランク王国の国王（在位：768～814）、西ローマ皇帝（在位：800～814）。ドイツ、フランス両国の始祖的英雄と見なされている。西欧的立場から見るならば、カール大帝が西ローマ皇帝に即位するまでは地中海世界で唯一の皇帝であった東ローマ皇帝に対し、西ヨーロッパのゲルマン社会からも皇帝が誕生したことは大きな意味を持っており、ローマ教会[34a]と西欧は東ローマ皇帝[34b]の宗主権下からの政治的、精神的独立を果たしたと評価されている。このことは西欧の政治統合とともに、ローマ、ゲルマン、キリスト教の三要素からなる一つの文化圏の成立を象徴することでもあり、また世俗権力と教権の二つの中心が並立する独自の世界の成立でもあった。

※34a 　ローマ教会●カトリック教会を指す。東方教会（正教会および東方諸教会）と区別するため、カトリック教会とプロテスタント教会を総称して西方教会と呼ぶ場合もある。

※34b 　東ローマ帝国●ビザンティン帝国とも呼ばれる。東西に分割統治されて以降のローマ帝国の東側の領域、国家。ローマ帝国の東西分割統治は4世紀以降断続的に存在したが、一般的には最終的な分割統治が始まった395年以降の東の皇帝の統治領域を指す。西ローマ帝国の滅亡後の一時期は旧西ローマ領を含む地中海の広範な地域を支配したものの、8世紀以降はバルカン半島、アナトリア半島を中心とした国家となった。首都はコンスタンティノポリス（現在のトルコ共和国の都市であるイスタンブール）であった。カール大帝の戴冠による「西ローマ帝国」復活以降は、西欧でこの国を指す際には「ギリシアの帝国」「コンスタンティノープルの帝国」と呼び、コンスタンティノポリスの皇帝を「ギリシアの皇帝」と呼んでいた。東ローマ帝国と政治的・宗教的に対立していた西欧諸国にとっては、カール大帝とその後継者達が「ローマ皇帝」だったのである。

※35 　フランク王国●5世紀後半にゲルマン人の部族、フランク人によって建てられた王国。カール大帝の時代には、現在のフランス・イタリア北部・ドイツ西部・オランダ・ベルギー・ルクセンブルク・スイス・オーストリアおよびスロベニアに相当する地域を支配し、イベリア半島とイタリア半島南部、ブリテン諸島を除く西ヨーロッパのほぼ全域に勢力を及ぼした。この王国はキリスト教を受容し、その国家運営は教会の聖職者達が多くを担った。また、歴代の王はローマ・カトリック教会と密接な関係を構築し、即位の際には教皇によって聖別された。これらのことから、西ヨーロッパにおけるキリスト教の普及とキリスト教文化の発展に重要な役割を果たした。

※36 ヘレニズム●ギリシャ人の祖、ヘレーンに由来する語。その用法はさまざまであり、アレクサンドロスの東方遠征によって生じた古代オリエントとギリシャの文化が融合した「ギリシャ風」の文化を指すこともあれば、時代区分としてアレクサンドロスのアレクサンドロス大王の治世からプトレマイオス朝エジプトが滅亡するまでの約 300 年間を指すこともある。また、ヨーロッパ文明の源流となる二つの要素として、ヘブライズム[※36a] と対置してヘレニズムが示される場合もある。この場合のヘレニズムは古典古代の文化（ギリシャ・ローマの文化）におけるギリシャ的要素を指す。

※36a ヘブライズム●「ユダヤ人（ヘブライ人・ユダヤ教）風の文化性」のこと。一般的には、ヨーロッパにおけるキリスト教の文化性を指し、「ヘレニズム」（ギリシャ風の文化性）と共に、欧州文化の二大源流の一つとして言及する文脈で持ち出される。「ヘブライズム」の特色は、すなわち「ユダヤ教・キリスト教」の特色であり、「ヘレニズム」との対比においては、「人間性」「理性」「論理性」が際立つ「ヘレニズム」に対し、①一神教、②啓示・啓典・預言、③戒律、④終末思想といった性格が際立っている。アレクサンドロス大王の東方大遠征に伴い、ギリシャ文化が地中海から（インド以西の）アジアにかけての地域に、広く普及・浸透・流通することになり、アジア文化と融合しながら、「ヘレニズム文化」を生み出すことになった。それは、ギリシャ（マケドニア王国）から覇権を奪取した古代ローマの時代にも継承されていくが、そうした歴史的な流れの中で、アレクサンドリアのフィロン等のユダヤ教徒や、キリスト教の使徒・ギリシャ教父・ラテン教父等によって、「ユダヤ教・キリスト教」の文化性は、「ヘレニズム文化」の一部として、徐々にヨーロッパへと浸透していった。特に、ユダヤ民族であることや、戒律厳守を要件とせず、異邦人へと積極的に布教・伝道を行っていたキリスト教の普及は（さまざまな迫害にもかかわらず）目覚しいものがあり、313 年にはミラノ勅令によってローマ帝国に公認され、380 年にはついにローマ帝国の国教としての地位を獲得するに至った。こうしてヨーロッパにおいて、「ヘブライズム」は「ヘレニズム」と並ぶ文化的影響力を、後世へと残していくことになった。

※37 アラブ●主にアラビア半島や西アジア、北アフリカなどのアラブ諸国に居住し、アラビア語を話し、アラブ文化を受容している人々。7 世紀にマホメットによってイスラム教が開かれ、中東・北アフリカを中心に勢力を拡大した。もともとアラビア人をアラブと呼ぶが、日本では誤訳から始まった呼び方で定着した。マホメット以前、アラブ人は統一された社会共同体もなく、部族社会を形成していたが、マホメットによるイスラム教の創始以降、イスラム教の下でイスラム文化は最高潮に達した。

※38 イスラム帝国●イスラム教の教えに従って生まれたイスラム共同体の主流派政権が形成した帝国。イスラム国家の帝国的な支配体制のうち、アッバース朝（750 〜 1517）において実現された、イスラム教徒であれば平等に支配される国家体制のこと。アッバース朝以前の時代において、アラブが支配階級として君臨していた体制を指して「アラブ帝国」と呼ぶのに対比する形で用いられる。

※39 ビザンティン●東ローマ帝国の首都であったコンスタンティノポリスの旧名ビュザンティオンを語源とする、東ローマ帝国およびその文物を指す名称。東方正教会[※39a] の広まった地域を中心に文化的な影響を及ぼし、これらの地域における文物の特定の様式にもビザンティンの名が付されることがある。

※39a 東方正教会●ギリシャ正教。成立期において地中海の沿岸東半分の地域を主な基盤とし、東ローマ帝国の国教として発展した。

※40 ヒンドゥー●サンスクリットでインダス川を意味する語に対応するペルシャ語で、「(ペルシャから見て) インダス川対岸に住む人々」の意味で用いられ、西欧に伝わり、インドに逆輸入され定着した。

※41 James Herschel Holden"A History of Horoscopic Astrology"(AFA, 1996), p. 103 (ジェイムズ・ハーシェル・ホールデン『ホロスコープを用いる占星術の歴史』(AFA、1996 年)、103 ページ) 参照。

※42 ユダヤ●イスラエル王国 (紀元前 1021 ～紀元前 722) 部の地方。

※43 マシャアラー Masha'allah (740 ～ 815) ●当時新たにバグダッドの街を立ち上げるに当たり、イレクショナル占星術を用い時機選定を担う占星術コンサルタントを務めました。著書『出生図の一年ごとの回転に関する書 ("Book of the Revolution of the Years of Nativities")』はソーラー・リターン・チャートの、そして『世界の一年ごとの回転 ("The Revolutions of the Years of the World")』は春分図の、それぞれ作成 (著者曰く、当時は占星術ソフトなどはいまだなく、手書きでの作成でした) 法・解釈法を述べた件を有する最古の図書※43a という説もあります。アラブ占星術を代表する占星術家の一人。英訳図書としてロバート・ハンド編集・訳『リセプションについて』("On Reception"(Ed. and Trans. with commentary and appendix by Robert Hand, ARHAT, 1998)) などがあります。

※43a James Herschel Holden"A History of Horoscopic Astrology"(AFA, 1996), p. 109, Footnote 11(ジェイムズ・ハーシェル・ホールデン『ホロスコープを用いる占星術の歴史』(AFA、1996 年)、109 ページ、脚注 11 参照)。

※44 アブ・マシャー Abu Ma'shar (787 ～ 886) ●宮廷お抱え占星術家。彼の著作群はグイド・ボナッティ『天文の書』("Liber Astronomiae") のソースの役割をも果たしました。アラブ占星術を代表する占星術家の一人。英訳図書として『占星術への導入の概略 ("The Abbreviation of the Introduction to Astrology")』(Ed. and Trans. by Charles Burnett, with Historical and Technical Annotations by Ch. Burnett, G. Tobyn, G. Cornelius and V. Wells, ARHAT, 2004) があります。

※45 伝統占星術復興から 39 年を経た 2019 年現在、同じ著者による同じ図書の英訳図書が複数存在するケースはありますが、それら英訳図書の底本が互いに同一図書でなく異なった版・写本などである場合、占星術家あるいは歴史研究家・翻訳家の中には、それら複数の英訳テキストを (同一著者・図書だからといって、一緒くたにせず) 逐一参照する人物も存在します (ウィリアム・リリーも、複数の異なる版をそれぞれ参照した占星術家です)。翻訳は、複数のテキストを参照しつつなされたものになればなるほど、脚注・参考文献の記載も多くなり、しっかりした密な検証が行われたものになるでしょうし、翻訳者とは別に監修者 (= 翻訳能力ならびに古典占星術、占星術史の知識を有する人物であれば、なおよい)

第2章　マンディーン占星術の歴史的背景〈倉本和朋〉

が別に関与するともっとよいでしょう。ついでに翻訳の難しさについて申せば、例えばギリシャ語 "kosmos"（＝ a とします）がラテン語では "mundus"（＝ b とします）の語が当てられた、と本文冒頭で上述しましたが、"kosmos" の英訳は "world-order"（＝ a' とします）で "mundus" の英訳は "world"（＝ b' とします）、両者は英訳すると同じ語になりません（a＝b ながら a' ≠ b'）。この単語レベルの一事からも、翻訳はいまだ不完全なアートであると著者は考えますし、例えばギリシャ語で書かれたもの（＝一次資料）をアラビア語に翻訳（＝二次資料）、さらにそれをラテン語に（＝三次資料）……などと一次資料から離れたものになればなる程、一次資料すなわち原書が有していた意味から（上記二次・三次資料も）乖離(かいり)する、というのもあると考えます（上記、複数の版を参照する目的の一つは、このへんの乖離ぶりを精査することもあると考えます）。ロバート・ゾラーが古代言語を学ぶ価値の一つとして、古代語にしか見い出せない言葉があることがわかるから、としていますが、ギリシャ語、ラテン語、その他さまざまな言語を学び検証すれば、かような事態はもっとたくさん存在することが判明するのでは、と著者は考えます。といって―だからといって、他国言語だからといって読まないことを忌避できる、読まないよりも読む方がよい、という意味で、著者は翻訳図書の存在価値というのはもちろんあるものと考えるのです（実際、著者もギリシャ語、ラテン語で書かれた図書の英訳図書には特に随分、お世話になっています）けども。要は、究極的には原語で読むのがベストであろう、という考えに 2019 年現在の著者は至っている、ということです。

※ 46　James Herschel Holden"A History of Horoscopic Astrology"(AFA, 1996), p.132（ジェイムズ・ハーシェル・ホールデン『ホロスコープを用いる占星術の歴史』（AFA、1996 年）、132 ページ）参照。

※ 47　ジュリウス・フィルミクス・マセウス Julius Firmicus Matheus（285 ～ 360）●ローマの法律家、占星術家、ライター。英訳図書としてジェイムズ・ホールデン訳『マセシス ("Mathesis")』(Trans. by James Herschel Holden, AFA, 2013) があります。

※ 48　ガリア・キサルピナ●共和政ローマにおける属州の名前。ラテン語でローマ側から見て「アルプスのこちら側のガリア」という意味。

※ 49　シドンのドロセウス Dorotheus of Sidon（??? ～ ???）●ギリシャ人の占星術家。75 年頃活躍。英訳図書として『占星術の詩 ("Carmen Astrologicum")』(Trans. by David Pingree, Leipzig: B.G. Teubner, 1976) があります。

※ 50　アクシデンタル・ルーラー Accidental Ruler ●ハウス・カスプのあるサインの支配星（⇔ナチュラル・ルーラー）。

※ 51　James Herschel Holden"A History of Horoscopic Astrology"(AFA, 1996), p.154（ジェイムズ・ハーシェル・ホールデン『ホロスコープを用いる占星術の歴史』（AFA、1996 年）、154 ページ）参照。

※52 　アラブの占星術図書をラテン語に翻訳することを、アラブから「直接」恩恵を受けることと見なした場合、ヨーロッパ人が書いた「ネイティブの」占星術テキストを読むことは、アラブからの「直接の」恩恵なしにヨーロッパ人が自ら占星術を学ぶこと、と見なし得るものと著者は考えますが、この「アラブからの直接の恩恵なしに学ぶ」ことの意味は大きかったものと著者は考えます。時代が下るにつれ、ヨーロッパの占星術家の中には、かつてアラブ世界から恩恵を受けたことを忘却するばかりか、アラブ世界の知識自体を「迷信」などとし排除する者も現れたからです。これは17世紀以降顕著になった傾向ですが、その背景には政治（オスマン・トルコ※52a の脅威）、宗教（キリスト教とアラブ世界の宗教との葛藤）などが背景にあると考えてよいと思います。ウィリアム・リリーの『キリスト教占星術』にも、フィルダリア※52b などのアラブ起源の占星術知識（＝著者曰く、中にはそのルーツがギリシャ、すなわちヨーロッパに通じているものもあった知識）に関する記述が短めだったなどの、上記影響がうかがえる、と考えてもよいであろう箇所があります。

※52a 　オスマン・トルコ●オスマン帝国。テュルク系（後のトルコ人）のオスマン家出身の君主（皇帝）を戴く多民族帝国。15世紀には東ローマ帝国を滅ぼしてその首都であったコンスタンティノポリスを征服、この都市を自らの首都とした（オスマン帝国の首都となったこの都市は、やがてイスタンブールと通称されるようになる）。17世紀の最大版図は、東西はアゼルバイジャンからモロッコに至り、南北はイエメンからウクライナ、ハンガリー、チェコスロバキアに至る広大な領域に及んだ。アナトリア（小アジア）の片隅に生まれた小君侯国から発展したイスラム王朝であるオスマン朝は、やがて東ローマ帝国などの東ヨーロッパキリスト教諸国、マムルーク朝などの西アジア・北アフリカのイスラム教諸国を征服して地中海世界の過半を覆い尽くす世界帝国たるオスマン帝国へと発展した。　その出現は西欧キリスト教世界にとって「オスマンの衝撃」であり、15世紀から16世紀にかけてその影響は大きかった。宗教改革にも間接的ながら影響を及ぼし、神聖ローマ帝国のカール5世が持っていた西欧の統一とカトリック的世界帝国構築の夢を挫折させる主因となった。そして、「トルコの脅威」に脅かされた神聖ローマ帝国は「トルコ税」を新設、中世封建体制から絶対王政へ移行することになり、その促進剤としての役割を務めた。ピョートル1世がオスマン帝国を圧迫するようになると、神聖ローマがロマノフ朝を支援して前線を南下させた。

※52b 　フィルダリア Firdar ●ペルシャ占星術に起源を有する手法で、天体に人生の期間を表す役割（Planetary Periods）を与えるというもの。例えば昼生まれの場合、ネイタル・チャートにおける太陽が1歳156日まで、太陽と金星のペアが1歳157日～2歳313日、太陽と水星のペアが……をそれぞれ司る、等。夜生まれの出生図の持ち主の場合、ノード軸をいずれの期間に当てはめるかについて、占星術師ごとでの意見の相違があります。

※53 　イレクショナル（占星術）Electional(Astrology) ●結婚、起業等、人生上で重要な活動を始めるに当たっての、最善の時機（日時・時間）を選ぶ際用いる占星術の一技法。

※54 　ホラリー（占星術）Horary(Astrology) ●質問者（クアレント）が投じた質問の答えは、その質問が発せられた、あるいは占星術家がその質問内容を理解した瞬間のホロスコープに現れているとの考えに基づき発展した占星術の一カテゴリーで、これは私達を取り巻く状況や出来事が宇宙現象（＝天体配置）と関連があるとの考えに基づいており、ゆえにその天体配置を解釈することで質問の答えは導き出されるというもの。

第 2 章　マンディーン占星術の歴史的背景〈倉本和朋〉

※ 55　アルベルトゥス・マグヌス (1193 頃～ 1280)　● 13 世紀のドイツのキリスト教神学者。またアリストテレスの著作を自らの体験で検証し注釈書を多数著した。錬金術を実践し検証したこともその一端であるという。

※ 56　トマス・アクィナス (1225 頃～ 1274)　●中世ヨーロッパ、イタリアの神学者、哲学者。1244 年頃、ドミニコ会に入会ののち生涯の師と仰いだアルベルトゥス・マグヌスと出会った。トマスの最大の業績は、キリスト教思想とアリストテレスを中心とした哲学を(「神中心主義と人間中心主義という相対立する概念のほとんど不可能ともいえる」) 統合した総合的な体系を構築したことである。

※ 57　ロジャー・ベーコン Roger Bacon (1214 ～ 1294)　●「驚嘆的博士」と呼ばれた 13 世紀イギリスの哲学者。カトリック司祭で、当時としては珍しく理論だけでなく経験知や実験観察を重視したので近代科学の先駆者といわれる。

※ 58　ニコラス・キャンピオン Nicholas Campion (1953 ～)　●マンディーン占星術や西洋占星術史研究を始め、多岐にわたる活躍を行い、多くの学位、また UAC ※ 58a (占星術会議連合) レグルス賞 (2002 年職業イメージ部門、2012 年学説と理解部門) など、多くの占星術団体での賞を受賞。21 世紀前半を代表する占星術家の一人。著書として『世界の宗教における占星術と宇宙論 ("Astrology and Cosmology in the World's Religions")』(New York University Press, 2012) などがあります。

※ 58a　UAC(United Astrology Conference)　●占星術会議連合。ISAR、NCGR 等複数の占星術団体がスポンサー支援する占星術コンファレンス (= 日本語で「会議」の意味) で、2012 年大会では 5 月 24 日～ 29 日の 6 日間で 15 クラス× 18 セッション =270 の占星術講座が開催されました。2018 年にもほぼ同規模の大会がシカゴで開催されました。

※ 59　セヴィーリャのジョン John of Sevilla (???～???)　●スペイン人占星家で、アラビア語で書かれた占星術図書を、多数ラテン語に翻訳した功績。1140 ～ 1150 年頃活躍。

※ 60　マイケル・スコット Micheal Scott (1175 ～ 1234)　●学者、聖職者。出生地不詳。フリードリヒ 2 世※ 60a の下、占星術師として働きました。

※ 60a　フリードリヒ 2 世 (1194 ～ 1250)　●シチリア王 (在位：1197 ～ 1250)、イタリア王 (在位：1212 ～ 1250)、ローマ王 (在位:1212 ～ 1220)、ならびに中世西ヨーロッパのローマ皇帝 (在位: 1220 ～ 1250) を務めた。学問と芸術を好み、時代に先駆けた近代的君主としての振る舞いから、「王座上の最初の近代人」中世で最も進歩的な君主と評された。フリードリヒの宮廷に集まった文化人としては、上記マイケル・スコット、グイド・ボナッティ、数学者のレオナルド・フィボナッチらが挙げられる。

※ 61　グイド・ボナッティ Guido Bonatti (1210 ～ 1296)　●宮廷お抱え占星術家。アラブ占星術からの知識を大著『天文の書 ("Liber Astronomiae")』にまとめました。中世占星術の代表的人物。英訳図書としてロバート・ゾラー訳『グイド・ボナッティ：戦争について』("Guido Bonatti: On

War"(Trans. by Robert Zoller, A New Library Publication, Electronic Publication, ???) などがあります。

※62　ウィリアム・リリー William Lilly（1602〜1681）●最初に英語で書かれた占星術図書『キリスト教占星術 ("Christian Astrology")』著者、ホラリー占星術師。17世紀占星術の代表的人物。

※63　百年戦争●フランス王国の王位継承をめぐるヴァロワ朝フランス王国と、プランタジネット朝およびランカスター朝イングランド王国の戦い(1337〜1453)で、その原因は14世紀ヨーロッパの人口、経済、そして政治の危機にある。現在のフランスとイギリスの国境線を決定した戦争でもある。戦争状態は間欠的なもので、休戦が宣言された時期もあり、終始戦闘を行っていたというわけではない。両国とも自国で戦費を賄うことができず、フランスはジェノヴァ共和国に、イングランドはヴェネツィア共和国に、それぞれ外債を引き受けさせた。

※64　アルマナック Almanac ●月相、日蝕等、天文学あるいは占星術から鑑みたイベント、出来事が書かれた暦表等を含む図書。

※65　室項表 House tables ●ホロスコープを作成する際、ハウス・カスプの位置を決定するために参照する表。

※66　アルカビティウス・ハウス・システム Alcabitius House System ●アル＝クァビシ[66a]（ラテン名アルカビティウス）が提唱したとされるハウス・システム。実際には、6世紀の占星術家であるレトリウス[66b]がクァビシよりも早い時期に既に用いていました。ちなみにプラシーダス・ハウス・システムも、プラシーダス[64c]よりも先に12世紀の占星術家であるアブラハム・イブン・エズラが提唱していたとされており、いずれもオリジナルの人物でなく、いわゆる「著名」とされた人物がその名を冠してしまったというケース。

※66a　アル＝クァビシ al-Qabisi (???〜967)●アラブ人占星術家。ラテン名「アルカビティウス」として、中世ヨーロッパでは著名でした。占星術の入門書『占星術での判断という技巧への導入 ("Introduction to the Art of Judgments of Astrology")』の著者。左記図書は12世紀にセヴィーリャのジョンによりラテン語に翻訳されました。

※66b　レトリウス Rhetorius(???〜???)● 504年頃活躍した、ビザンティンの占星術家。ジェイムス・ホールデンが彼を紹介した著書『レトリウス、エジプト人』("Rhetorius the Egyptian" (AFA, 2009)) があります。ホールデンは左記図書を、伝統占星術復興運動黎明期である1985年時点で翻訳し、身近な人々にのみ配布していました。

※66c　プラシーダス Placidus (1603〜1688)●プラチドゥス・デ・ティティス Placidus de Titis。イタリアの数学者、占星術家。1640年頃、ハウス分割についての研究を始め、プラシーダス・ハウス・システム発見に至る。18世紀の占星術家であるジョン・パートリッジ[66d]が、プラシーダス・ハウス・システムに基づく室項表を作成・普及させたため、レジオモンタヌス・ハウス・システムに取って替わる人気を博するに至りました。

※ 66d　ジョン・パートリッジ John Partridge（1644 〜 1715）●イギリスの占星術家、アルマナック製作者。1688 〜 1693 年の間に、利用ハウス・システムをレジオモオンタナス・ハウス・システムからプラシーダス・ハウス・システムへと移行させ、イギリスで占星術家として人気を博した 17 世紀末、プラシーダス・ハウス・システムの普及に貢献するに至りました。

※ 67　レジオモンタナス・ハウス・システム Regiomontanus House System ●レジオモンタナス※ 67a が最初に提唱したとされるハウス・システム。

※ 67a　レジオモンタナス Johannes Regiomontanus（1436 〜 1476）●ドイツの天文学者、数学者。レジオモンタナス・ハウス・システムの提唱者として著名。

※ 68　James Herschel Holden"A History of Horoscopic Astrology"(AFA, 1996), p.158（ジェイムズ・ハーシェル・ホールデン『ホロスコープを用いる占星術の歴史』（AFA、1996 年）、158 ページ）参照。

※ 69　ルネサンス●「再生」「復活」を意味するフランス語であり、一義的にはギリシャ・ローマの古典古代文化を復興しようとする文化運動であり、14 世紀にイタリアで始まり、やがて西欧各国に広まった。従来の一般的な見方は次のようなものである。およそ 1000 年の間の純粋キリスト教支配の下、西ヨーロッパ圏では古代ローマ・ギリシア文化の破壊が行われ、多様性を失うことにより、世界に貢献するような文化的展開をすることはできなかった。こうした見方はルネサンス以前の中世を停滞した時代、暗黒時代とみなすものである。現在では古典古代の復興はイタリア・ルネサンスより以前にも見られる現象であることが明らかにされている。9 世紀フランク王国の「カロリング朝ルネサンス」や、10 世紀東ローマ帝国（ビザンツ帝国）の「マケドニア朝ルネサンス」および帝国末期の「パレオロゴス朝ルネサンス」、西ヨーロッパにおける「12 世紀ルネサンス」などがある。ギリシアをはじめとする古典的な知の遺産は、そのほとんどが 8 世紀から 9 世紀にかけてアラビア語に次々と翻訳され、初期のイスラム文化の発達に多大なる貢献をもたらした。しかし、そうした知識の継承が一段落ついたかと思う間もなく、新たな翻訳の時代がその幕を明けた。古典的な文献とイスラムの哲学者や科学者達がそれに加えた注釈が次々とラテン語に翻訳されたことによって、西ヨーロッパの人達はイスラムが継承、拡充した古典をラテン語で読むことができるようになった。翻訳作業の大半は、イスラム圏とヨーロッパ大陸をつなぐ中継基地としての役割を担っていた、イスラム支配下のスペインにおいて行われ、この作業には、それぞれ出身地を異にするイスラム教徒、キリスト教徒、ユダヤ教徒など、数多くの翻訳者集団が参加した。ルネサンス期のヨーロッパの学者達は、膨大な百科全書のようなギリシアーイスラム文献に取り組み、こうした文献は、最終的には、多くのヨーロッパの言語に翻訳され、印刷技術の飛躍的な革新によってヨーロッパ全土に普及した。イスラム文化が衰退の一途をたどりはじめた時代と相前後してギリシアーイスラムの知の遺産を継承した西洋がルネサンスによって旺盛な活力を獲得し、イスラム文化にとって代わって世界史の表舞台に登場したことは歴史の皮肉にほかならない。ルネサンス初期においてはギリシアとイタリア等西欧諸国との関係は薄く、上述のようにアラビア語を介しての文化伝達にすぎなかった。しかし 1397 年、ビザンツ帝国からギリシア語学者のマヌエル・クリュソロラスがフィレンツェに招聘されてギリシア語学校を

開いてから、イタリアにおいてギリシア語学習が行われるようになった。ビザンツ帝国に保管・継承されていたギリシア語の古典文献の読解が可能となり、ルネサンスの一助となった。特に1453年のコンスタンティノープル陥落によるビザンツ帝国の滅亡によって、ビザンツから優れた学者がイタリア半島に相次いで移住し、古典文献研究は大きく進んだ。

※70　アバノのピエトロ Peter of Abano (1250 〜 1316 ?)　●イタリアの医者、占星術家。その名の由来となったイタリアの町、現在のアーバノ・テルメで生まれ、アラビア医学とギリシャの自然哲学とを一致させようとする試みで名声を得ましたが、最期には異端と無神論の罪に問われて異端審問に出頭し、結審前に獄中にて死。

※71　イギリスの人々が、政治について敏感な国民であることは、複数のイギリスの出生図に表れているものと著者は考えます。イギリスの出生図の考察についてはニコラス・キャンピオン『世界のホロスコープの書 ("The Book of World Horoscopes")』(THE AQUARIAN PRESS, 1988) 参照。ホロスコープは独立宣言、戴冠式、総選挙といった出来事一つひとつ（の瞬間）を描くことが可能ですが、国家のホロスコープとしていずれを用いるのが適切なのかを知るのは困難です。とは申せ、チャートが「ヒエラルキー」的に順序立てされれば、いずれのチャートが最も重要なのかわかるかもしれません。より重要度の低いそれは、重要度の高いそれにより見劣りするであろうし、より限定された領域での活動や短い期間においての妥当性しか有さないものもあるかもしれません。さらにいえば、それぞれのチャートの重要性は歴史背景により決め得るのであろうし、チャートそれぞれにより、占星術的に焦点が当たりやすい出来事が異なるということもわかるでしょう。また、出来事が起きたタイミングを打ち立てるのに、念入りな歴史調査が必要なのは申すまでもありませんが、過去の占星術師達がこのタイミングを認識するのを見誤ってきたケースも存在するようです。

※72　この時期、トランシットの冥王星がイギリスの出生図（1265年版？）のアセンダントを通過していた、とニコラス・キャンピオンは指摘していますが、その意味は、国のアイデンティティ（≒アセンダントの象徴）に根本的な大変動 ("profound upheaval")（≒冥王星の象徴）がもたらされていた、というふうに考えてよいと思います。

※73　ルカ・ガウリコ Luca Gaurico (1476 〜 1558)　●イタリアの司教、数学者、占星術家。数々の預言を行い名を成しパトロンを得て、活躍しました。

※74　ノストラダムス Michel Nostradamus (1503 〜 1566)　●フランスの医者、占星術家、預言者。彼の作品で特によく知られているのが、『ミシェル・ノストラダムス師の予言集』であり、そこに収められた四行詩形式の予言は非常に難解であったため、後世さまざまに解釈され、その「的中例」が広く喧伝されてきました。合わせてノストラダムス自身の生涯にも多くの伝説が積み重ねられていき、結果として、信奉者達により「大予言者ノストラダムス」として祭り上げられることとなりました。

※75　ジョン・ディー John Dee (1527 〜 1608)　●イギリスの数学者、錬金術師、占星術家。エドワード6世、エリザベス1世などに仕えました。

※76　ジロラモ・カルダーノ Girolamo Cardano（1501～1576）●物理学者、数学者にして占星術家。ロバート・ハンドは最も偉大な占星術家は誰か、との質問に対しガイド・ボナッティらとともにカルダーノを挙げました（"A Conversation with Robert Hand"by Tore Lomsdalen, "The Mountain Astrologer"Aug/Sep 2008, #140（『山の占星術家』誌140号記事、トア・ロムズダレン「ロバート・ハンドとの会話」）参照）。

※77　ティコ・ブラーエ Tycho Brahe（1546～1601）●デンマークの天文学者、占星術家。

※78　ヨハネス・ケプラー Johann Kepler（1571～1630）●天文学者として世界的に著名。占星術での貢献はクインタイル等マイナー・アスペクト考案等があります。

※79　ジャン＝バティースト・モラン Jean-Baptiste Morin（1583～1656）●医者、数学者、占星術家。ロバート・ハンドはモランを「（自身の考える）世界のシステムを提示しようと試みた、数少ない占星術家の一人」と称えました。英訳図書としてリチャード・バルドウィン訳『フランス占星術 第21の書－ホロスコープ解釈におけるジャン＝バティースト・モランのシステム（"Astrologia Gallica Book Twenty-One The Morinus System of Horoscope Interpretation"）』（Trans. by Richard S. Baldwin, AFA, 1974）などがあります。『フランス占星術』全26巻のうち左記21巻以外にも、13～17、19、22～26巻（ジェイムズ・ホールデン英訳）、18巻（アンソニー・ルイス・ラブルッザ※79a 英訳）は英訳されています（すべて AFA 刊）。21世紀現代のフランス占星術界では、モランのホロスコープ解釈メソッドは学ばれているそうです。

※79a　アンソニー・ルイス・ラブルッザ Anthony Louis LaBruzza（1945～）●アメリカの占星術家、アンソニー・ルイスの翻訳者名。本人名義での著書として『ホラリー占星術 わかりやすくシンプルに』（"Horary Astrology Plain & Simple"(Llewellyn, 1998)）などがあります。

※80　四季図 Equinox & Solstice chart ●春分点・秋分点（昼夜平分時。一日の昼・夜の長さが互いに等しくなる2点。占星術的には、黄道と天の赤道とが交差したポイント（牡羊サイン0度と天秤サイン0度）に太陽が位置する時点）ならびに夏至点・冬至点（天の赤道上で最も南あるいは北に太陽が位置した時点での黄道上のポイント）に太陽がある際のホロスコープ。

※81　この時期の占星術の歴史を、20世紀の歴史・考古学者達などが行った以上に詳らかにし、まとめ公表したニコラス・キャンピオンの功績は大きいと著者は考えます。

※82　ニコラス・キャンピオン『世界史と西洋占星術』（鏡リュウジ監訳、宇佐和通＋水野友美子訳、柏書房、2012年）、311ページ（原書：Nicholas Campion"Western Astrology Ⅱ - The Medieval and Modern Worlds"(Continuum International Publishing Group, 2009), p. 177)参照。

※83　ジェイムズ・ホールデン James Herschel Holden（1926～2013）●占星術家、翻訳家。ラテン語、ギリシャ語等で書かれた占星術テキストを、伝統占星術復興運動黎明期の時点で数多く翻訳。占星術団体 AFA（American Federation of Astrologers）に対する多くの貢献でも知られています。著書として『ホロスコープを用いる占星術の歴史（"A History of Horoscopic Astrology"）』（AFA, 1996）、『西洋占星術家伝記事典（"The Biographical Dictionary of

Western Astrologers")』(AFA, 2013) などがあります。

※ 84　James Herschel Holden"A History of Horoscopic Astrology"(AFA, 1996), p.180 (ジェイムズ・ハーシェル・ホールデン『ホロスコープを用いる占星術の歴史』(AFA、1996 年)、180 ページ) 参照。

※ 85　グレゴリオ暦●ローマ教皇グレゴリウス 13 世がユリウス暦の改良を命じ、1582 年 10 月 15 日 (グレゴリオ暦) から行用されている暦法で、現行太陽暦として世界各国で用いられている。グレゴリオ暦を導入した地域では、ユリウス暦に対比して新暦と呼ばれる場合もある。紀年法はキリスト紀元 (西暦) を用いる。

※ 86　標準時 Standard Time ●「高速の移動手段と近代的な長距離通信手段が出現する以前は、個々の土地で太陽が真昼に来る位置を基準に時間を測っていた。どの地域でも、東と西とではその位置が異なるため、人が東や西に移動すれば地方時も変化した。標準時といわれる地帯を定めて、想像上の境界線を越えると時計を進めたり遅らせたりすることを強いるというのは、比較的最近になって考案された制度である。適切なホロスコープを作成するには、占星術家はネーティブが生まれた「本当の」地方時を知り当てなければならない。つまり、標準時で表された誕生時をその地方の「太陽時」に換算しなければならないのである。より一般的には、太陽時のことをローカル・ミーン・タイムという。」(ジェームズ・R・ルイス『占星術百科』(鏡リュウジ監訳、原書房、2000 年)、351 ページ)。

※ 87　地方真時●ローカル・アパレント・タイム LAT (Local Apparent Time)。南中時刻を正午とした時刻。東京を例にとれば、太陽が南中する時刻は日本標準時で測れば 12 時でなく、約 20 分早い 11 時 40 分頃。

※ 88　地方平均時●ローカル・ミーン・タイム LMT (Local Mean Time)。さまざまなバリエーションを有する地方真時を修正する太陽時 (solar time) の形態。

※ 89　James Herschel Holden"A History of Horoscopic Astrology"(AFA, 1996), p.193 〜 195 (ジェイムズ・ハーシェル・ホールデン『ホロスコープを用いる占星術の歴史』(AFA、1996 年))、193 〜 195 ページ参照。標準時設定の歴史についての図書として、ドリス・チェイス・ドーン ※ 89a『アメリカ合衆国での時間の変遷 ("Time changes in the U.S.A.")』(AFA、1985/First Edition 1966) などがあります。

※ 89a　ドリス・チェイス・ドーン Doris Chase Doane(1913 〜 2005) ●標準時の扱いに関する著書『〜の時間の変遷』("Time Changes 〜 ") シリーズ 3 冊本著者。AFA 会長 (1979 〜 2004) 歴任。ジェイムズ・ホールデンといとこの間柄でもあります。

※ 90　Robert Zoller"Astrology in the United States of America Prior to 1870"(A New Library Publication, 2nd Electronic Publication, 2004), p.4 (ロバート・ゾラー『1870 年以前のアメリカ合衆国での占星術』(ニュー・ライブラリー出版、第 2 版電子版、2004 年)、4 ページ) 参照。

※91　エベネザー・シブリー Ebenezer Sibly（1751〜1799）●イギリスの占星術家、医者で、フリーメーソン[※91a]に属してもいたといわれています。18世紀英国での占星術復興に貢献。数あるアメリカ建国チャート中、21世紀現在最も利用される頻度の高いものの一つでしょう、「シブリー・チャート」作成者としても知られています。

※91a　フリーメーソン●16世紀後半から17世紀初頭に、判然としない起源から起きた友愛結社。その起源は諸説存在する。

※92　Nicholas Campion"The Book of World Horoscopes"(THE AQUARIAN PRESS, 1988), p.293〜305（ニコラス・キャンピオン『世界のホロスコープの書』（アクエリアン・プレス、1988年）、293〜305ページ）参照。

※93　"History of Western Astrology II - The Medieval and Modern Worlds" (Continuum International Publishing Group, 2009)（ニコラス・キャンピオン『西洋占星術史2—中世ならびに現代世界』（コンティニューム国際出版グループ、2009年）、邦訳図書として『世界史と西洋占星術』（鏡リュウジ監訳、宇佐和通＋水野友美子訳、柏書房、2012年）あり。ちなみに、この邦訳書一冊のみでキャンピオンによる世界史と西洋占星術の歴史観すべてが網羅されているわけではありません。キャンピオンの原書は"Volume II"つまり第2の書（＝原書サブタイトルにある通り、中世・現代世界を扱っています）であり、別途第1の書（＝原書サブタイトルにある通り、古代世界を扱っています）であります"History of Western Astrology I - The Ancient World"(2008)が存在します）目次参照。

※94　神智学●神秘的直観や思弁、幻視、瞑想、啓示などを通じて、神と結びついた神聖な知識の獲得や高度な認識に達しようとするもの。グノーシス派[※94a]、新プラトン主義、インドの神秘思想などにも神智学的傾向が見られるが、狭義には以下の二つのものを指す。一つは、17世紀にヨーロッパで顕在化した近代の「キリスト教神智学」の源流であり、もう一つは1875年に設立されたインドに本部のある「神智学協会」の思想である。後者は近現代に新たに創出された体系であり、両者には共通点もあるが、系譜上のつながりはない。通常、神智学といえばニューエイジ（スピリチュアル）の源流である神智学協会に関するものを指すことが多い。

※94a　グノーシス派●1世紀に生まれ、3世紀から4世紀にかけて地中海世界で勢力を持った宗教・思想。物質と霊の二元論に特徴がある。英語の発音は「ノーシス」である。普通名詞としてのグノーシスは、古代ギリシア語で「認識・知識」を意味する。グノーシス主義は、自己の本質と真の神についての認識に到達することを求める思想傾向に当たる。グノーシス主義は、地中海世界を中心とするもの以外に、イランやメソポタミアに本拠を置くものがあり、ヘレニズムによる東西文化のシンクレティズムの中から形成されたとみられる。

※95　ニューエイジ●20世紀後半に現れた自己意識運動であり、宗教的・疑似宗教的な潮流である。ニューエイジという言葉は、魚座の時代から水瓶座の新時代（ニューエイジ）に移行するという占星術の思想に基づいている。グノーシス的・超越的な立場を根幹とし、物質的世界によって見えなくなっている神聖な真実を得ることを目指す。

※ 96　心理学●心と行動の学問であり、科学的な手法によって研究される。20 世紀初頭には、無意識と幼児期の発達に関心を向けた精神分析学、学習理論をもとに行動へと関心を向けた行動主義心理学とが大きな勢力であったが、1950 年代には行動主義は批判され認知革命が起こり、21 世紀初頭において、認知的な心理過程に関心を向けた認知心理学が支配的な位置を占める。

※ 97　ロバート・ハンド Robert Hand (1942 〜)　●名著『〜中の天体』("Planets in...") シリーズ等で 20 世紀占星術 (ならびに心理占星術) での活躍を経て、1990 年代初期以降はプロジェクト・ハインドサイト[97a]、ARHAT[97b] 等で古典占星術家として活躍。占星術ソフトのプログラミング開発等も含めると、占星術界での貢献のバリエーションならびに深みは容易に推し量れません。占星術連合会議 (UAC) レグルス賞を二度受賞 (1989 年発見・革新・調査部門、2012 年生涯の功績部門)。20 世紀後半〜 21 世紀前半を代表する占星術家の一人で、2019 年時点での欧米占星術界では既に「レジェンド」と呼ばれています。著書として『ホロスコープの象徴 ("Horoscope Symbols")』(Schiffer Publishing, 1981)、『アストロラーベ世界天文暦 : 2001 〜 2050 年 正午版 ("The Astrolabe World Ephemeris: 2001-2050 At Noon")』(Schiffer Publishing, 1998)、『ホール・サイン・ハウス (97c) : 最古のハウス・システム ("Whole Sign Houses: The Oldest House System")』(ARHAT, ???) などがあります。

※ 97a　プロジェクト・ハインドサイト Project Hindsight ● 1993 年、現存する占星術関連古文書・写本などを英語に翻訳・解釈することを目的とし、ロバート・シュミット (97d)、ロバート・ハンド、ロバート・ゾラーらにより結成されたユニットで、ハインドサイト (Hindsight) は日本語で「あと知恵」の意。1995 年占星術会議連合 (UAC) レグルス賞発見・革新・調査部門受賞。ゾラー、ハンドが去った後、1997 年からはロバート・シュミットが中心となり、ギリシャ時代の占星術図書英訳・研究が継続されています。

※ 97b　ARHAT(the Archive for the Retrieval of Historical Astrological Texts) ●「歴史上の占星術図書を取り戻し記録・保管する場」の意味を表す占星術プロジェクトで、ロバート・ハンドが 1997 年に立ち上げました。ジョセフ・クレーン[97e]、ドリアン・グリーンバウム[97f] 等の後続もこの ARHAT で活躍なさっています。

※ 97c　ホール・サイン・ハウス・システム Whole Sign House System ●古代ギリシャ占星術で用いられていたハウス・システムで、用いられていた当時は名のなかったこのシステムにジェイムズ・ホールデンはサイン・ハウス・システム Sign House System と命名 (1982 年) しましたが、1990 年代、著名な占星術家でありますロバート・ハンドが命名した、ホール・サイン・ハウスの名称の方が広まったため、2019 年現在でもこの呼び名が主流となっています。プトレマイオスが用いたハウス・システムとして著名なイコール・ハウス・システムは、ギリシャ占星術での実践占星術においては主流ではありませんでした (ただし、プトレマイオスもホール・サイン・ハウス・システムに言及している、とクリス・ブレナン[97g] は述べています[97h])。

※ 97d　ロバート・シュミット Robert Schmidt (1950 〜 2018) ●ロバート・ハンド、ロバート・ゾラーらと共にプロジェクト・ハインドサイトを設立。古代ギリシャ占星術文献を数多く英訳。プロジェクト・ハインドサイト主宰として占星術会議連合 (UAC) レグルス賞 1995 年

発見・革新・調査部門受賞。英訳図書としてプトレマイオス『テトラビブロス 第1〜4の書 (Ptolemy"Tetrabiblos Book I〜IV ")』(Golden Hind Press, 1994)、ヴェッティウス・ヴァレンズ『選集 第1〜7の書 (Vettius Valens"The Anthology Book I〜VII ")』(Golden Hind Press, 1994) などがあります。

※ 97e　ジョセフ・クレーン Joseph Crane (1954 〜) ●アメリカ出身の占星術家。著書として『伝統占星術への実践ガイド ("A Practical Guide to Traditional Astrology")』(ARHAT, 1997) があります。

※ 97f　ドリアン・グリーンバウム Dorian Gieseler Greenbaum (1952 〜) ●伝統占星術家、エジプト学に精通。バス・スパ大講師。著書として『テンペラメント（気質・気性）－占星術の忘れられた鍵 ("Temperament – Astrology's Forgotten Key")』(Wessex Astrologer, 2005) があります。

※ 97g　クリス・ブレナン Chris Brennan (1984 〜) ●ヘレニスティック占星術家。ケプラー大学※ 97i でデメトラ・ジョージ※ 97j から伝統占星術を学んだ後、ロバート・シュミットに師事。著書として『ヘレニスティック占星術－運命と運勢についての学び ("Hellenistic Astrology – the Study of Fate and Fortune")』(Amor Fati Publications, 2017) があります。ヘレニスティック (= 日本語で「ギリシャ主義の、ヘレニズムの」の意) 占星術でのマンディーン占星術 ("Universal Astrology" としています) に関する記述は左記図書 p.54 〜 55 参照。

※ 97h　Chris Brennan"Hellenistic Astrology – the Study of Fate and Fortune" (Amor Fati Publications, 2017), p. 383 〜 386 (クリス・ブレナン『ヘレニスティック占星術－運命と運勢についての学び』(アモール・ファティ出版、2017 年)、383 〜 386 ページ) 参照。

※ 97i　ケプラー大学 Kepler College ● 1992 年創設、2000 年より占星術を学ぶ学徒向けにその扉を開け始めた占星術学校で、シアトルにあります。

※ 97j　デメトラ・ジョージ Demetra George (1946 〜) ●神話、小惑星、伝統占星術研究で知られていますが、古典占星術家でもあります。著書として『古代占星術の理論と実践 ("Ancient Astrology in Theory and Practice")』(Rubedo Press, 2018) があります。

※ 98　ハンドは『マウンテン・アストロロジャー（山の占星術家）誌 ("The Mountain Astrologer" Magazine)』からインタビューを受けるたび、毎度のように現代占星術と伝統占星術との統合について訊かれています。

※ 99　アラン・レオ Alan Leo (1860 〜 1917) ●本名ウィリアム・フレデリック・アラン William Frederick Allan。19 世紀後半〜 20 世紀初頭の占星術界に最も影響を与えた人物の一人。1890 年占星術雑誌『占星術家の雑誌 ("Astrologer's Magazine")』(1895 年以降は『現代占星術 ("Modern Astrology")』) を刊行、1915 年には占星術団体「神智論社会の占星術ロッジ ("Astrological Lodge of the Theosophical Society")」を設立。

※ 100 　チャールズ・アーネスト・オーウェン・カーター Charles Ernest Owen Carter (1887 〜 1968)　●20世紀前半を代表する占星術家の一人。複数の占星術団体会長等を歴任。日本の潮島郁幸やルル・ラブアなどにも影響を与えています。著書として『心理学的占星術百科事典 ("Encyclopedia of Psychological Astrology")』(London: Theosoph. Publ. House 4th ed., 1954/First Published in 1923)、『占星術の基盤をなすものについてのエッセー ("Essays on the Foundations of Astrology")』(Seattle: Dorothy B. Hughes ???/First Published in 1947 (?)) などがあります。

※ 101 　Charles E. O. Carter "Astrology of Accidents"(London: Theosoph. Publ. House, 1961/First Edition 1932) (『アクシデント・事故の占星術』(神智学出版、1961年 (初版1932年))。

※ 102 　アドルフ・ヒトラー (1889 〜 1945)　●ドイツ国首相、および国家元首であり、国家と一体であるとされた国家社会主義ドイツ労働者党 (ナチス) の指導者。

※ 103 　ナチス政権下での占星術史に関する文献としてエリック・ポール・ホウ※103a『第二次世界大戦中での占星術と心理的戦闘 ("Astrology and Psychological Warfare during World War II ")』(Rider, Revised Edition, 1972) があります。

※ 103a 　エリック・ポール・ホウ Ellic Paul Howe (1910 〜 1991)　●イギリスの書誌学者、ライター。第二次大戦中、イギリスの知識層の人々に仕え、当時のドイツ政府に雇われた占星術家の活動に興味を持つに至り、終戦後、彼ら占星術家に直に接し、そこでの見聞を著書としてまとめました。著書として『占星術：第二次世界大戦でのその書かれざる役割を含む歴史 ("Astrology: A Recent History including the Untold Story of Its Role in World War II ")』(New York: Walker and Co., 1968) などがあります。

※ 104 　ロバート・ゾラー Robert Zoller (1947 〜)　●中世占星術家。20代半ばでガイド・ボナッティ、ジャン＝バティースト・モランの英訳図書に出会い、以降ガイド・ボナッティ、マルシリオ・フィチーノ※104a 等、ラテン語で書かれた占星術図書を英訳。ジョン・リー・レーマンやクリス・ブレナンも指摘している※104b 通り、ゾラーの著書『占星術におけるアラビック・パーツー失われた未来予知の鍵 ("Arabic Parts in Astrology - A Lost Key to Prediction")』(Inner Traditions International, 1980) は、伝統占星術復興運動の嚆矢の役割を果たしました。9・11アメリカ同時多発テロ事件を伝統占星術を用い予知し、警鐘を呼びかけたことでも知られています。占星術会議連合 (UAC) 2002年レグルス賞発見・革新・調査 ("Discovery, Innovation & Research") 部門受賞。著書として『中世占星術師のツールと技術 第1〜3の書 ("Tools & Techniques of the Medieval Astrologer Book 1 〜 3")』(A New Library Publication, 3rd Edition 2004/First Edition 1981) があります。

※ 104a 　マルシリオ・フィチーノ Marsilio Ficino (1433 〜 1494)　●イタリアのプラトン主義哲学者、翻訳家、ライター。人生の初期に学んだ占星術については、当時の占星術家がこれを未来予知に用いることを批判する等、時代性に捉われない、独自の見解を抱いていたようです。まとまったものはオムニバス形式で数冊のみであるという、膨大に残存する氏の作品・記事を高く再評価する占星術家は多いようです。

第2章　マンディーン占星術の歴史的背景〈倉本和朋〉

※ 104b　ジョン・リー・レーマンによる指摘は John Lee Lehman"Classical Astrology for Modern Living: From Ptolemy to Psychology & Back Again"(Schiffer, 1996), p. 10 (『現代を生きる人々のための古典占星術：プトレマイオスから心理学まで、そして再び戻ってくる』（スチファー、1996 年）、10 ページ）を、クリス・ブレナンによる指摘は "Hellenistic Astrology - the Study of Fate and Fortune"(Amor Fati Publications, 2017), p. 139 (『ヘレニスティック占星術－運命と運勢についての学び』（アモール・ファティ出版、2017 年）、139 ページ）をそれぞれ参照。

※ 105　ゾルタン・メイソン Zoltan Mason (1906 〜 2002)　●アメリカ人占星術家、書店経営者。ジャン＝バティースト・モラン『フランス占星術　第 21 の書 ("Astrologia Gallica Book 21")』の英訳図書、『占星統合／ホロスコープ解釈の合理的システム／ジャン＝バティースト・モランによる ("Astrosynthesis/The Rational System of Horoscope Interpretation/according to Morin de Villefranche")』（New York, 1974）を手掛けました。ロバート・ゾラーなどの後続占星術家を輩出しました。

※ 106　"An Interview with Robert Zoller by Garry Phillipson"（ギャリー・フィリプソン※ 106a「ロバート・ゾラーのインタヴュー」）http://www.skyscript.co.uk/zoller.html 参照。

※ 106a　ギャリー・フィリプソン Garry Phillipson (1954 〜)　●ロバート・ハンド、ロバート・ゾラー、ノエル・ティル※ 106b、ベルナデット・ブレイディ※ 106c 等、数十名の占星術家へのインタビュー記事をもとに、占星術の多岐にわたるテーマを論じた『0 年の占星術 ("Astrology in the Year Zero")』（Flare Publication, 2000）を著書に有するイギリス人占星術家。

※ 106b　ノエル・ティル Noel Tyl (1936 〜)　●心理学、心理的欲求理論を結びつけた独自の占星術、カウンセリング。占星術会議連合 (UAC) レグルス賞 1998 年職業イメージ部門受賞。2011 〜 2014 年、毎年一回ずつ来日講座も行いました。21 世紀前半を代表する占星術家の一人。著書として『占星術における統合とカウンセリング ("Synthesis & Counseling in Astrology: The Professional Manual")』（Llewellyn, 1994）、『クリエイティブな占星術師 ("Creative Astrologer")』（Llewellyn, 2000）、邦訳書として『心理占星術 2　クリエイティブな理論と実践』（石塚隆一※ 106d 訳、イースト・プレス、2014）などがあります。

※ 106c　ベルナデット・ブレイディ Bernadette Brady(1950 〜)　●オーストラリア出身の古典占星術家。アストロ・ロゴス (Astro Logos) 主宰。2008 年占星術会議連合 (UAC) レグルス賞学説＆理解部門受賞。著書として『ブレイディの恒星の書("Brady's Book of Fixed Stars")』(Samuel Weiser, 1998) があります。

※ 106d　石塚隆一(1964 〜)　●心理占星術研究家。ノエル・ティルの占星術講座マスターコース受講や、ティルの原書通読を経て、ティル式心理占星術を日本に広めることをライフワークとしています。大倉山占星術研究会主宰。監訳図書としてノエル・ティル『心理占星術　コンサルテーションの世界』(星の勉強会訳・編、イースト・プレス、2011)、著書として『子ギツネ心理占星術：〜単純化したアプローチ〜』(kindle 版) があります。

※107　アラビック・パーツ Arabic Parts ●アラビアン・パーツとも呼び、古代ギリシャ占星術ではロットと呼ばれていました。惑星、ハウス・カスプあるいは他アラビック（アラビアン）・パーツのうち、二つ以上から構成されたものの統合、計算により導き出された黄道上のポイントを表します。古代ギリシャ時代にはパート・オブ・フォーチュン、パート・オブ・スピリット、パート・オヴ・ハイレグ等が既に存在していましたし、アラビアで占星術が隆盛を極めた時代には少なくとも 97 のアラビック（アラビアン）・パーツが存在した、との説もあります。ギリシャ占星術ではロット・オブ・フォーチュン、ロット・オブ・スピリット等と呼ばれていました。

※108　伝統占星術復興運動●上記、ゾラーの一冊ならびに同じゾラーの上記『中世占星術師のツールと技術　第1〜3の書』(1981 年) を端緒とし、ジョージ・ヌーナン※108a がギリシャ占星術関連図書をリリース(1984 年)、1985 年にはジェイムズ・ホールデンがアレキサンドリアのポール※108b やレトリウスの英訳図書を自身と親密な、内輪の占星術家達に配布、そしてオリヴィア・バークレー※108c、パトリック・カリー※108d、ジェフリー・コーネリアス※108e ら英国の著名占星術家がウィリアム・リリー『キリスト教占星術 ("Christian Astrology")』(Regulus, 1985) ファクシミリ版出版を手掛けた事で一気に加速。1990 年頃ジョン・リー・レーマンに伝統占星術の学習を薦められたロバート・ハンドがロバート・シュミット、ロバート・ゾラーらとともにプロジェクト・ハインドサイトを結成、大規模な翻訳活動を繰り広げました (1993〜)。オットー・ネウゲバウアー※108f、ヴァン・ホワゼン※108g、リン・ソーンダイク※108h、ディヴィッド・ピングリー※108i ら（占星術家ではない）学者の研究書も大いに研究され、1999 年にはロバート・ハンドら占星術家と学者であるチャールズ・バーネット※108j のコラボも実現しました※108k。21 世紀から 2019 年現在までにもベンジャミン・ダイクス※108l、クリス・ブレナン、森谷リリ子※108m など多くの後継者が輩出され続けています。

※108a　ジョージ・ヌーナン George Noonan(1927 〜 2009) ●米国の占星術家、プトレマイオス研究家。著書として『古典科学占星術 ("Classical Scientific Astrology")』(A. F. A. Inc. 1984) があります。

※108b　アレキサンドリアのポール Paul of Alexandoria (??? 〜 ???) ● 378 年頃活躍した、アレキサンドリアの占星術ライター。英訳図書としてジェイムズ・ホールデン訳『占星術への導入 ("Introduction to Astrology")』(Trans. by James Herscel holden, AFA, 2012) などがあります。

※108c　オリヴィア・バークレー Olivia Barclay (1919 〜 2001) ●イギリスの占星術家。ウィリアム・リリー『キリスト教占星術 ("Christian Astrology")』(Regulus 1985) すなわち第三版（ファクシミリ版）出版により、伝統占星術復興のみならずホラリー占星術の復興にも大いに貢献。國分秀星など多くの後続占星術師を輩出。著書として『再発見されたホラリー占星術 ("Horary Astrology Rediscovered")』(Whitford Press, 1990) があります。

※108d　パトリック・カリー Patrick Curry (1951 〜) ●ケント大学やバス・スパ大学等で天文学等の教鞭を執った。著書として『占星術、科学そして社会 ("Astrology, Science and Society")』(Boydell & Brewer Inc, 1987) 等があります。

第2章　マンディーン占星術の歴史的背景〈倉本和朋〉

※ 108e　ジェフリー・コーネリアス Geoffrey Cornelius（??? ～）●著書として『占星術の瞬間（"The Moment of Astrology"）』（The Wessex Astrologer, 2003,／First Edition 1994)、『占星術（の初心者）をご紹介（"Introducing Astrology(Beginners)"』(Icon Books, 1995、マギー・ハイド Maggie Hyde 等との共著、邦訳版として『占星術（知的常識シリーズ）』（武者圭子訳、心交社、1996）あり）などがあります。

※ 108f　オットー・ネウゲバウアー Otto Neugebauer（1899 ～ 1990）●著書として『ギリシャのホロスコープ（"Greek Horoscopes"）』（Philadelphia Philosophical Society, 1959、ヴァン・ホアゼン Van Hoesen との共著）があります。

※ 108g　ヴァン・ホアゼン Van Hoasen（??? ～ ???）●詳細不明。オットー・ネウゲバウアーと共に『ギリシャのホロスコープ』を著しました。

※ 108h　リン・ソーンダイク Lynn Thorndike（1882 ～ 1965）●アメリカ人の歴史家。1924 ～ 1952 年のあいだ、コロンビア大学歴史学教授を務めた。著書として『魔術と実験科学の歴史　第 1 ～ 8 巻（"A History of Magic and Experimental Science Volume 1 ～ 8"）』(New York: Columbia University Press, 1923 ～ 1958）があります。

※ 108i　ディヴィッド・ピングリー David Pingree（1933 ～ 2005）●ラテン語、ギリシャ語、アラビア語、サンスクリット語に通じていたアメリカの学者で、古代占星家達の仕事を研究しました。著書として『マシャアラーの占星術史（"The Astrological History of Masha allah"）』（Harvard University Press, 1971、E. S. Kennedy との共訳）などがあります。

※ 108j　チャールズ・バーネット Charles Burnett（??? ～）●イスラム史研究家。占星術に関わる英訳書としてアブ・マシャー『占星術への導入の概要（Abu Ma'shar"The Abbreviation of the Introduction to Astrology"）』（Brill Academic Pub, 1994、山本啓二、矢野道雄との共訳）があります。

※ 108k　Abu Ma'shar"The Abbreviation of the Introduction to Astrology"(Ed. and Trans. by Charles Burnett, with Historical and Technical Annotations by Ch. Burnett, G. Tobyn, G. Cornelius and V. Wells, ARHAT, 2004)(アブ・マシャー『占星術への導入の概略』（チャールズ・バーネット編集・英訳、歴史・技術にかんする注釈：チャールズ・バーネット、グレアム・トービン※ 108n)、ジェフリー・コーネリアス、V・ウェルズ、ARHAT、2004 年))。

※ 108l　ベンジャミン・ダイクス Benjamin Dykes（??? ～）●ロバート・ゾラーに師事した占星術家。英訳図書として『グイド・ボナッティがホラリーについて述べた書（"Bonatti On Horary"）』（Cazimi Press, 2010）などがあります。

※ 108m　森谷リリ子（??? ～）●占星術サイト「スターメディア」主宰。占星術の鑑定、実践に関わる古典占星術の研究、通信講座。2012 年、ロバート・ゾラーの著書を日本で紹介するために翻訳掲載できる権利をゾラーより受理（ただし、ゾラーとは師弟関係ではないとのこと）。著書として『占星術の起源　太陽と黄金の古代エジプト』(スターメディア、2010) があります。

※ 108n　グレアム・トービン Graeme Tobyn (???〜)　●著書として『カルペパーの医療 ("Culpeper's Medicine")』(Singing Dragon, 2013/First Edition 1997)、邦訳書『占星医術とハーブ学の世界：ホリスティック医学の先駆者カルペパーが説く心と身体と星の理論』(鏡リュウジ監訳、上原ゆうこ翻訳、原書房、2014 年) があります。

※ 109　プトレミー『テトラビブロス』の意訳版を英訳したジョン・ワレー※ 109a、ジェイムズ・ウィルソン※ 109b、J・M・アシュマンド※ 109c などの例外はあります※ 109d。19 〜 20 世紀半ばの間、英語圏の占星術家に最も利用されたのはアシュマンドの英訳版。

※ 109a　ジョン・ワレー John Whalley (1653 〜 1724)　●アイルランド出身の占星術家。プトレマイオス『テトラビブロス』の意訳版を、史上初で英訳した人物。

※ 109b　ジェイムズ・ウィルソン James Wilson(??? 〜 ???)　● 1820 年頃活躍したイギリス人占星術家。著書として『占星術完全辞典 ("A Complete Dictionary of Astrology")』(W. Hughes, 1819) があります。

※ 109c　J・M・アシュマンド J. M. Ashmand (??? 〜 ???)　● 1822 年頃活躍したイギリス人ライター。プトレマイオス著『テトラビブロス』を、プロクルス※ 109e が意訳した文章 (= ギリシャ語) を英訳したことで知られています (Ptolemy"Tetrabiblos"(Trans. by J. M. Ashmand, Astrology Center of America, 2002))。

※ 109d　James Herschel Holden"A History of Horoscopic Astrology"(AFA, 1996), p. 85 (ジェイムズ・ハーシェル・ホールデン『ホロスコープを用いる占星術の歴史』(AFA、1996 年)、85 ページ) 参照。

※ 109e　プロクルス Proclus Diadochus (412 〜 485)　●ギリシャの哲学者。プトレマイオス著『テトラビブロス』と称する現代語版の中には、プトレマイオスのオリジナル (= ギリシャ語) からの翻訳でなく、プロクルスのギリシャ語意訳版をレオ・アラティウス Leo Allatius がラテン語訳したものを底本とし翻訳したものもあります。

※ 110　フランツ・キュモン Franz Cumont (1868 〜 1947)　●ベルギー生まれの考古学者、文献学者。著書として『ギリシャならびにローマの中での占星術と宗教 ("Astrology and Religion Among the Greek and Romans")』(Koecinger, ???/First Issued in 1912) があります。

※ 111　ジッポラー・ポテンジャー・ドビンズ Zipporah Pottenger Dobyns (1921 〜 2003)　●占星術家、臨床心理士。10 天体、12 サイン、12 のハウスを「いろは」的に説いた『12 文字のアルファベット ("12 Letter Alphabet" (通称ジップ・コード (Zip Code)))』で占星術の普及に大いに貢献、占星術会議連合 (UAC) レグルス賞を 2 度受賞 (1992 年教育部門、1998 年発見・革新・調査部門)。マリサ・ポテンジャー Maritha Pottenger ら 4 人の子息達 (のうち少なくとも 3 人) も占星術の分野で活躍。20 世紀後半の欧米を代表する占星術家の一人で、石川源晃※ 111a の占星術事典 (日本語) にも掲載がある数少ない欧米占星術家でもあります。著書として『プログレス、ディレクションそして出生時間修正 ("Progressions, Directions and Rectification")』(T. I. A. Publ, 1975) などがあります。

第2章　マンディーン占星術の歴史的背景〈倉本和朋〉

※111a　石川源晃 (1921 〜 2006)　●東京都出身の占星術家。日本では独自のハーモニクス理論やハーフサム理論、『占星学』シリーズ著書で著名ですが、アメリカ占星術連盟に加わり記事（英語）を多数発表、1991 年にはアメリカ占星術連盟で重役職に就任する等、欧米での活躍、貢献も有します。同じアメリカ占星術連盟所属のジェイムズ・ホールデンは、自身より 5 歳年長の同僚であった石川源晃に敬意を持っていたようです。著書として『ハーモニクス分割 ("Divisional Harmonics")』(AFA, 1984)、『ポケットサイズ 占星天文暦 ("Pocket Size Astroephemeris")』(石川事務所、1985 年)、『実習 占星学入門－ホロスコープの作り方と読み方』(平河出版社、1988 年) などがあります。

※112　パーカー夫妻●デレク・パーカー Derek Parker (1932 〜)、ジュリア・パーカー Julia Parker (1932 〜) の二人の占星術家を指します。共著『完全占星術家 ("The Compleat Astrologer")』(McGraw-Hill, 1971) は占星術図書のミリオン・セラーを記録しました。

※113　ジッポラー・ポテンジャー・ドビンズ自ら、自身が発明したジップ・コードの誤った利用法に対し警鐘を鳴らしている (Maritha Pottenger & Zipporah Pottenger Dobyns" Healing Mother – Daughter Relationships with Astrology"(Llewellyn, 2003) p.5 (マリサ・ポテンジャー＆ジッポラー・ポテンジャー・ドビンズ『母親と娘との関係を占星術を用いて癒す』(ルウェリーン、2003 年) 5 ページ) 箇所があります。

※114　心理占星術 Psychological Astrology ●心理学的概念・実践の見地から占星術を再構築する試みの下になされ、結果、心理学と占星術の両者が融合するものとなりました、占星術の一カテゴリー。ユングとルディアに多くを負っている、とされています。そのホロスコープ解釈での手法・手順については例えばハワード・サスポータス※114a の著書を参照。

※114a　ハワード・サスポータス Howard Sasportas(1948 〜 1992)●心理占星術団体 CPA をリズ・グリーン※114b らと共に設立。ホロスコープ上での天体配置を、心理学の観点から見た人の性質に結びつける等、独自の心理占星術解釈法を明確にしました。著書として『12 のハウス ("The Twelve Houses")』(Aquarian Press, 1985)、『パーソナリティの発展 ("The Development of Personality")』(Samuel Weiser, 1987, リズ・グリーンとの共著) などがあります。

※114b　※114b　リズ・グリーン Liz Greene (1946 〜)　●心理占星術団体 CPA をハワード・サスポータスらと共に設立。1989 年占星術会議連合 (UAC) レグルス賞学説・理解部門受賞。20 世紀後半〜 21 世紀前半を代表する占星術家の一人。著書として『人との関わり：この小さな地球で他者と関わるための占星術ガイド ("Relating: An Astrological Guide to Living with Others on a Small Planet")』(Weiser Books, 1978)、邦訳書として『占星学』(岡本翔子・鏡リュウジ訳、青土社、2000) あり)、『運命の占星術 ("The Astrology of Fate")』(Red Wheel/Weiser, 1984) 等があります。

※115　カール・グスタフ・ユング Carl Gustav Jung (1875 〜 1961)　●精神分析家、心理学者として世界的に著名。クライエント一人ひとりとのカウンセリングに手助けとなる一手法として占星術を取り入れていたといわれています。ディーン・ルディアが提唱した、20 世紀ヒューマニスティック占星術や心理占星術誕生への影響という面で貢献。

※116 ディーン・ルディア Dane Rudhyar（1895 〜 1985）● 20 世紀を代表する占星術家の一人。20 世紀初頭に台頭した、占星術に対する心理学的アプローチやヒューマニスティック占星術という考え方、試みのムーブメントを牽引。月や黄道 360°等のサイクルにも着眼。マーク・エドモンド・ジョーンズ同様、サビアン占星術※116a での功績。著書として『パーソナリティの占星術("Astrology of Personality")』(Lucis Publ. Co., 1936)、『太陰月のサイクル("Lunation Cycle")』(Shambala, 1967)、『占星術のマンダラ("An Astrological Mandala")』(Random House, 1973) などがあります。

※116a サビアン占星術 Sabian Astrology ●獣帯 360 の度数一つひとつに、それらに関する象徴をあてはめ解釈する占星術。1925 年、マーク・エドモンド・ジョーンズが、詩人エリスィー・フィーラー※116b が謳い上げた 360 の度数に関する詩文の意味を掘り下げたのが始まりで、後にディーン・ルディア、そして松村潔も取り組みました。19 世紀にも、例えばチャルベル Charubel（本名ジョン・トマス John Thomas）などが同じ試みを既に行っていましたが、チャルベルが意味の掘り下げを行う際、意味に吉凶の要素を含ませ過ぎたのをジョーンズは快く思いませんでした。松村潔は「サビアンシンボルのイメージ的な記述は象徴を扱う人の好みも強く反映されるのでわかりにくい面があり、むしろサインのそれぞれの度数の意味を、数そのものの意味として解釈した方が正確な面がある」※116c と考え、詩文・象徴よりも度数の意味に重きを置き解釈しました。

※116b エリスィー・フィーラー Elsie Wheeler（1887 〜 1938）●アメリカの降霊術師、超能力者。アストロ・データバンク※116d によれば、フィーラーのネイタル月の度数は魚サイン 29 度（数え 30 度）。360 度すべての度数を、牡羊サイン 0 度から始まり、魚 29.59 度で終わるプロセス・過程と考えた場合、この度数は 360 度すべての度数を旅し、経験し終えた、すなわちすべての度数のまとめの度数、と考えてもよいと思います。著者はフィーラーを、サビアン占星術誕生の（陰の）大功労者と常々考えています。

※116c 松村潔『完全マスター占星術 II』（説話社、2016 年）、312 ページ参照。

※116d アストロ・データバンク Astro Databank ●著名人の出生図やイベント・チャートなどの占星術データを集め、それらを公開することを目的としたウェブサイトで、1979 年にロイス・メイ・ロデン※116e がデータ集めを始めたのがきっかけ。2008 年以降は、アロイス・トレインドル率いるアストロ・ディーンストがロデンのデータを引き受けたため、ウェブ上で誰もが閲覧可能になっています。

※116e ロイス・メイ・ロデン Lois May Rodden（1928 〜 2003）●アストロ・データバンク生みの親。収集した占星術データを 5 冊の著書にまとめ、出版後も新規データ発掘、ならびにそれらデータのメンテナンスを継続しました。また、出生データの精度についての格づけを示すシステムであります、ロデンズ・レイティング (Rodden's Rating) をも構築。著書として『女性のプロフィール ("Profiles of Woman")』(American Federation of Astrologers, 1979)、『アストロ・データ II ("Astro Data II ")』(American Federation of Astrologers, 1988) などがあります。

※117　ゴークラン事件●ミシェル・ゴークラン※117a が、スポーツのチャンピオンや科学者の出生ホロスコープで特色をなす配置を、統計の見地から突き止めました（これを、ベルギーの科学者達が4年間にわたり検証しましたが、ゴーグランと同じ結果を得るに至りました）が、「あの有名なネイチャー誌が、物理学者に統計結果が成立しないような嘘の報告をするように依頼したために、怒った物理学者がそれを暴露して、そこから世界中を巻き込んだ騒ぎが始まり……（松村潔監修『バウハウス MOOK 恋愛も仕事もこれを見れば完璧！ インターネット占いサイト完全大集合！』（バウハウス、2000年）62ページ）」。

※117a　ミシェル・ゴークラン Michel Gauquelin (1928～1991)　●「ゴークラン・センター」等、占星術を統計的に調査した功績で知られます。著書として『宇宙の時計 ("The Cosmic Clocks")』(Henry Regnery Co., 1967) があります。

※118　"The Mountain Astrologer"Oct/Nov 2014(#177), "An Interview with Robert Hand"by Tem Tarriktar and Chris Brennan, p.41（『山の占星術家』誌 2014年10/11月号（第177号）収録、テム・タリクター＆クリス・ブレナンによる「ロバート・ハンドのインタヴュー」、41ページ）参照。ここでロバート・ハンドは、1975年『ヒューマニスト』誌上で発表された、186人の科学者達による、占星術に対する攻撃の声明文『占星術に対する異議 ("Objections to Astrology")』("The Humanist"Sep/Oct 1975) を読むなどのプロセスを経、占星術に対する信念が揺らいだと述べています。石塚隆一は、占星術家同士、あるいは占星術家と科学者・宗教家などの間で、さまざまな議論が行われる風習が欧米にはあり、これを彼の地のディベート (debate=日本語で「討論」の意) 文化のなせる業とし、こうした議論を行うことが欧米の占星術家一人ひとりにとって、占星術家として、また長じて人としても成長につながるものになっている、と指摘しました※118a。

※118a　この石塚隆一による指摘は、著者との個人的なコミュニケーションでの情報です（ので、書籍・ウェブ上のブログや SNS などには載っていません）。

※119　ロバート・ゾラーは、ラテン語を学び中世学の学位を修める過程で科学史などの学問に触れ、その科学史を通じて「当今の『再調合』」(contemporary "reformulation") ではない、真の伝統 (real tradition) に適った、「真の文献」(real documents) 上の占星術に巡り合ったとしています。"An Interview with Robert Zoller by Garry Phillipson"（ギャリー・フィリップソン「ロバート・ゾラーのインタヴュー」）http://www.skyscript.co.uk/zoller.html 参照。

※120　アブラハム・イブン・エズラ Abraham Ibn Ezra (1089?～1164)　●中世占星術史上、最も博学なユダヤ人の一人で、占星術がアラブ世界からヨーロッパへ伝わった際の重要人物。英訳図書としてメイラ・エプステイン※120a 訳『知恵の始まり』("The Beginning of Wisdom"(Trans. by Meira B. Epstein, ARHAT, 1998))、同じくメイラ・エプステイン訳『ネイタル・チャートの書』("The Book of Nativities"(Trans. by Meira B. Epstein, ARHAT, 2008)) があります。

※120a　メイラ・エプステイン Meira Epstein (???～)　● ARHAT で活躍。ヘブライ語占星術図書を英訳しました。英訳図書として『南フランスのラビ※120b とマイモニデス※120c の占星術についての往復書簡 ("The Correspondence Between the Rabbis of Southern France and

Maimonides about Astrology")』(Trans. and Annotations by Meira B. Epstein, ARHAT, 1998) があります。

※120b　ラビ●ユダヤ教においての宗教的指導者であり、学者でもあるような存在。

※120c　マイモニデス (1135 〜 1204)　●ラビ・モーシェ・ベン＝マイモーン。スペイン・コルドバ出身のユダヤ教徒のラビであり、哲学者。医学・天文学・神学にも精通していた。カバリスト、アリストテレス主義者、新プラトン主義者。その業績は「モーシェの前にモーシェなく、モーシェの後にモーシェなし」と称賛され、ルネサンスのヒューマニズムの先駆者と評価される。

※121　伝統占星術復興以降出版された英訳図書、伝統占星術ガイド本を、時代をたどり読んでいくと、『キリスト教占星術』よりもプトレマイオス、ヴェッティウス・ヴァレンズからグイド・ボナッティら（＝リリー以前に遡る先達）の英訳図書の方が、脚注や巻末資料に現れる参考文献として拠り所とされているのがわかります（ただし『キリスト教占星術』中、ホラリーを述べた "Vol.2" は別）。ラテン語などで書かれた 17 世紀以前の占星術の膨大な知識を、ウィリアム・リリーはまとめた上英語で綴った、という説もかつてはございましたが、『キリスト教占星術』に記載なき知識も膨大に存在することが上記プロセスをもって判明もしているのです……ですが、これはひるがえって考えるに、リリーよりもリリーを過大評価、あるいは検証なしに頼り切ってしまった、上述「ラテン語などで…英語で綴った」云々と唱えたリリー以後の占星術家達の側の問題だったのかもしれません。『キリスト教占星術』に対する、ラディカルなまでの批判を含む、碩学による文章は國分秀星『ホラリーに関する誤解 (4)』(http://www.kokubu.com/astrology/mis4.htm) ならびに『ホラリーに関する誤解 (5)』(Http://www.kokubu.com/astrology/mis5.htm) 参照。著者曰く、私達人間は伝言ゲーム—つまともにできない場合がある生き物であり、そういった意味では、私達と同じ人間であるリリー - リリーが偉大な占星術家であることは前提で書いておりますが - も先達から得た情報を誤認し修得したケースもあったのかもしれません。つまるところ、21 世紀の欧米では、プトレマイオス（についても以下詳述いたします）、ウィリアム・リリー、（ついでに）アラン・レオなどのいわゆる「著名」とされる占星術家に対する、「実際に読むことならびに検証なしでの」「手放しの賛美」はなくなりつつある、ということです。

※122　ヨハン・ショナー Johann Shoener (1477 〜 1547)　●数学者、天文学者、占星術家、地理学者。レジオモンタナスの仕事を受け継ぎました。英訳図書としてロバート・ハンド訳『ネイタル・チャートを判断する三つの書、其の一』("Three Books on the Judgments of Nativities, Book I "(Trans. by Robert Hand, ARHAT, 2001)) などがあります。

※123　ヴェッティウス・ヴァレンズ Vettius Valens (120 〜 175)　●ギリシャ人の占星術家、占星術教師で、プトレマイオスとほぼ同時代を生きた人物。英訳図書としてロバート・シュミット訳『選集 第1〜7の書 ("The Anthology Book I〜VII ")』(Trans. by Robert Schmidt, Golden Hind Press, 1994 〜 ???) などがあります。ヘレニスティック占星術（＝古代ギリシャ占星術）での実践レベルでの技術を世に伝えた、という意味で最も重要な人物はこのヴァレンズがその代表格、という説が 2019 年時点では存在します。ヴァレンズと同じ時代を生きたプトレマイオスは、そもそも占星術の実践家ではなかったという説も存在し、例えばベンソン・ボブリッ

第2章　マンディーン占星術の歴史的背景〈倉本和朋〉

ク※123a は、「プトレマイオスの『テトラビブロス』は、伝統占星術において最も重要なテキストではあるものの、ある意味不十分なものである」とし、2世紀のアレキサンドリアで占星術学校運営に携わってもいたヴァレンズの上記著書『選集』全9巻の方がより完全なもの※123b としています。実践という枠に囚われず、天文学・哲学をも踏まえた、より広範な視点から鑑み後世に影響を与えた、という意味では、本文でも触れた通り、もちろん『テトラビブロス』が最も重要な著書でしょう。

※123a　ベンソン・ボブリック Benson Bobrick (???～) ●ジャーナリスト。ロバート・ゾラー、ジェイムズ・ホールデン、パトリック・カリー、ニコラス・キャンピオン、ロバート・ハンドなど、2000年代を代表する占星術家達を総力取材した上で書き上げた、『運命づけられた空－歴史における占星術 ("The Fated Sky - Astrology in History")』(Simon & Schuster, 2005) が著書としてあります。

※123b　Benson Bobrick"The Fated Sky - Astrology in History"(SIMON & SCHUSTER PAPERBACKS, 2005), p. 54～56 (ベンソン・ボブリック『運命づけられた空－歴史における占星術』(シモン＆シュスター・ペーパーバックス、2005年)、54～56ページ)、James Herschel Holden"A History of Horoscopic Astrology"(AFA, 1996),p.147 (ジェイムズ・ハーシェル・ホールデン『ホロスコープを用いる占星術の歴史』(AFA, 1996年)、147ページ) ならびに國分秀星「プトレマイオスの占星術」(http://www.kokubu.com/astrology/ptolemy.htm) 参照。

※124　James Herschel Holden"A History of Horoscopic Astrology"(AFA, 1996), p.221 (ジェイムズ・ハーシェル・ホールデン『ホロスコープを用いる占星術の歴史』(AFA、1996年)、221ページ) 参照。

※125　マーク・エドモンド・ジョーンズ Marc Edmund Jones (1888～1980) ●オカルティスト、占星術家。詩人にして "clairvoyant (≒千里眼の人)" でもあるエリシィー・フィーラーとの協力関係に基づきサビアン占星術を最初に提唱。天体配置のパターンによるホロスコープ解釈手法でも知られています。

※126　Marc Edmund Jones"Fundamentals of Number Significance"(SABIAN PUBLISHING SOCIETY, 1978)p. 65 (『数字の重要性の基礎をなすもの』(サビアン出版社会、1978年)、65ページ) 参照。ちなみにジョーンズは、左記引用箇所で、占星術の歴史を詳しく述べることを主眼としているわけではないことは明言しておきます。

※127　Nicholas Campion"Western Astrology 1 - The Ancient World"(Continuum International Publishing Group, 2008)Chap. 1(ニコラス・キャンピオン『西洋占星術1－古代世界』(コンティニューム国際出版グループ、2008年) 第一章) 参照。

※128　『マウンテン・アストロロジャー (山の占星術家)』誌 "The Mountain Astrologer"Magazine ● 1987年発行開始の、2か月ごと発行の占星術雑誌 (英語) で、2018年8/9月号で創刊200号を達成。ウェブ上から (定期) 購読申し込みが可能なため、定期購読者を世界中に有しています。編集長であるテム・タリクター Tem Tarriktar は2018年占星術会議連合 (UAC) レグルス賞職業イメージ部門を受賞しました。

※ 129　9・11 アメリカ同時多発テロ事件● 2001 年 9 月 11 日にアメリカ合衆国内で同時多発的に発生した、航空機等を用いた四つのテロ事件の総称。

※ 130　"The Mountain Astrologer"Apr/May 2002(#102) 収　録、Robert Hand"The Great Conjunctions and the World Trade Center Attacks", p. 21 〜 32 (『山の占星術師』誌 2002 年 4/5 月号収録、ロバート・ハンド著「グレート・コンジャンクションと世界貿易センターへの攻撃」、21 〜 32 ページ) 参照。

※ 131　"The Mountain Astrologer"Apr/May 2002(#102) 収　録、Robert Hand"The Great Conjunctions and the World Trade Center Attacks", p.31 (『山の占星術師』誌 2002 年 4/5 月号収録、ロバート・ハンド著「グレート・コンジャンクションと世界貿易センターへの攻撃」、31 ページ) 参照。

※ 132　ウサーマ・ビン・ラーディン(1957 〜 2011)●サウジアラビア出身のイスラム過激派テロリスト。アルカーイダの司令塔であり、アメリカ同時多発テロ事件をはじめとする数々のテロ事件の首謀者とされる。

※ 133　サッダーム・フセイン(1937 〜 2006)●イラク共和国の政治家。イラク共和国の大統領、首相、イラク軍最高司令官などを務めた。

※ 134　スロボタン・ミロシェヴィッチ (1941 〜 2006)●セルビアの政治家。セルビア社会主義共和国幹部会議長 (大統領に相当) などを務めた。

※ 135　Benson Bobrick"The Fated Sky - Astrology in History"(SIMON & SCHUSTER PAPERBACKS, 2005), p. 299 (ベンソン・ボブリック『運命づけられた空ー歴史における占星術』(シモン&シュスター・ペーパーバックス、2005 年)、299 ページ) 参照。

※ 136　Stephanie J. Clement, Ph. D. & Other 6 Authors"Civilization Under Attack"(Llewellyn, 2001) (ステファニー・ジーン・クレメント※ 135a 他 6 名『攻撃にさらされた文明』(ルウェリーン、2001 年)) 参照。本文中で触れました通り、ロバート・ハンドはいにしえのアラブの技法を用い 9・11 事件を検証しましたが、左記ペーパーバック本の中では、アストロ★カート★グラフィー※ 136b を用い、同事件を検証してもいます (左記図書 37 〜 46 ページ収録、『世界地図に出来事を当てはめる』("Putting Events on the World Map"by Robert Hand) 参照。なお上記アラブの手法を用いた記事は、このペーパーバック本にも収録されています)。一方、われらが日本の松村潔は同事件につき、テロ事件勃発時ホロスコープ上の火星や土星のサビアン・シンボルに着眼し検証しました。アラブの技法、アストロ★カート★グラフィー、サビアン……いずれの手法にしても、それら技法のエキスパート・熟練者にかかれば、この事件の性質「らしさ」は同じように浮き上がらせることは可能、ということ。

※ 136a　ステファニー・ジーン・クレメント Stephanie Jean Clement (1944 〜 2014)●著書として『ミッドヘヴンの力 ("Power of the Midheaven")』(Llewellyn, 2001) などがあります。

第 2 章　マンディーン占星術の歴史的背景〈倉本和朋〉

※ 136b　アストロ★カート★グラフィー Astro ★ Carto ★ Graphy ●ロケーション占星術の手法の一つで、リロケーション、すなわちチャートの出生等場所のみを変えたチャートを作成、それにより変わるチャートの影響をリーディングするというもの。占星術家ジム・ルイスが最初に提唱したとされています。

※ 137　ジョージ・W・ブッシュ大統領(1946 〜)●アメリカ合衆国の政治家。第 46 代テキサス州知事、第 43 代アメリカ合衆国大統領を歴任。第 41 代アメリカ合衆国大統領のジョージ・H・W・ブッシュは父。2001 年 9 月に発生した同時多発テロ事件の後の同年 10 月に、ブッシュは世界的な「テロとの戦い」を発表して米国愛国者法を成立させた。そしてアフガン侵攻に臨み、ターリバーン政権を倒しアルカーイダを壊滅させて、ウサーマ・ビン・ラーディンをデッド・オア・アライブとして逮捕あるいは殺害することを命じた。2003 年 3 月にブッシュはイラク侵攻を命じ、「イラクが国際連合安全保障理事会決議 1441 に違反しており、戦争がアメリカ合衆国の保護のために必要だった」と主張した。

※ 138　James R. Lewis"The Astrology Book – The Encyclopedia of Heavenly Influences"(Visible Ink Press, 2003), "Mundane Astrology"by Nicholas Campion, p. 473（ジェイムズ・R・ルイス『占星術の書－天空の影響についての百科全書』（ヴィジブル・インク・プレス、2003 年）収録、ニコラス・キャンピオンによる「マンディーン占星術」の項中、473 ページ）参照。

※ 139　チャールズ・ハーヴェイ Charles Harvey（1940 〜 2000）●英国占星術協会会長を務めた。著書として『太陽サイン、月サイン("Sun Sign, Moon Sign")』(Thorsons, 1994、スージー・ハーヴェィ Suzi Harvey との共著。邦訳書として『月と太陽でわかる性格事典』(鏡リュウジ監訳、ソニー・マガジンズ、2003) があります。

※ 140　"The Mountain Astrologer"Apr/May 2003(#108) 収　録、Darellyn Gunzburg"An Interview with Nick Campion"(『山の占星術師』2003 年 4/5 月号記事、ダレリン・グンズバーグ[140a]「ニコラス・キャンピオンのインタヴュー」）参照。キャンピオンはここで、人命に関わる惨事を予知する際の、占星術が有する心なさ(Heartlessness)について述べています。またこのハーヴェイの発言は、実践占星術師としての実績を有するハーヴェイがいったから、そして同様の実績のあるキャンピオン（= 1980 〜 1990 年頃、氏は英国のデイリー・メール誌で実践占星術のコラムを担当なさっていました）が紹介しているから、より説得力があるものと著者は考えます。

※ 140a　ダレリン・グンズバーグ Darellyn Gunzburg（1954 〜）●オーストラリア出身の伝統占星術家。同じ豪州出身のベルナデット・ブレイディとイギリスで活躍。著書として『悲しみ直後の人生: 喪失を扱う占星術("Life After Grief: An Astrological Guide to Dealing with Loss")』(Wessex Astrologer, 2004) があります。

※ 141　ジョン・リー・レーマン John Lee Lehman（1953 〜）●伝統占星術家。小惑星や植物学、ハーバルへの造詣でも知られています。占星術会議連合（UAC）レグルス賞 2008 年教育部門受賞。21 世紀を代表する占星術家の一人。著書として『エッセンシャル・ディグニティ("Essential Dignities")』(Schiffer Publishing, 1989)、『現代を生きる人々のための古典占星術("Classical Astrology for Modern Living")』(Schiffer, Publishing, 2000) などがあります。

※142 マーク・ペンフィールド Marc Penfield（1942〜）●占星術データ収集家として知られ、世界の国々の建国等データを地域毎にまとめた "Horoscopes of 〜 "（『〜のホロスコープ』）シリーズが著書としてあります。『アジア、オーストラリア、太平洋のホロスコープ（"Horoscopes of Asia, Australia and the Pacific"）』（American Federation of Astrologers, 2005）、『アフリカのホロスコープ（"Horoscopes of Africa"）』（American Federation of Astrologers 2009）などの著書があります。

※143 マイケル・ベイジェント Michael Baigent（1948〜2013）●ニュージーランド出身の理論家。キリストの生涯等に関するベストセラー図書 "Holy Blood, Holy Grail"（リチャード・レイ Richard Leigh らとの共著『レンヌ＝ル＝シャトーの謎』として邦訳書）あり。

※144 Nicholas Campion"The Book of World Horoscopes"(THE AQUARIAN PRESS, 1988), p. 38〜48（ニコラス・キャンピオン『世界のホロスコープの書』（アクエリアン・プレス、1988年）、38〜48ページ）参照。

※145 ウィリアム・デルバート・ガン William Delbert Gunn（1878〜1955）●金融トレーダーで、ガン・アングルと呼ばれるメソッドを開発したことで知られています。著書として『農・鉱産物でのトレーディングで利益を得る方法：農・鉱産物のマーケットの研究（"How to Make Profits Trading in Commodities: a Study of the Commodity Market"）』（Pomeroy, 1941）などがあります。

※146 セファリアル Sepharial（1864〜1929）●本名はウォルター・ゴーン・オールド Walter Gorn Old。19世紀末〜20世紀初頭を代表する占星術家の一人で、アラン・レオを神智学協会に紹介した人物でもあります。セファリアルは同会を脱退後、プライマリー・ディレクションや経営占星術等を、実践科学的なものとして扱い取り組みました。著書として『予知・先見の科学（"Science of Foreknowledge"）』（L. N. Fowler & Co., 1918）、『トランシットと天体の期限（"Transits and Planetary Period"）』（W. Foulsham & Co., 1928）などがあります。

※147 エドワード・ジョンドロ Edward Johndro（1882〜1951）●カナダ生まれの占星術家。ヴァーテクス※147a の重要性を最初に提唱しました。著書として『星々：それらがどのように、どこで影響するか（"The Stars: How and Where They Influence"）』（Doherty, 1929）などがあります。

※147a ヴァーテクス Vertex ●黄道とプライム・ヴァーティカルとの二つの交点のうち、西側のそれ。エドワード・ジョンドロが発見・創案したホロスコープ上の感受点で、最も「運命的な」ポイント、「（アセンダント、MC に次ぐ）第三のアングル」等、さまざまな捉え方がなされています。日本では、松村潔がこのヴァーテクスの重要性を早い時期から唱えました。

※148 ビル・メリディアン Bill Meridian（1949〜）●アメリカの金融占星術家。

※149 レイモンド・メリマン Raymond Merriman（1946〜）●アメリカ人占星術家。金融市場を扱う占星術で知られる。占星術団体 ISAR の総長をも務めた。占星術連合会議（UAC）レグル

第2章　マンディーン占星術の歴史的背景〈倉本和朋〉

ス賞 1995 年職業イメージ部門、2012 年生涯の業績部門受賞。著書として『金融市場での時機を読むためのジオコスミック（≒地球上の広大無辺な？）研究の基礎をなす原則』("Basic Principles of Geocosmic Studies for Financial Market Timing"(Seek It Pubns, 1997/First Edition 1995))、『株式市場での時機読みについての究極の図書第 4 巻：太陽・月が短期間のトレーディング周期に関与する事 ("Ultimate Book on Stock Market Timing Volume 4: Solar Lunar Correlations to Short Term Trading Cycles")』(Seek It Pubns, 2003) などがあります。

※150　"The Mountain Astrologer"#157(Jun/Jul, 2011)"Uranian Shock Waves: The Disasters in Japan"compiled by TMA(=The Mountain Astrologer), p. 29 〜 34（『山の占星術家』誌 157 号（2011 年 6/7 月号）収録、「天王星の衝撃波：日本での大惨事」『山の占星術家』誌編、29 〜 34 ページ）。

※151　西洋占星術に限らず、何かを学ぶ際、本を読むという手段を用いる、そしてリファレンス（＝図書館にもそのためのカードなどがあります）を用い、それら図書を掘り下げていく――冊の図書を読み、さらに深く掘り下げるべく、その図書が拠り所とした参考文献を入手する、あるいは、さらに深い理解に至るために脚注、索引などを追い続けるなど―ことは世界中の誰もが行っている手段であり、またリファレンスを利用すればするほど、それを行う楽しみや発見、それらにより得る利点もあまた存在するものと著者は考えますが、それ以前に、読書に読書を重ね占星術を学んでいく、という手法がそもそも日本ではあまり行われてこなかったのかもしれません。

※152　ロバート・ハンドはギャリー・フィリプソンとのインタヴュー（『山の占星術家』誌 2003 年 6/7 月（#109）号収録、「ロバート・ハンドのインタヴュー第 2 部：占星術のための場所」("TMA"Jun/Jul 2003(#109)"Interview with Robert Hand Part Two: A Place for Astrology"by Garry Phillipson））で、ある占星術会議の場で、イタリアからやって来た代表者でボローニャ大学の教授（＝イタリアの、ボローニャを中心とする地域での知識層の中心人物）が、当時氏が研究対象としていたグイド・ボナッティの人生について、氏のいまだ知らなかったことをたくさん知っていたこと、そしてイタリア北部の占星術家達が歴史上において、大いなる影響を揮っていた（＝ひょっとしたら、文献では確認が容易でなく、口伝によるもの）ことを述べています（これを受けギャリー・フィリプソンは、「その人物がボローニャ大学で学んだ中心人物であれば、彼と同じこと（＝占星術）を行っている人物が周囲にもたくさんいるはずですね」と指摘しています）。この話から著者が指摘しておきたいのは、英語圏の占星術のみならず、世界中の何処にでも占星術の発展がある場所が（文書などブッキッシュなかたちで確認できなくとも）存在するという点であり、その一例は例えば、われらが日本では周知されており、また実践占星術の場でも有効であります松村潔のサビアン占星術で、未だ英訳がなされていないこともあり、欧米では周知されていないかもしれないけども、日本では充分周知され、本文に掲げました「良質な占星術」として存在はするのです。

※153　Benson Bobrick"The Fated Sky - Astrology in History"(SIMON & SCHUSTER PAPERBACKS, 2005), p. 283（ベンソン・ボブリック『運命づけられた空－歴史における占星術』（シモン＆シュスター・ペーパーバックス、2005 年）、283 ページ）参照。

※154　潮島郁幸（1903～???）●1928～1930年、ロンドン大学で経済学を学ぶ傍ら、占星学研究を始める。日本占星学研究所長を務めました。著書として『最新占星学』（明玄書房、1963）などがあります。

※155　ルル・ラブア（1945?～1999）●著書として『現代易占シリーズ　占星学の見方―幸運を招く星占い』（東栄堂、1974）、『アスペクト占星術』（学研、1991?）、『占星学』（実業之日本社、1995）などがあります。

※156　松村潔『ハーモニクス占星術』（学研、1992）、16ページ参照。

※157　著者曰く、松村潔はいまだ現在ほど著名でない時代に、占星術の勉強過程で海外からの情報(＝20世紀後半の時代には、2019年以上に入手が容易でなかった）を貪欲に吸収した、というプロセスを経ていますが、2019年現在、氏から学ぶ多くの人々がこの点をご存知ないか、あるいは忘却しているか、はたまたあるいは頓着していなかったりするのは残念、というのはあります。

※158　國分秀星（???～）●伝統占星術師。オリヴィア・バークレーに師事、バークレーよりQ. H. P.（＝ホラリー占星術のディプロマ）を授与されました。日本でも著名ですが、より以上に海外で著名な「徒手空拳（The Warrior of Astrology、他の誰も助けてくれるわけではない、頼れるのは自分自身のみである鑑定の現場において、占星術師として、自分が身につけたもの以外に頼らない、という意気込みを表現なさっているそうです）」の占星術師で、海外占星術雑誌への投稿記事などの仕事があります。また英語のみならず、ラテン語文献をも読む習慣を有しておられます。東京インスティテュート・オブ・アストロロジー主宰。

※159　鏡リュウジ（1968～）●心理占星術研究家、翻訳家。20世紀後半、みずから彼の地へ足を運び、イギリスを中心とした欧米占星術に直に親しみ、そこで得た知識・情報を日本にもたらしました。邦訳図書としてジェームズ・R・ルイス『占星術百科』（原書房、2000年）、リズ・グリーン『サターン　土星の心理占星学　新装版』（青土社、2018年）などがあります。

※160　ジェフリー・コーネリアスといえば、氏来日(2010年前後の頃）の際、講座で共演なさった鏡リュウジと昵懇（じっこん）（？）の占星術家であることから、ひょっとしたら日本人である鏡リュウジが間接的に、このチャートの基礎情報提供に関わっている可能性があるのでは、とベンフィールド本初読の際、著者は思ったものです（実際どうなのかは、存じませんけれども）。

※161　神武天皇（庚午年1月1日～神武天皇76年3月11日）●日本の初代天皇とされる神話・伝説上の人物。

※162　レクティファイ Rectify ●レクティフィケーション（Rectification）の動詞型。「修正」を表す語で、人の出生や国の誕生等の時間を修正する作業を指します。人の出生時間修正であれば、その人物が過去に経験した、複数の出来事のタイミングと、候補となる出生時間をベースに計算がなされた、左記出来事時点でのセカンダリー・プログレス、ソーラー・アーク、トランシット、プライマリー・ディレクション等での惑星の位置、アスペクトとを照合する等の作業。

※163　マーク・ペンフィールドはここで、天皇が「700年ぶりに」玉座を取り戻した、としています（徳川江戸幕府時代のみを指すのであれば、250年のはずですけれども）。いずれにせよ、欧米人が日本について書く文章は興味深い（というか面白い）ですが、それは占星術図書においても同様、と著者は考えます。

※164　Marc Penfield"Horoscopes of Asia, Australia, and the Pacific"(AFA, 2006), p. 62, 63（マーク・ペンフィールド『アジア、オーストラリア、太平洋のホロスコープ』（AFA、2006年）、62、63ページ）参照。

※165　Marc Penfield"Horoscopes of Asia, Australia, and the Pacific"(AFA, 2006), p. 66〜72（マーク・ペンフィールド『アジア、オーストラリア、太平洋のホロスコープ』（AFA、2006年）、66〜72ページ）参照。

補注　占星術史に残る代表的な占星術家（〜20世紀）としてどのような人物がいるかを学ぶには、彼らへのオマージュを収録したロバート・ハンドの動画（https://www.youtube.com/watch?v=XSeE-w5vtLw&t=1s）がお薦めです。

Munehisa Yoshigaki

第3章
マンデーン占星術の読み解き方

芳垣宗久

1 マンディーン占星術で使用されるツール

❋ 惑星とハウス

　マンディーン占星術で用いられる惑星やサイン、ハウスといったシンボルは、基本的にはネイタル占星術と同じ原理に基づいて解釈されますが、その適用の対象は個人ではなく国家であることに留意しなければなりません。

　例えば、個人のホロスコープにおける太陽はその人物のアイデンティティや自由意志を象徴しますが、マンディーンでは国家の意思を代表する元首、つまり国王や大統領、首相などを意味することになります。ここでは現代のマンディーン研究者の間で定説となっている惑星とハウスの代表的な象意をリストアップします。

太　陽	国家元首、政権。その他社会的な影響力を持つリーダー全般。
月	国民、世論、農作物。女性や子供に関する問題も示す。
水　星	商取引、貿易、通信、メディア、広告、交通、輸送。
金　星	レジャー、ファッション、芸術。女性や子供、外交による和平。
火　星	軍隊、警察、戦争、テロ、暴力、ストライキ、事故、災害。
木　星	国富、銀行、金融、法曹、宗教、思想、高等教育。
土　星	抑うつ、悲観、農業、不動産、地下資源。高齢者や死亡率の問題。
天王星	改革、解放、分裂、崩壊、反抗、発明・発見、ハイテク関連の動き。
海王星	石油、化学、薬物、集団幻想、扇動、詐欺、スピリチュアリズム。
冥王星	巨大権力、暴力、組織犯罪、スパイ、暴露、核エネルギー。

第1ハウス　国民、世論。
第2ハウス　通貨、流通、財政、税制、国民の所得。
第3ハウス　交通、輸送、隣国との取引関係。
第4ハウス　国土、農業生産、天候、環境、自然災害、野党。
第5ハウス　娯楽、芸術、スポーツ、妊娠、出産、子供。

第6ハウス	国民の健康、感染症、労働環境、公務員、軍隊や警察。
第7ハウス	外交、条約、同盟国、敵対国、戦争、和平交渉。
第8ハウス	国債、関係国の財政。
第9ハウス	法廷、法律、宗教、学問、貿易。
第10ハウス	国家元首、政府、与党、有力なビジネス・リーダー。
第11ハウス	議会、立法（特に経済や政府の状況に影響するもの）、国際的な友好関係。
第12ハウス	刑務所、テロ、スパイ、妨害、亡命者、マイノリティー、国家機密。

✹ 四季図

マンディーン占星術では多種多様なホロスコープや天文データが用いられますが、中でも最も重要視されているツールの一つに四季図(クオータリー・チャート) があります。四季図はトランジットの太陽が春分点（牡羊座の0度）・夏至点（蟹座の0度）・秋分点（天秤座の0度）・冬至点（山羊座の0度）に重なる瞬間をもって作成されるチャートで、それぞれ春分図・夏至図・秋分図・冬至図と呼ばれます。

四季図は基本的には各季節に属する約3か月間に起こる社会情勢の変化を示しますが、春分図だけは特別で、そこには翌年の春分までの1年間の展望も示されるものとされます。

四季図が計算されるロケーション（緯度経度）については、各国の政治的な中枢がある首都に設定するのが基本です。

例えば、アメリカ合衆国ならワシントンDCで、日本なら東京都、中国なら北京の緯度経度をもってアングル（ASC、DSC、MC、IC）とハウスの位置を計算します。

四季図における惑星の黄道上の位置やアスペクトは全世界で共通のものですが、ロケーションが変わればハウスの位置が変化しますから、同じ四季図の影響でも各国で異なるかたちで現れてくることになります。

第3章　マンディーン占星術の読み解き方〈芳垣宗久〉

【2019年の日本春分図】

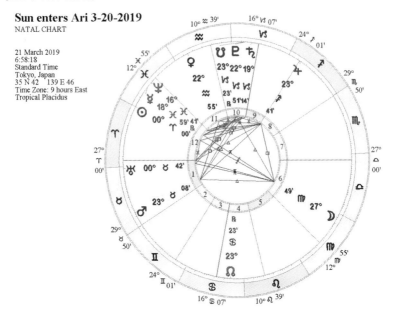

✤ 月の位相図

　新月や満月など、太陽と月の相対的な位置関係によって定められる月の位相図（ルネーション・チャート）もまた、専門家によって頻繁に用いられるマンディーン・チャートです。

　毎月の新月のタイミングで作成される新月図は特に重要で、それは次の新月までの約1か月間の社会の動向を示すとされます。また、新月図と満月図の二つを作成し、それぞれが約2週間ごとをカバーするという見方もあります。

　ハウスについては、月の位相図も四季図と同様に任意の国家の首都で作成されます。

　月の位相図はそれ自体独立したチャートとして読むだけでなく、より長期的なタイムスパンをカバーする四季図のような資料と合わせて解釈するのが定石です。

C・E・Oカーターはこれを時計の針に例え、「四季図は時針、月の位相図は分針」のように働くと述べています。

❋ 食図

　新月や満月が黄道（太陽の軌道）と白道（月の軌道）が交差するポイント（月のノード）の近くで起こると、それらは日食や月食という現象として観察されます。日食も月食も平均して1年間に2回ずつ起こりますが、日食は最大で5回、月食は3回起こる年もあります。

　日食と月食のタイミングで作成される食図（イクリプス・チャート）は、通常の新月図や満月図よりも重大な出来事を示しています。食の影響は基本的に次の食が発生する半年先までとされますが、中には1年以上に渡って影響を残すケースもあります。

　食の影響を最も強く受けるのは、それが実際に観測された国々、特に最大食が見られる地域であるとされますが、具体的な予測は他のマンディーン・チャートと同様に、各国の首都で計算したハウスを用いることで行うことができます。

　日食や月食は古来より「天変」として恐れられてきた歴史があり、現代のマンディーン占星術でも政変や紛争、災害、疫病の流行といった深刻な事象の暗示として解釈される傾向があります。しかし、特に食図に見られる惑星の配置にポジティブな要素がある場合は、社会にとって良い意味での変化を起こす可能性もあります。

【2009年7月22日の日食図】

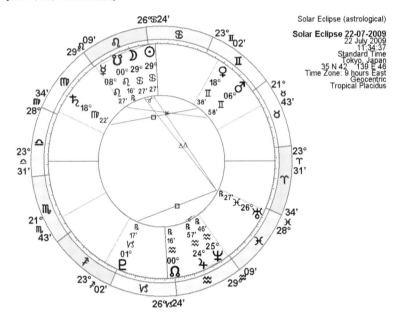

✹ 国家の始原図

　特定の国家の建国時のホロスコープ（始原図）には、その国に住む人々の国民性や政治体制が現れます。このテクニックの問題点は、ほとんどの国家の建国のタイミングがはっきりしておらず、そもそも何をもって国家の誕生とするべきか、専門家の間でも完全な意見の一致が見られないことにあります。多くは指導者による建国宣言や政治的な独立の達成、憲法の公布といったタイミングで仮の始原図が作成され、その有効性が研究されます。

　例えば、日本の始原図にも諸説あり、大日本帝国憲法（明治憲法）の公布、サンフランシスコ講和条約、日本国憲法（平和憲法）の公布等がその候補として挙げられています。

　始原図は真に有効なものが特定できれば非常に有益な情報源となります

が、その影響力はやはり限定的であるため、他のマンディーン・チャートと組み合わせて活用することが基本となります。

【大日本帝国憲法の公布】

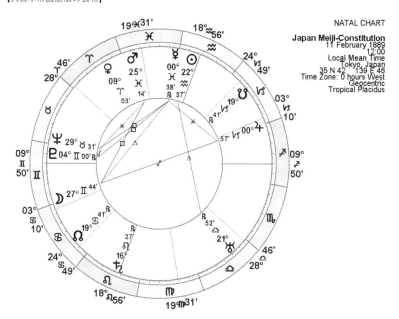

☀ 政治的指導者の出生図

　大統領や首相、あるいは国王等、各国の政治的な指導者の出生図もマンディーン分析の対象になります。また、大宗教家や財界のリーダー等、法律上の国家元首よりも強い権力を持つ人物が存在するなら、それらのチャートも注目に値するでしょう。

　マンディーン占星術の主要ツールである四季図や国家の始原図等は、一般の個人の出生図との関係を分析することはまずありませんが、政治的なリーダーについては例外です。

第3章　マンディーン占星術の読み解き方〈芳垣宗久〉

【ドナルド・トランプ米大統領の出生図】

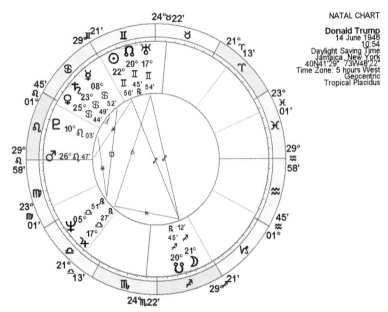

✻ イベント・チャート

　政治や経済に重大な影響を及ぼす特別な出来事（イベント）が起きた瞬間のチャートをもとに、その背景や影響の度合い、その後の展開などを分析する手法です。

　事件・事故・災害の発生、戦争やテロの勃発、条約の調印、法律の施行、政治団体の結成等のチャートがよく用いられますが、特定の事象に関してはピンポイントかつ正確な情報を得られます。

　先に挙げた国家の始原図も、一種のイベント・チャートに分類することもできるでしょう。

❋ 外惑星のサイクル

　トランジットの木星、土星、天王星、海王星、冥王星等の外惑星のサインの移動、またそれらが相互に形成するアスペクトといった現象は、数年から数十年、さらには数百年単位までのさまざまなサイクルを形成しつつ、人類のビジョンや価値観の転換と同期しています。また、外惑星が順行から逆行へ、あるいは逆行から順行へと進行方向を転じるステーション（留）も、何らかの政治的な変化のタイミングを示していることがあります。

　アスペクトでは何よりもコンジャクションとオポジションが重要視されます。特に二つの外惑星が正確な合となるタイミングで作成した会合図を作れば、その影響の質をより詳細に判断することもできます。

　伝統的なマンディーン占星術では、約20年ごとに観察される木星と土星の大会合（グレート・コンジャクション）のサイクルが重視されてきましたが、現代では18世紀以降に発見された三つのトランスサタニアン（土星外惑星）も含めたより重層的なサイクルが研究されています。

【外惑星の公転周期】

惑星	公転周期	一つのサインに滞在する期間
木星	12年	約1年
土星	29.5年	約2.5年
天王星	84年	約7年
海王星	164年	約14年
冥王星	248年	約12～24年

【外惑星の会合周期】

海王星 - 冥王星	約 492 年
天王星 - 海王星	約 172 年
天王星 - 冥王星	約 127 年
土星 - 天王星	約 45 年
土星 - 海王星	約 36 年
土星 - 冥王星	約 33 年
木星 - 土星	約 20 年
木星 - 天王星	約 14 年
木星 - 海王星	約 13 年
木星 - 冥王星	約 12 年

❈ アストロマップ

　アストロマップ（占星地図）とはホロスコープの惑星の配置を地球上に投影する技術の総称です。古くはヘレニズム時代、地上に存在する諸国家と12サインを関連づけたアース・ゾディアックという理論が登場し、中世までは活発に利用されていました。

　例えば、ローマは射手座に支配される国家であるため、射手座で起こった日食や惑星の会合はローマ社会に影響が及ぶなどと解釈します。しかし、それらの古典式のアース・ソディアックは権威者の恣意的な解釈に基づく異説が複数存在する上、新大陸や東アジア等が考慮されていないという問題もありました。

　英国のセファリアル（1864-1929）は近代でも通用するアース・ゾディアックを模索し、天上の黄道帯と地球の子午線を直接的に対応させたジオデティッ

ク・イクウィーバランス（GE）を提唱しました。GEは世界標準時の起点となるグリニッジ天文台（東経および西経の0度）に春分点（牡羊座の0度）を重ね、そこから東に向かって黄道12サインを投影するというもので、地上のあらゆる地域が何らかのサインに対応するシステムとなっています。セファリアルによれば、あるサインに属する地域はそのサインの性質を帯びた文化や歴史を持つ傾向があり、さらにはそのサインを通過するトランジット惑星の影響も受けるといいます。

20世紀にはジム・ルイスが画期的なアストロマップを開発し、マンディーンの分野でも普及に成功します。アストロ・カルト・グラフィ（ACG）と呼ばれるそのマップは、ある日時の惑星が地球上のどの地域でアングルに接近するのかを示すもので、四季図や食図といったマンディーン・チャートをACG化すれば、各図の惑星の影響力が最も強力に作用する地域を素早く特定することができます。

【ジオデティック・イクウィーバランス・マップ】

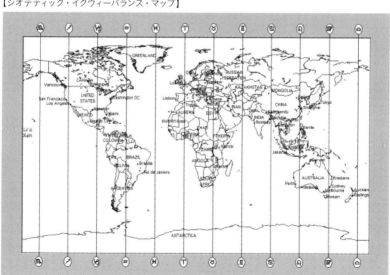

第3章　マンディーン占星術の読み解き方〈芳垣宗久〉

【アストロ・カルト・グラフィ】

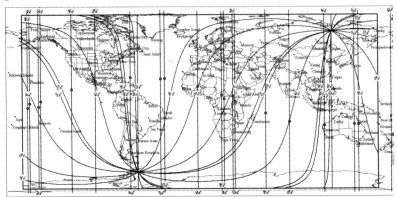

2　マンディーン・チャートを解読するポイント

　マンディーンで使用される各種のチャート、特に四季図や月の位相図、食図といったホロスコープの解読では、主として以下のようなポイントが注目されます。

① コンジャクション、スクエア、オポジションを形成する惑星に注目する。中でも最も強力なのはコンジャクションである。これらのハード・アスペクトの影響は明確な社会的事象となって現れやすい。

　トラインやセクスタイル等のソフト・アスペクトはハード・アスペクトより理性的で調和を保とうとする動きを示していることが多い。

③ 木星以遠の外惑星が含まれるアスペクトはその影響が強く、しかも長期的となる傾向がある。

④ ステリウムやTスクエア、グランド・クロス等のコンフィギュレーションを構成している惑星も影響を強める。

⑤ 各国のマンディーン・チャートで惑星がどのハウスに入るかをチェックする。特にコンジャクションをはじめとするハード・アスペクトを形成する惑星が入るハウスによって、その影響の及ぶ領域や影響の深度が判明する。

⑥ アングルに重なるか、アンギュラー・ハウス内に入っている惑星は、その国の社会情勢に最も顕著な影響をもたらす。特にアセンダントは一般の国民を、MCはその国の指導者や政権の状態を示す。

⑦ アセンダントとMCのルーラー（支配星）、そして第1ハウスと第10ハウス内に入る惑星にも注意を払う。

⑧ マンディーン・チャートに対するトランジット惑星を計算する。特に四季図の重要なポイントをトランジットの火星や太陽、新月・満月、あるいは日月食が刺激する時期は、そこに示されていた事柄が実際に現象化する可能性が高まる。

第 4 章
ケーススタディ

芳垣宗久

Case ベルリンの壁の建設と崩壊

✠ ベルリンの壁の建設

ここではマンディーン・チャートの分析例として、ベルリンの壁の建設と崩壊を取り上げてみましょう。

第二次世界大戦の終結後、敗戦国であるドイツは連合軍（アメリカ、イギリス、フランス、ソ連）によって分割統治されました。いずれは統一される計画であったものの、米ソの関係悪化を受け、1949年に東ドイツ（ドイツ民主共和国）と西ドイツ（ドイツ連邦共和国）が別国家として成立。首都であったベルリン市は東ドイツ領内にありましたが、同市もまた東西のエリアに分割されることとなりました。

その後、西ドイツおよび西ベルリン市は連合国の管轄下で資本主義国家として大きく発展し、豊かな生活と自由を謳歌しました。

一方では、ソ連の支配下で社会主義国となった東ドイツは、対極の環境にありました。

ナチスによる戦争被害への倍賞を名目として、ソ連は東ベルリンにあった工業施設から機材や部品を大量に収奪し、政治的なコントロールも緩めることはありません。経済的な困窮と精神の不自由に耐え切れなくなった多くの東ドイツ人は次々と西ドイツへ亡命。

1952年には東西ドイツの境界が強化されると、両国を直接横断することは難しくなりましたが、東ベルリンから西ベルリンに行くことは容易であったため、人々は西ベルリンを経由して西ドイツへ向かうようになりました。

1949年から1960年にかけて西ドイツへ脱出した難民の数は、当時の東ドイツ国民の20%に当たる250万人にも上り、東ドイツの経済に深刻な打撃を与えることになりました。

1961年、国家存亡の危機に立たされた東ドイツは、さらなる国民の流出を食い止めようと突然の暴挙に出ます。8月13日の午前0時から未明にかけ、人々が寝静まっている間を狙い、東ドイツの軍や警察が東西ベルリンの境界に集合し、有刺鉄線で西ベルリンを囲い込むように封鎖したのです。一夜にして出現した長大なバリケードにより、多くのベルリン市民が家族や友人達と離れ離れになり、深い悲しみと絶望感に包まれました。ベルリンを分断した有刺鉄線は、数日後には強固なコンクリートの壁に取って代わられました。

　ベルリンの壁は高さ3m、300におよぶ監視塔が設置され、軍用犬を連れた兵士が常にパトロールしていたため、それを乗り越えることは至難の業でした。警備兵は越境しようとする市民を射殺するよう命令されており、実際に200人前後の人々が命を落としたとされています。

　国民の流出を防ぐという東ドイツの目的に、ベルリンの壁は確かな効果を上げましたが、1989年に撤去されるまでに5000人以上の人々が壁を越えるのに成功したといわれています。

　ベルリンの壁の建設が始まった1961年に見られる外惑星のサイクルでは、山羊座で起こった土星と木星のコンジャクションが注目に値します。伝統的なマンディーン占星術では、20年に1回の頻度で見られるこの現象をグレート・コンジャクション（大会合）と呼び、その後の政治経済の方向性を決定づける重要な天文現象とみなしてきました。

　規制やコントロールを司る土星と、拡大や発展を促す木星という対照的な性質を持つ惑星が組み合わさるこのアスペクトは、社会が秩序と安定を保ちつつ、着実な発展を遂げるための枠組みを形成します。もちろん、その過程が平穏であることは稀で、たいていは古い体制や価値観が強制的に終了させられ、その後に新しい社会のあり方が模索されることになります。

【1961年ベルリンの壁の建設】

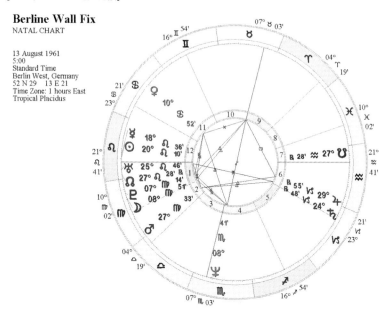

　1961年の大会合に関しては、それが山羊座で起きていることにも注意するべきです。山羊座は土星にとっては自らが支配するディグニティ（威厳）のサインであり、その力は最大限に高まっていましたが、木星は山羊座でフォール（減衰）となるため、本来の力をフルに発揮できない状態です。

　つまり、この大会合は、弱体化した木星が強力な土星からプレッシャーを与えられるというアンバランスなものであり、それに同期して起こる歴史的な事象が、人々の精神と行動の自由（木星）をかなりの程度で犠牲にする可能性が示されています。

　実際、東ベルリン政府はベルリンの壁を「反共勢力から国家を守るための壁」と称して建設しましたが、真実は東ドイツ国民の流出を防ぐ、つまり「閉じ込める」ためのものでした。時の米国大統領J・F・ケネディはソ連との直接的な軍事衝突を避けるため、西ベルリンへの西側軍隊の駐留と自由な通行、そして西ベ

ルリン市民の政治的独立の保持等を条件に、壁の存在を受け入れる方針を選択しました。

　こうして、ベルリンの壁は東ベルリンの人々の自由を犠牲としつつ、西ベルリンの自由と繁栄を守り、東西冷戦と呼ばれた世界の均衡を保持する役割も果たすこととなりました。

【1961年のベルリン春分図】

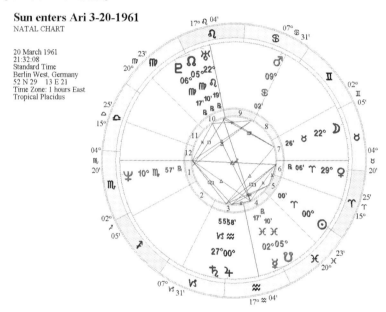

　上図はベルリンの壁の建設が始まった1961年のベルリンの春分図です。
　この図では既に木星が山羊座から水瓶座に移動していますが、土星とは依然として近い位置にあり、「交通や輸送」あるいは「情報」等を支配する第3ハウスに入っています。これは何らかの「巨大な障壁」（土星）が現れることにより、人々の自由な往来や連絡が妨害される可能性を暗示しています。
　この土星はまた牡羊座の金星にもスクエアとなることで、人間関係の喜びや

日々の生活の楽しみも損なっています。

　MCに重なる天王星が第7ハウスの月とスクエアを作っていることは、東西ドイツの政権（MC）に突発的な異変（天王星）が起こり、その事態が国民（月）に衝撃と混乱を与える可能性を示しています。天王星は「分裂」も意味しますから、このアスペクトのイメージは家族や友人関係（月）が突然引き離されるというベルリン市民が経験した悲劇とも重なります。

　1961年は2月15日と8月11日に日食が起こっています。そのうちの2月の日食の観測帯は、イベリア半島北岸にあるフランスのビスケー湾から始まり、ヨーロッパ地域を横断した後、ロシアのウラル山脈を横断し、北極海に面したタイミル半島付近で終了しています。つまりこの日食は、まさに東西冷戦の主戦場であった欧州西部からソ連圏にまたがる地域に影を落としていたことになります。

【1961年2月15日皆既日食の観測帯】

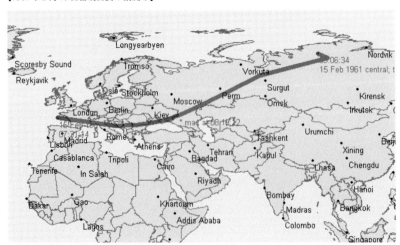

【1961年2月15日のベルリン日食図】

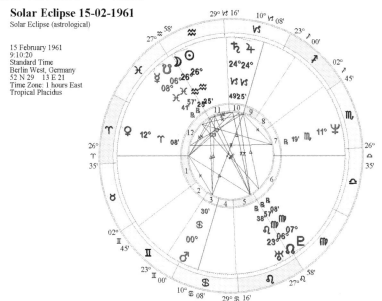

　この日食はまた、黄道帯では水瓶座の26度で完成し、それは獅子座の天王星とはオポジションとなる位置で、ベルリンで作成した日食図では「秘密の行動」を意味する第12ハウスに在泊。

　山羊座の土星と木星はこの4日後に正確な大会合となる直前で、既に極めて近いコンジャクションとなっており、それは政権の動きを示す第10ハウスにあります。

　東ドイツの第一書記長ヴァルター・ウルブリヒトは、まさにこの日食を迎える1961年の年初から「難民の流出を阻止する」計画を秘密裏に策定しはじめ、後に東西ベルリン間の通行の遮断という暴挙に出ました。

　水瓶座の日食は、ベルリンという都市がある限り自由になれるという「希望の光」を、人々が奪われてしまうことを暗示していたのです。

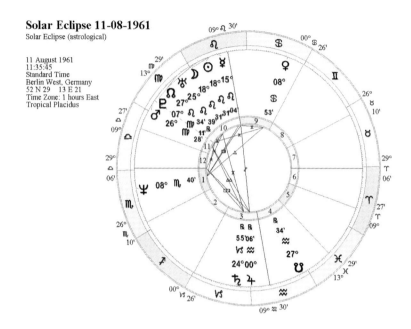

　同年のもう一つの日食は、奇しくも東ドイツが西ベルリン封鎖作戦を実行に移した8月13日からわずか2日前の8月11日に起こりました。

　再びベルリン市で日食図を作成すると、月によって光を遮られた太陽は獅子座の18度にあり、天王星とともに第10ハウスに位置しています。

　木星は2月に大会合した土星から離れ、3月には山羊座から水瓶座に移動していましたが、5月末には逆行に転じ、8月の日食図では再びフォールの座である山羊座に戻って土星に最接近しようとしています。この木星の動きはまるで、抑圧的な環境から自由を求めて脱出しようとする人々が、再び元の状況に引き戻される様子を描写しているかのようです。

　この8月の日食が起こった獅子座の18度はまた、同年のベルリン春分図のMC（獅子座17度）と天王星（獅子座22度）にタイトに重なる位置でもあります。

　このケースのように、四季図の重要なポイントで新月や日食が発生すると、それは四季図に示されていた事柄を現象化させるトリガー（引き金）となる場合があるのです。

✠ ベルリンの壁の崩壊

　1980年代の後半になると、ポーランドやチェコ、ハンガリーといった東欧諸国に改革の動きが起こり始め、ソ連でもミハイル・ゴルバチョフによる「ペレストロイカ」が進められるようになりました。

　そして1989年にはハンガリーの国境が西側へ解放され、多数の東ドイツ人がハンガリーやオーストリア、チェコスロバキアを経由して西ドイツへ脱出。これらの動きは東西ドイツの国境はもちろん、ベルリンの壁の存在意義を薄れさせました。

　東ドイツの指導者エーリッヒ・ホーネッカーは難民流出問題に対して強行的な態度を崩そうとしませんでしたが、後ろ盾となっていたソ連の改革などで忙しいゴルバチョフの支持を失い、東ドイツ内の改革派の勢いもあって辞任に追い込まれました。

　その後の東ドイツ政府は緩やかな改革を進めようとしましたが、自由を求める国民は満足できず、各地で大規模なデモが行われるようになりました。そのような状況下で、後の世界史に残ることとなる世紀の大事件が起こりました。

　1989年11月9日、東ドイツ政府は「東ドイツ国民の旅行の自由化」を公式に発表しました。その記者会見の現場で、東ドイツ政府の広報担当者ギュンター・シャボフスキーは「東ドイツ住民は自由にベルリンの壁の境界検問所を通過できる」と発言し、報道陣からの「いつから？」という問いに対して「今すぐです」と答えてしまいます。それは本来の政府決定では翌日から施行されるルールで、境界を通過するには手続きも必要だったのですが、政府関係者が準備した資料をよく読んでいなかったシャボフスキーは、記者からの畳み掛けるような質問に圧倒され、誤った回答をしてしまったのです。

　シャボウスキーの記者会見はテレビとラジオでライブ配信されていたため、これを突然の「境界解放宣言」と思い込んだ東ドイツ国民は大挙してベルリンの壁に押し寄せました。東ドイツ当局が慌てて事態の収拾をしようとするも後

の祭り。不法出国者の射殺権限を持っていた境界警備隊もあまりの大混乱にコントロールを失い、壁によじ登ってシャンパンを開け、再会を祝う東西ベルリン市民達の姿を傍観するしかありませんでした。

　こうして、永久に崩れないと信じられてきたベルリンの壁は崩壊し、翌年の1990年10月3日、東西ドイツは正式に統一を果たすこととなったのです。

　下図はシャボウスキーが「世紀のうっかり発言」をしてしまった瞬間のホロスコープです。多くのマンディーン占星術家は、これこそがベルリンの壁を崩壊、しいては東西冷戦の終了を告げるイベント・チャートであると考えています。

【ベルリンの壁の崩壊】

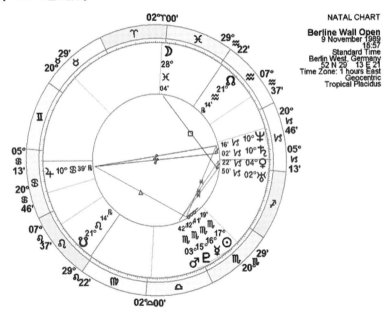

　1989年の外惑星のサイクルを調べると、3月3日と6月24日、そして11月13日の3回にわたって、山羊座で土星と海王星が繰り返しコンジャクションを

形成しています。

　さらには、11月の14日から15日にかけては、蟹座を運行する木星が土星と海王星に正確なオポジションとなり、三つの外惑星による緊密なアスペクトをほぼ同時に完成させています。その数日前に始まったベルリンの壁（土星）の崩壊（海王星）が、これらの天文現象と無関係であるはずはないでしょう。

　ベルリン市の「境界解放」は、この木星・土星・海王星の三星が地平線（アセンダント－ディセンダント）を通過するとともに（意図せずして）宣言されたのです。山羊座のディセンダントにはまた、天王星と金星のコンジャクションも接触しており、それはあるジャーナリストが「史上最も素晴らしいストリート・パーティー」と評したベルリン市民達の狂喜乱舞する姿に重なります。この革命（天王星）は誰の血も流されることなく平和裏（金星）に実現したのです。

　興味深いことに、このチャートの月は魚座の28度にあり、次の牡羊座に移動するまでの間は他の惑星とメジャーなアスペクトを形成しない「ボイド」と呼ばれる状態でもあります。

　ボイドを深く研究した石川源晃によれば、月のボイド・タイムは「人間の正常な判断力が働くなり、誤った決断や行動をしてしまう」傾向があり、「この時間帯に決断したこと、あるいは開始した行動などが、当初の目論見から大きく外れて、予想外の結果を招いてしまうことが多い」といいます。意図せずして東西冷戦の終了宣言となってしまったシャボウスキーの失言は、ボイド時間にありがちな「しくじり」だったということになります。

　次図は1989年のベルリン春分図です。

　乙女座のアセンダントには「大衆」を象徴する月がタイトに重なっており、この年のベルリン市、ひいてはドイツという国家の体制が国民の意識や行動によって大きく動かされる可能性を示しています。

　政権を表すMCは双子座で、そこには勇敢さや熱狂、大胆な行動などを意味する火星と木星のコンジャクションがあるため、一見するとパワフルで、何らかの思い切った政策を実行するようにも見えます。しかし、MCを支配する

水星は魚座でデトリメント(損傷)かつフォール(減衰)という厳しいコンディションにあり、件の月とはオポジションを形成しつつありますから、この年のベルリンでは政権と市民の間に穏やかな関係は期待できない上、ドイツ当局による市民のコントロールも思い通りにいかないでしょう。

アセンダントに上昇する月はまた、山羊座に集合した天王星・土星・海王星のステリウムに対してトラインのアスペクトを持っています。これらの三惑星の会合は社会の秩序を混乱させるリスクを孕んでいますが、トラインはソフト・アスペクトであるため、大衆（月）は理性的で調和を求める動きを起こします。

【1989年のベルリン春分図】

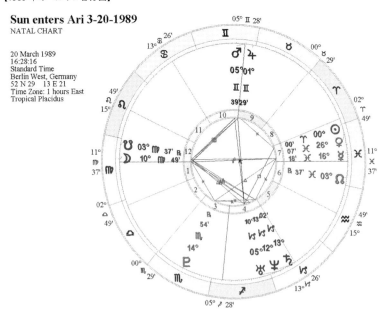

次図はベルリンの壁崩壊の直前で起こった1989年8月31日の日食図です。この日食は乙女座の7度で起こっており、それは同年の春分図のアセンダント（乙女座11度）と月（乙女座10度）に非常に近い位置です。つまりこの日

食図は、同年の春分図に予告されていた大衆（月）の動きを刺激するトリガーとなっているのです。

　実際、この日食の前後の欧州ではベルリンの壁の崩壊の序曲となる歴史的な出来事が立て続けに起こっています。

　日食の12日前に当たる8月19日には、オーストリアとハンガリーの国境で民主運動家による大規模な政治集会が開かれましたが、それはハンガリー国内に滞在していた東ドイツ人を西側に脱出させるために企画された偽装パーティーであり、結果的に600人もの人々が国境を越えて西ドイツへの亡命を果たしました。後に「ヨーロッパ・ピクニック」と呼ばれるようなるこの計画の成功を受け、ハンガリーのネーメト・ミクローシュ首相は同国からの東ドイツ国民の出国を完全に自由化することを決断。

　8月31日（日食の当日！）にその方針を東ドイツに通告し、10日後の9月10日の午前零時をもって実行に移しました。事実上、ベルリンの壁はこの時点で無意味なものとなっていたのです。

　この日食図をベルリン市で作成すると、日食は刑務所のような隔離施設を象徴する第12ハウスに入っています。

　これをマンディーン占星術の基本的なセオリーで安直に解釈すると、刑務所における異変、例えば、所内での暴動や凶悪犯の脱獄といった事件を予測してしまいがちですが、東ドイツ国民のすべてが無実の罪で牢獄に囚われていた人々であったと考えてみれば、この日食図は実にシンボリックなものに見えてこないでしょうか。

第4章 ケーススタディ〈芳垣宗久〉

【1989年8月のベルリン日食図】

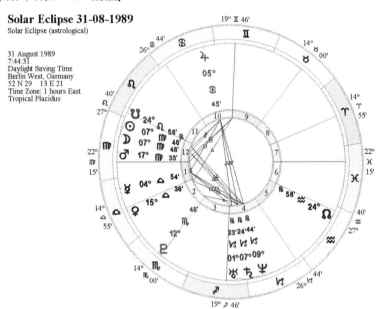

Masato Kenryu

第5章
「Astro Gold」によるホロスコープ作成方法

賢龍雅人

1 はじめに

2009年にiOS用として、初めて本格的なホロスコープアプリとして登場した「Kairon」は、まだ完全には実用的ではありませんでした。

2011年「Astro Gold（アストロゴールド）」が発売されると、今までのホロスコープアプリにはなかった、画期的な機能が追加されました。「タイム・ステップ・インターバル」という機能です。分、時、日、年の単位でチャートの時間をステップ・フォワード、およびステップ・バックによってチャートを手動で自在に回転させることができるようになりました。

そして美しいインターフェイスや、最新のスイス天文暦による正確なデータ、多彩なカスタマイズ。

テクニック面では、出生図、進行図、経過図、太陽と月の回帰図、シナストリー、コンバイン他さまざまな機能が備わっています。

また最も重要でなくてはならないのは、チャートデータのバックアップです。Astro Goldはメールの添付機能を使って簡単にチャートデータを送ったり、バックアップを取ることができます。もちろんPCと接続して、Apple社が無料配布しているのメディアプレーヤーのiTunesを使えば、ダイレクトにバックアップを取ることができます。

それまで日本では、某日本製のホロスコープ・ソフトウェアのシュアが圧倒的に多かったのですが、Windowsシステムの度重なるアップデートとともに、徐々に乗り換えを考える占星術家が増えてきました。そこでそのソフトに変わるツールとしてもAstro Goldは、注目されるようになってきました。

今ではiOS版の他にも、Android版、MacOS版などバリエーションが増えています（iPhoneとiPad間では、一度購入すればユニバーサルアプリのために二度購入する必要はありません）。

初めて占星術を始める方にも、遠回りするより真っ先にお勧めしたいアプリなのですが、完全な英語版のアプリということもあり、取っつきにくい印象も

あるかもしれません。

　本章では、Astro Goldの設定から使い方、さらに実践でのテクニックも丁寧に解説していきます。

2 アプリのインストール

iPhone または iPad(iOS) 版

App Store のアプリを開き、検索で「Astro Gold」と入力します。

アプリの購入の際に Apple ID の登録と、クレジットカードまたはプリペイトカードの登録が必要です。

¥4,800（価格は 2018 年 11 月現在のものです）

Android(Android OS) 版

Google Play のアプリを開き、検索で「Astro Gold」と入力します

アプリの購入の際に Google への登録と、クレジットカードまたはプリペイトカードの登録が必要です。

¥3,03l（価格は 2018 年 11 月現在のものです）

アプリの構造

　このアプリは、Windows や Mac の OS（オペレーション・システム）のように、メニューが階層形式となっています。

　一番上の階層ページから「＞（大なり小なり／矢印）」の示す方向、右へ向かってメニューの深層部へと向かって行きます。戻る時は「＜」の矢印を押すと一つ前のページへ戻ります。行き過ぎてしまった場合にも、「＜」を押し続けると最初のページにまで戻ることができます。

1ページ目　　　　　　　2ページ目

3ページ目

　また、アプリ内部にはアイコンが多く使われており、初めこそ戸惑うかもしれないが、慣れてくると直感的に操作できるようになります。

3　チャートを表示させる

　面倒な設定などはひとまず置いておいて、まずはチャートを表示させてみましょう。

《出生データの入力》

「Charts」→「>」→「New Natal Chart」→「>」→「New Chart」

① 「Charts」の文字、または アイコンをタップします。

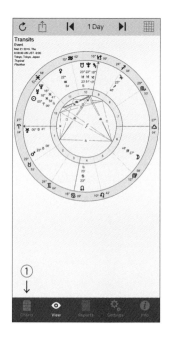

② 「Selected Charts」ページに移動すると、最初は「Transits」が表示されている状態です。右端にある「＞」をタップすると「Charts 1」のページに移動します。

③ 上から三つ目のメニュー「New Natal Chart」の右端にある「＞」をタップします。

第 5 章 「Astro Gold」によるホロスコープ作成方法〈賢龍雅人〉

④ **Name**：名前、またはタイトルを入力

　文字入力部分をタップして入力します。タップすると、もともと入力されていた文字に青い紗が掛かるので、このままの状態で入力すればすべて上書きされます。また、文字入力部分の右端に表れる、白抜きの「×」マークをタップしてもすべてを消すことができます。

　ローマ字のみで入力してください。日本語で入力しても、保存されたデータは無記名となってしまいます。苗字を先に入れて、名前を後に入れてもフォルダ内で入れ替えすることが可能です（→「3 チャート・フォルダ内部の操作」を参照）。

⑤ **Date（iOS 版の場合）**：月、日にち、年号の順で入力します。

　例えば 1955 年 2 月 24 日の場合は、「2 24 1955」「02 24 1955」または「2/24/1955」というように、数字の間にスペースまたはスラッシュを入れて入力するだけです。これで表示は「Feb 24 1875」となり、月表示は英語表記に変換されます。

⑥ **Date(Android版の場合)**:月、日にち、西暦の順で入力します。

例えば1875年7月26日の場合は、「7 26 1875」「07 26 1875」または「7/26/1875」というように、数字の間にスペースまたはスラッシュを入れて入力するだけです。これで表示は「Jul 26 1875」となり月表示は英語表記に変換されます。

⑦ **Time**:時間、分の順で入力します。

時間は24時制で入力すると自動的にAMまたはPMが入ります。例えば午後7時5分生まれの場合には、「19 5」「19 05」または「19/5」と入力すれば、自動的に「7:05 PM」と変換されます。

⑧ **Country or US State**：国名、または
アメリカの場合のみ州名を入力します。

　ローマ字のみで入力してください。並び順
で《Place》よりも後ですが、国名を変更し
ない場合には、そのままで構いません。

※アメリカの地名を入力する際の注意

　例えば東京の場合は《Place》を「tokyo」、
《Country or US State》を「japan」、ロンド
ンの場合には《Place》を「london」、《Country
or US State》を「uk」でよいのですが、アメ
リカの場合のみ、例えば、ロサンゼルスの場
合には《Place》を「Los Angeles」、《Country
or US State》を「California」というように
州名を入れてください。

※予測検索

　Astro Goldには地名の登録データの検索
に対して、便利な予測検索機能が備わって
います。地名の入力は予測検索が使えます。
例えば「California」と入力したい場合に、
「Ca」とだけ入力して ⓘ アイコンをタップ
すると「California」を始め「Ca」から始ま
る地名に飛んでくれます。

※ Lookup failed

　この時に、国名(Country or US State)と場所(Place)が一時的に合っていないと、『Lookup failed（検索は失敗しました）』と警告ダイアログが出てきますが、『OK』をタップすれば大丈夫です。

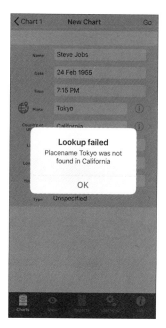

※ワシントン D.C.

　アメリカの首都である、ワシントン D.C. は州ではありません。（アメリカ西北部にワシントン州があるので間違えないように）D.C. とはコロンビア特別区のことで「District of Columbia」の略です。

AstroGold で入力する際には、《Country or US State》を「Dist of Columbia」、《Place》を「Washington」と入力してください。

※地球儀アイコン

　このアイコン　　　をタップすると、iOS 内蔵のマップ機能が現れてアトラス（地図帳）には登録されていない地名（離島や中国の地名など）を日本語で検索することができますが、現在は「アトラスに見つかりませんでした」とエラーが出てしまうバグがあります。

対策としてiOSの使用言語を日本語から英語に変更すると上手くいきます（検索地名の入力も日本語で入力できます）。チャートが作れたら保存して、使用言語をまた日本語に戻します。
iPhoneまたはiPad本体の「設定」→「一般」→「言語と地域」→「iPadの使用言語」→「日本語／英語＞」
（2018年11月現在ではAndroid版には非搭載です）

⑨ **Place**：市や郡、町、村などの都市名を入力します。

　区は登録されていません。ローマ字のみで入力してください。Astro Goldには地名の登録データの検索に対して、便利な予測検索機能が備わっています。例えば「San Francisco」と入力したい場合に、「san f」だけ入力して ⓘ アイコンをタップすると「San f」から始まる地名が一覧の先頭に飛んで行きます。

※地名の確認

入力し終えた後は、必ず ⓘ アイコンをタップして、アトラス（地図帳）に登録されている地名を確認するようにしてください。例えば「Miyama」という地名を挙げてみると、2006年に合併により新しい市として発足された福岡県みやま市は登録されていませんが、福井県美山町、岐阜県美山町、京都府美山町、三重県海山町、和歌山県美山村などはすべて「Miyama」で登録されています。近年、合併や併合により新しく出来た地名は、アトラスに登録されていないものが多いので、旧地名で検索します。

※地名より先に国名

前回入力した時と国名を変えて入力するには、《Place》より先に《Country or US State》を入力しないとその国の《Place》地名が出てきません。

⑩ **Latitude**:《Place》で指定した土地の緯度が自動的に表示されます。
　ここで緯度を直接指定してもよいです。

⑪ **Longitude**:《Place》で指定した土地の経度が自動的に表示される。
　ここで経度を直接指定してもよいです。

⑫ **Timezone**:《Place》で指定した土地の標準時間帯が自動的に表示されます。
　日本は「JST - 9:00」と表示されます。

※⑩〜⑫は、グリーンのフォントで表示されていれば、問題ありません。フォントが赤い場合は、国名と地名が一致していない場合ですのでやり直してください。

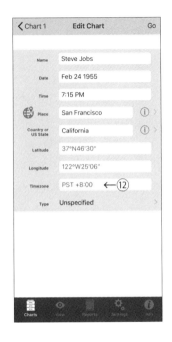

⑬ **Type**:「>」→「Select Event Type」
操作しなくとも、実データには影響はありません。

・Unspecified：特に指定しない
・Male：男性
・Female：女性
・Event：イベント・チャート
・Horary：ホラリー・チャート

⑭ 最後に必ず右上の『Go』をタップしてください。（アンドロイドは✓をタップ）『Go』をタップした後に「Selected Charts」ページに戻ります。iPad は背景をタップするとそのままチャートを表示することができます。iPhone は一度 View アイコン を タップしてください。これでチャートを表示することができます。

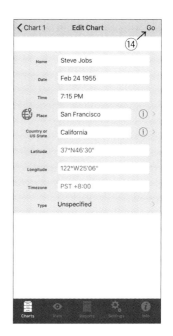

※ Calculate Chart?

iPhoneの場合には『Go』を押さずに先にViewアイコン 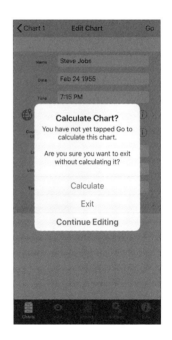 をタップしてしまうと、下記のようなダイアログが表示されます。

Calculate Chart?
You have not yet tapped Go to calculate chart this chart.
Are you sure you want to exit without calculating it?

グラフを計算しますか？
あなたはまだこのチャートを計算するために[Go]をタップしていません。
計算せずに終了してもよろしいですか？

【Calculate】計算してチャートを完成させる
【Exit】計算せずに終了する
【Continue Editing】戻って編集を続行する

4　インターフェイス・メニュー

iPhone インターフェイス

iPad インターフェイス

Android インターフェイス

① **Current Transits - Hire and Now**
（カレント・トランシット）

　 設定した場所の、現在時間のトランジット・チャートを表示します。

② **Share Menu**（共有メニュー）

　 チャートの画像保存やプリント、メールへの添付等をここから行います。Android版は、このメニューがアイコン 　 の中に収められています。

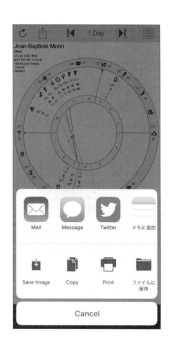

③ **Step Intervall**（ステップ・インターバル）

　チャート・ホイールをさまざまな時間（分・時・日・月・年）で前進、または後退させることが可能です。

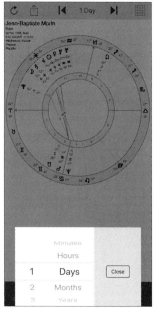

④ **Wheel / Grid**（ホイール / グリッド）

チャート・ホイール表示とアスペクト・グリッド表示を切り替えます。iPhone 版はアイコン、　のみ、Android 版は「Grid」または「Wheel」の文字のみで表記されます。Android 版は、このメニューがアイコン　の中に収められています。

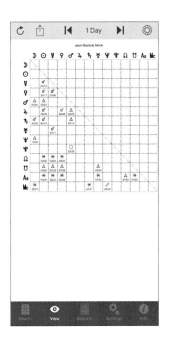

⑤ **Charts**（チャート）

　チャートの作成や編集をここから行います。

⑥ **View**（ビュー）

iPhone版独自のアイコン　です。他のページからチャート表示に戻る時には、必ずこのアイコン　をタップします。

⑦ **Reports**（レポート）

　チャート・データのさまざまなレポート形式の表示。

⑧ **Settings**（セッティング）

　アプリのさまざまな設定をここで行います。Android 版は、このメニューがアイコン　の中に収められています。

⑨ **Info（インフォ）**

 アプリのインフォメーション。バージョン・ナンバーなど。Android 版は、このメニューがアイコン の中に収められています。

⑩ **アスペクト・ライン**

 セッティングで指定した感受点間のアスペクトのラインを表示。セッティング内部の「Wheel Display」→「Other Options」で表示／非常時が指定できます。二重円にした場合に、ホイールの種類によっては表示されないものもあります。

⑪ **逆行記号**

 、または二重円にした場合などには、度数表記が赤文字で示されます。Android 版の場合は、すべて赤文字のみで表示されます。

⑫ **Select Date / Grid / Share / Settings / Info**

 Android 版独自のアイコン です。この中に五つのメニューが挿入されています。

⑬ **Select Date（日付選択）**

 Android 版独自のメニューです。希望した日時をすぐに選択することができます。

5　設定

ここからはメニューの説明をしていきます。
まずは最初の設定とカスタマイズ。

◉ Displayed Chart Points（天体と感受点の選択）

「Settings」→「Displayed Chart Points」→ 選択

天体記号や感受点のアイコンをタップすることにより、ホロスコープ上での表示／非表示を選択します。

表示となったものは右端にチェック ✓ が入ります。

「＜ Settings 」で前のページに戻ことができます。

また右上にある「Edit」をタップして、天体記号の右端に出てきた半透明の三本線 ≡ をタップしたまま上下させると、天体記号を上下に入れ替え移動させることができます。

右上にある「Done」で入れ替えモードを終了します。

第5章 「Astro Gold」によるホロスコープ作成方法〈賢龍雅人〉

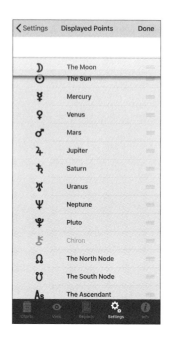

Settings Aspected Points
（アスペクトのラインを表示させる感受点の選択）

「Settings」 → 「Settings Aspected Points」 → 選択

　天体記号や感受点アイコンをタップすることにより、ホロスコープ上でのアスペクトの表示／非表示を選択します。
　表示となったものは右端にチェック ✓ が入ります。
「＜ Settings 」で前のページに戻ります。

♂ Aspects(アスペクトセットの切り替え)

「Settings」→「Aspect Set」→ 選択

アスペクトのパターンは3色によって分けられています。

これは、スイスの占星術家 ブルーノ・ヒューバー(Bruno Huber / 1930 〜 1999)のシステムを採用しています。

・コンジャンクション(0度)、オポジション(180度)、スクエア(90度)=赤
・トライン(120度)、セクスタイル(60度)=青
・クインカンクス(150度)、セミセクスタイル(30度)=緑

《Huber.asp》

ブルーノ・ヒューバーのアスペクトセット。

コンジャンクション（0度）、セクスタイル（60度）、スクエア（90度）、トライン（120度）、オポジション（180度）のメジャーアスペクトの他に、セミセクスタイル（30度）、クインカンクス（150度）のマイナーアスペクトを含んでいます。

《Mediev.asp》

五つのメジャーアスペクトの他に、パラレルとコントラ・パラレルを含んだ中世のアスペクトのセット。

《Moiety.asp》

中世のアスペクトセットを元に、モイエティのルールに従っています。

五つのメジャーアスペクトは、すべて8度30分のオーブ（モイエティ）にしてあります。パラレルとコントラ・パラレルはルミナリー以外を8度30分にしています。

モイエティの原理は、関係する各天体のオーブの半分を加えて全体のオーブとすることです。

例えば太陽のオーブが17度で土星のオーブが9度の場合、モイエティは8.5度＋4.5度＝13度になります。

《Standard.asp》

標準的なアスペクトのセットです。

《Synastry.asp》

メジャーアスペクトと、第5、第7、第9のハーモニクス（アスペクトの分類）を含んでいます。

《Synwide.asp》

Synastry のアスペクトのセットと同じですが、より広いオーブを取っています。

《Tight.asp》

標準的なアスペクトのセットにて、すべてオーブ1度での設定です。

《BySign.asp》

このアスペクトセットはユーザー定義のオーブを使用せず、どの天体がどのサインに配置されているかによってのみアスペクトを決定します。

例えば、太陽が牡羊座にあり、月が蟹座にある場合に、サイン上では牡羊座から蟹座まではスクエア（90度）になります。

0度、60度、90度、120度、150度、180度を使用します。45度、135度などの30度以外のマイナーアスペクトは、オンにしても反映されません。

《BySignAndOrb.asp》

このアスペクトセットは原則的には BySign.asp と同じですが、設定したオーブ内のもののみ表示されます。

つまり、サインをまたいだアスペクト（アウト・オブ・サイン）は表示されません。

《BySignTraditional.asp》

このアスペクトセットは原則的には BySign.asp と同じですが、コンジャンクション（0度）、セクスタイル（60度）、スクエア（90度）、トライン（120度）、オポジション（180度）のメジャーアスペクトのみが表示されます。

> ※アスペクトセットは、残念ながら名称や並びの順を変えることはできません。著者は「Standard」と「Tight」の二つを、自身が使いやすいようにオーブ設定を変更したものを、リーディング中に切り替えながら使用しています。

Aspects Set（アスペクトセットのオーブの設定を変更する）

「Settings」→「Aspects」→「Edit」→
変更するアスペクト・セットをタップする → 設定変更ページ

第5章　「Astro Gold」によるホロスコープ作成方法〈賢龍雅人〉

Aspects Set 内部での用語説明

・Applying（アプライ）：動きの速い天体が、遅い天体に接近して行くアスペクト。
・Separating（セパレート）：アスペクト完成後に分離して行くアスペクト。
・Luminary（ルミナリー）：太陽または月のことを指します。Lights（ライツ）ともいう。
・Other：ここでは太陽と月以外の感受点を指す。

 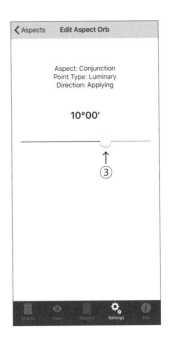

①　アスペクトのオン／オフのスイッチ
②　「>」オーブの変更を行う
③　スライダーを左右に変動させる

《Standard.asp》設定例

「Settings」 → 「Aspects」 → 「Edit」 → 「Standard」

〈Aspect - Conjyunction (コンジャクション／0度) 〉

- Applying (Luminary) = 10°00'
- Separating (Luminary) = 10°00'
- Applying (Other) = 5°00'
- Separating (Other) = 5°00'

〈Aspect - Opposition (オポジション／180度) 〉

- Applying (Luminary) = 10°00'
- Separating (Luminary) = 10°00'
- Applying (Other) = 5°00'
- Separating (Other) = 5°00'

〈Aspect - Trine (トライン／120度) 〉

- Applying (Luminary) = 10°00'
- Separating (Luminary) = 10°00'
- Applying (Other) = 5°00'
- Separating (Other) = 5°00'

〈Aspect - Square（スクエア/ 90度）〉

・Applying (Luminary) = 10° 00'
・Separating (Luminary) = 10° 00'
・Applying (Other) = 5° 00'
・Separating (Other) = 5° 00'

〈Aspect - Sextile（セクスタイル/ 60度）〉

・Applying (Luminary) = 8° 00'
・Separating (Luminary) = 8° 00'
・Applying (Other) = 4° 00'
・Separating (Other) = 4° 00'

〈Aspect - Quincunx（クインカンクス/ 150度）〉

・Applying (Luminary) = 4° 00'
・Separating (Luminary) = 4° 00'
・Applying (Other) = 2° 00'
・Separating (Other) = 2° 00'

　以下はすべて OFF。

《Tight.asp》設定例

「Settings」→「Aspects」→「Edit」→「Tight」

〈Aspect - Conjyunction (コンジャクション／0 度) 〉
〈Aspect - Opposition (オポジション／ 180 度)〉
〈Aspect - Trine (トライン／ 120 度)〉
〈Aspect - Square (スクエア／ 90 度)〉
〈Aspect - Sextile (セクスタイル／ 60 度)〉
・Applying、Separating (Luminary、Other 共に) すべて 1°00' 他は OFF

◉ Wheel Display（ホイールディスプレイの設定）

「Settings」→ 「Wheel Display」

Planet Colors（表示する天体のカラーパターンを変更）

Allblack.cpt：すべて黒のみ
King.cpt：アメリカの占星術家 A.T.Mann のカラーシステム
Tradit.cpt：伝統的なカラー
Esoteric.cpt：秘儀的なカラー
Huber.cpt：ブルーノ・ヒューバーのカラーシステム
Esotlite.cpt：「Esoteric.cpt」をライティングしたカラー

Sign Colors（表示するサインのカラーパターンを変更）

Modes.csg：モダリティー（活動、固定、柔軟）で分類するスタイル
Allblack.csg：すべて黒のみ
Light.csg：ネオンカラーのようなスタイル
Rainbow2.csg：レインボー
King.csg：アメリカの占星術家 A.T.Mann のカラーシステム
Rainbow3.csg：レインボー
Rainbow0.csg：レインボー
Rainbow.csg：レインボー
Yinyang.csg：ポラリティー（陰陽二区分）に分類するスタイル
Exorays.csg：七つの光線を使用するアリス・ベイリーの秘教占星術に関連すると思われます
Elements：エレメント（火、空気、水、地）で分類するスタイル

UniWheel Style（内側ホイール・スタイルの変更）

AstroGold.whl：感受点数値の表示とカスプ度数表示があり、感受点の表示は大きくなります。ただし天体逆行マーク (R) の表示がなくなり、逆行は数値の表示が赤くなります。

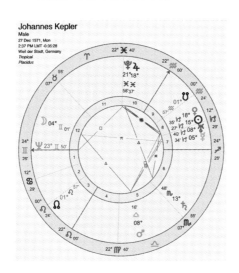

Eurol.whl：感受点数値の表示あり、カスプ度数表示なし。

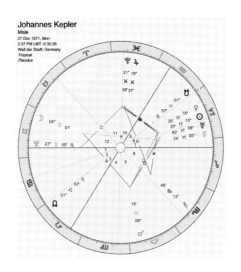

Euro2.whl:感受点数値の表示あり、カスプ度数表示なし、黄道帯リングを表示。

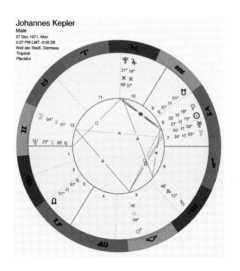

French.whl:感受点数値とカスプ度数の表示なし、黄道帯リングを表示。

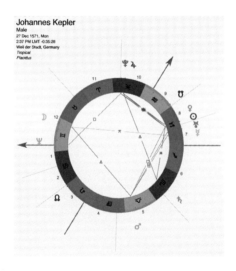

AstroGold.whIR：感受点数値の表示とカスプ度数表示あり（Android 版非搭載）。

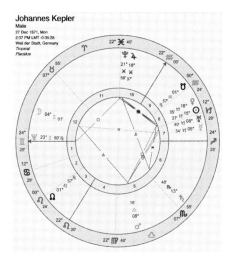

Unil.whI：感受点数値の表示とカスプ度数表示あり。

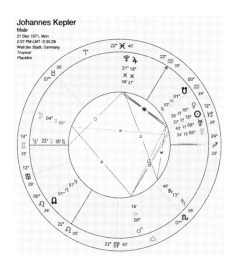

第5章 「Astro Gold」によるホロスコープ作成方法〈賢龍雅人〉

Uni2.whl：感受点数値の表示とカスプ度数表示あり、黄道帯リングを表示。

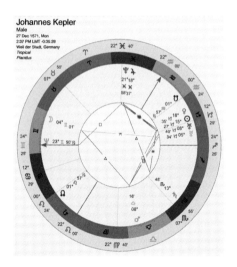

BiWheel Style（外側ホイール・スタイルの変更）

BiInterAsp.wh2：内側ホイールの感受点と外側ホイールの感受点間のアスペクトを表示。

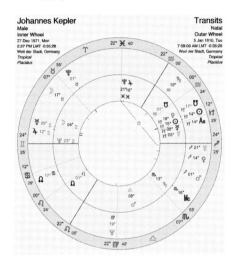

AstroGoldR.wh2：アスペクト・ラインの表示なし、天体逆行マークは (R) で表示（Android 版非搭載）。

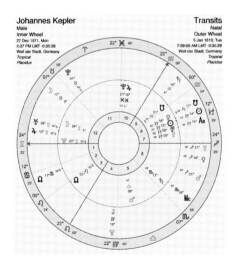

Transits.wh2：アスペクト・ラインの表示なし。

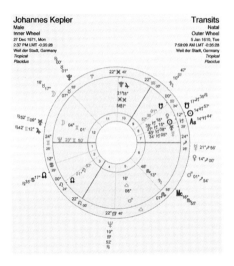

BiEuro.wh2：アスペクト・ラインの表示なし、カスプ度数表示なし（Android 版非搭載）。

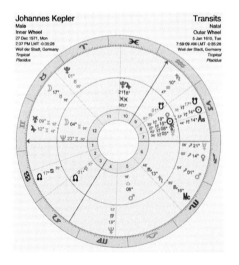

AstroGold.wh2：アスペクト・ラインの表示なし。

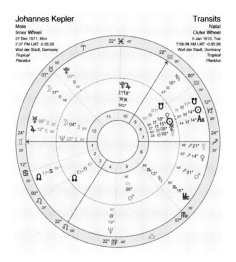

BilnnerAsp.wh2：内側ホイールの感受点同士のアスペクトを表示。

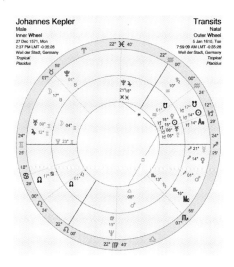

Chart Displlay（ディスプレイ・タイプの変更）

Light Background：通常モード
Dark Background：夜間モード

Other Options（ホイール・オプション・その他）

Proportional Houses：オフにするとハウス表示が 12 分割均等にされます。「UniWheel Style」の設定にて『AstroGold.whl』、『AstroGoldR.whl』、『AstroGold.whl』、『Uni1.whl』を選択した場合のみ適用されます。
※いずれもグリッド表示された黄道帯リングのないホイールであるため。ただし「Uni1.whl」と「Uni2.whl」の二つは、二重円にした場合のみ有効となります。

Proportional Houses オン

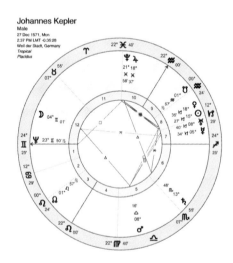

Proportional Houses オフ

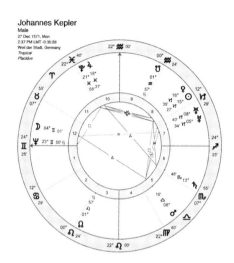

プロポーショナル・ハウスとは

　ホロスコープ・チャートをコンピューターで計算して表示する以前は、紙にプリントされた"ハウスが均等に12分割"されたチャートを使用して、手書きで感受点を書き込んでいました。

　現在はコンピューターにより、さまざまなハウスシステムの面倒な計算も一瞬にして表示できます。

　現在日本では最もポピュラーなプラシーダスハウスは、緯度の高い地域のチャートは、日照時間の関係でハウスに歪みができてしまうこともあります。

　このプロポーショナル・ハウスをオフにすると、手書きで書き込んでいた"ハウスが均等に12分割"チャートにすることができます（ただし、サイン表示は均等の12分割されたサイズではなくなりますので、感受点の位置の数値を確認することが必要です）。

　海外の占星術家ノエル・ティル氏の占星術は、この表示を使用しています。

Aspect Lines：オフにするとアスペクトが表示されない
Aspect Glyphs：オフにするとアスペクト種別アイコンが表示されない
Shadowed Glyphs：オフにすると各感受点などの陰影が表示されない（Android版非搭載）

⚙ Chart Calculations（チャート計算）

> ⚙「Settings」→ ⚙「Chart Calculations」

Zodiac（黄道帯の選択）

Tropical：西洋占星術で使用するのであれば、トロピカルのままで大丈夫です。

House System（ハウスシステムの選択）

30種類のハウスシステムが搭載されています。

ネイタルチャートでは一般的なプラシーダスやコッホ、またはソーラーサインや太陽の度数がアセンダントになるサン・オン・ファースト、伝統的占星術やホラリー占星術であればレジオモンタナスやキャンパナス、イコールハウスなどが主に使われます。

本書のマンディーン占星術は、主にプラシーダスが使われています。

Lunar Node Type（ルナ・ノード・タイプ）

Mean Node：月の揺れを平均化して一定の速度で動くものとしています。
True Node：月の揺れを、すべて正確に計算をしています。
※両者の違いは1〜2度程度、昔からあるのは Mean Node。

Part of Fortune（パート・オブ・フォーチュン）

Different Day/Night：算出方法を昼生まれと夜生まれとを分けます。
Fixed：算出方法を昼生まれと夜生まれとを分けません。
※ Part of Fortune = ASC + Moon − Sun（昼生まれ）
　　　　　　　　　 = ASC + Sun − Moon（夜生まれ）
個人の幸運や成功を獲得する場所、サインやハウスの場所を読みます。

Parallax（パララックス）

　地球から月を見る時の位置関係の設定。OFF は地球のコア（中心）から見た月の黄道上の位置です。
　ON はその人が今いる位置から見た月の黄道上の位置です。通常は OFF。
※最大 30 分程度の誤差。

Black Moon（ブラックムーン）

> Mean Node：月の揺れを平均化して一定の速度で動くものとしています。
> True Node：月の揺れを、すべて正確に計算をしています。
> ※両者の違いは1〜2度程度、昔からあるのは Mean Node。

※ Black Moon とは

　別名 Lilith ともいい、月の遠地点です。月の軌道は楕円を描きながら約 28 日でホロスコープを1周しますが、その楕円軌道の地球から最も遠い位置です。満月が最も大きくなるスーパームーンは月と太陽がオポジション(180 度)であり、かつ太陽は Lilith とコンジャクション（0度）となります。
　周期は約 9 年。この Astro Gold での Black Moon は実際する小天体の Lilith、または仮想天体の Dark Moon とは異なります。

Progressions（プログレッションズ）

ここでは Subsidiary Chat の Secondary Progressions における、アングル(ASC, MC) の進行の計算方法のバリエーションを選択します。

・Solar Arc in Longitude（ソーラーアーク・イン・ロンジチュード）

太陽の1日の移動距離（アーク）は、1年間の太陽の進んだアークに相当することを前提に、アングルを太陽が進んだ度数と同じだけ進行させます。通常はこれを使用します。

・Naibod in Longitude（ネイボッド・イン・ロンジチュード）

360 度を 365.242 日で割った平均を出すことにより、0度 59 分 08 秒＝1年で計算する方法。もともとあった1度1年法の改良版です。

・Solar Arc in R.A（ソーラーアーク・イン・ライトアセンジョン）

ソーラーアークは通常、経度（Longitude）で黄経上をたどりますが、これは赤経（Right Ascensions ／天の赤道）上をたどり、黄経上に反映させていきます。

・Mean Quotidian（ミーン・クォーティディアン）

1日約1度のソーラーアークとは同じではなく、1日を約 361 度に細分化します。よってアングルは1日に1度進むこととなります。この方法は「Daily Houses」システムともいいます。

COLUMN

「ソーラーリターン・チャートへの応用」

アンソニー・ルイスの書籍 (The Art of Forecasting Using Solar Returns) では、Mean Quotidian を使った、普通とは違う進行法を行っています。ソーラーリターンのチャートにてアングルの計算を Mean Quotidian に設定します。このチャートをセカンダリ・プログレッションの二重円にして、1日毎に進行させます。すると、セカンダリ・プログレッションのアングルは1日毎に1度進みますので、1日毎の予測が可能となります。

※ソーラーリターンのチャートは算出されたチャートを、新たな Radix Chart（ラディックス・チャート）として作り直す必要があります。

Essential Dignities（エッセンシャル・ディグニティ）

ここでは Reports セクションにある Essential Dignities の設定を行います。（Android 版非搭載）

Term Type（ターム・タイプ）

二つのターム・タイプの選択

Ptolemy

トレミー（Claudius Ptolemy）の著書「Tetrabiblos」の本文の中で "Egyptian" として紹介しています。

後年のウイリアム・リリー（William Lilly）はこれを トレミーによる方式として紹介しています。

このターム・タイプは、時にカルディアン（Chaldean）による方式と呼ばれることもあります。

Ptolemy Terms

♈	♃ 6	♀ 14	☿ 21	♂ 26	♄ 30
♉	♀ 8	☿ 15	♃ 22	♄ 26	♂ 30
♊	☿ 7	♃ 14	♀ 21	♄ 25	♂ 30
♋	♂ 6	♃ 13	☿ 20	♀ 27	♄ 30
♌	♄ 6	☿ 13	♀ 19	♃ 25	♂ 30
♍	☿ 7	♀ 13	♃ 18	♄ 24	♂ 30
♎	♄ 6	♀ 11	♃ 19	☿ 24	♂ 30
♏	♂ 6	♃ 14	♀ 21	☿ 27	♄ 30
♐	♃ 8	♀ 14	☿ 19	♄ 25	♂ 30
♑	♀ 6	☿ 12	♃ 19	♂ 25	♄ 30
♒	♄ 6	☿ 12	♀ 20	♃ 25	♂ 30
♓	♀ 8	♃ 14	☿ 20	♂ 26	♄ 30

Egyptian
「Tetrabiblos」の中で、"Egyptian" として表のみで紹介されています。
ドロテウス (Dorotheus of Sidon) が使っていたといわれています。

EgyptianTerms

♈	♃ 6	♀ 12	☿ 20	♂ 25	♄ 30
♉	♀ 8	☿ 14	♃ 22	♄ 27	♂ 30
♊	☿ 6	♃ 12	♀ 17	♂ 24	♄ 30
♋	♂ 7	♀ 13	☿ 19	♃ 26	♄ 30
♌	♃ 6	♀ 11	♄ 18	☿ 24	♂ 30
♍	☿ 7	♀ 17	♃ 21	♂ 28	♄ 30
♎	♄ 6	☿ 14	♃ 21	♀ 28	♂ 30
♏	♂ 7	♀ 11	☿ 19	♃ 24	♄ 30
♐	♃ 12	♀ 17	☿ 21	♄ 26	♂ 30
♑	☿ 7	♃ 14	♀ 22	♄ 26	♂ 30
♒	☿ 7	♀ 13	♃ 20	♂ 25	♄ 30
♓	♀ 12	♃ 16	☿ 19	♂ 28	♄ 30

Triplicity Type (トリプリシティ・タイプ)

三つのトリプリシティのタイプを選択

Ptolemy
トレミー (Claudius Ptolemy) の著書「Tetrabiblos」によります。

Lilly
リリー (William Lilly) の著書「Christian Astrology」によります。

Dorothean
ドロテウス (Dorotheus of Sidon) の著書「Carmen Astrologicum」によります。

Triplicity	Ptolemy			Lilly			Dorothean		
	D	N	P	D	N	P	D	N	P
Fire	☉	♃	♂	☉	♃	-	☉	♃	♄
Earth	♀	☽	♄	♀	☽	-	♀	☽	♂
Air	♄	☿	♃	♄	☿	-	♄	☿	♃
Water	♀	☽	♂	♂	♂	-	♀	♂	☽

Murual Receptions(ミューチュアル・レセプション)

《Murual Receptions - Ignored》(ミューチュアル・レセプションズ—イグノード)
ミューチュアル・レセプションを無視する。

《Murual Receptions - Included》(ミューチュアル・レセプションズ—インクルード)
ミューチュアル・レセプションを含める。

※ミューチュアル・レセプション (MR) とは
二つの天体が、お互いにレセプション(歓迎)を受け合っている状態を示します。
(例:双子座の月と蟹座の水星の MR)

➡ Dynamic Reports(ダイナミック・レポートの設定)

「Settings」 → ➡ 「Dynamic Reports」

　メニュー項目の順序では、Reports セクションの Transits Listing (トランシット・リスティング) の設定ですが、マニュアルの進行上にて後の項目に移動します。

🏠 Home & Atlas（ホームとマップの設定）

> ⚙️「Settings」→ 🏠「Home & Atlas」

ここでは「Current Transits - Hire and Now（カレント・トランシット）」メニューで表示させる、トランジット・チャートの場所の設定を行います。

ユーザーが普段使用する場所にしておくのがよいでしょう。「3 チャートを表示させる」の項目で行った「Place」、「Country or US State」と入力方法は同じです。

Personal Atlas

「3 チャートを表示させる」の項目にて、地球儀アイコン 🌐 から検索した地名を登録するとここに収まります。

現在のバージョンでは、登録した地名を呼び戻すことができずに、地名と緯度経度のみが表示されるようです。

右上の EDIT を押すと赤い印が出るので、タップすると Delete が現れ、登録後も Delete をタップすることにより削除することができます。

✉ Export Chart Files（メールを使ったチャートファイルの保存）

　メニュー項目の順序では、Export Chart Files（メールを使ったチャートファイルの保存）の設定ですが、マニュアルの進行上にて後の項目に移動します。

☁ iCloud Drive Enabled（iCloud ドライブをオンにする）／ iCloud Drive Disabled（iCloud ドライブをオフにする）

　2018 年 8 月からのアップデート・バージョン 6.01 から導入された新しい機能です。

　iPhone ／ iPad のシステムである iOS に標準搭載されている iCloud ドライブに、チャートデータ（出生データ）を自動で保存してくれます。

　さらに 2 台目の iPad や、iCloud ドライブが搭載している PC（Apple 社製の PC と、iCloud をインストールしてある Windows PC）などと、すべてクラウド上でチャートデータを共有できます。

※この機能を使う際には事前に iOS の端末側で、iCloud ドライブをオンにしておく必要があります。

【チャートは端末本体内部に保存されています】

Charts Are Stored Locally

Would you like to switch to using iCloud Drive for your chart files? ─ チャートファイルに、iCloud Drive を使用するように切り替えますか？

Choosing iCloud Drive allows you to share your chart files across your other copies of Astro Gold (including the macOS version), and keeps them stored even if you delete the app. If you already have chart files in iCloud Drive, then your local files will be merged with them, ensuring that you don't lose any charts that you have created only on this device.

　iCloud Drive を選択すると、Astro Gold の他のバージョン（macOS バージョンを含む）と全体でチャートファイルを共有することができ、アプリを削除してもチャートファイルを保存したままにできます。
　iCloud ドライブに既にチャートファイルがある場合は、端末本体内部のファイルが併合され、この端末でのみ作成したチャートは失われません。

Choosing to Remain Local keeps your chart files only on this device, and they would be deleted along with the app if you ever uninstall it. ─ 端末本体内部に残すことを選択すると、チャートファイルはこの端末にのみ保存され、アプリをアンインストールした場合は、アプリと共にチャートファイルは削除されます。

Switch to iCloud ─ [iCloud へ切り替えます]

Remain Local in App ─ [アプリで端末本体内部に残します]

[チャートは iCloud ドライブにあります]

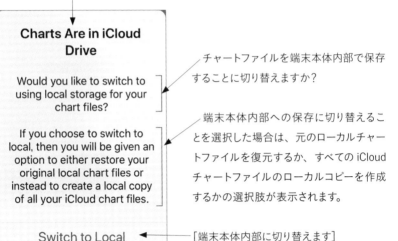

チャートファイルを端末本体内部で保存することに切り替えますか？

端末本体内部への保存に切り替えることを選択した場合は、元のローカルチャートファイルを復元するか、すべての iCloud チャートファイルのローカルコピーを作成するかの選択肢が表示されます。

[端末本体内部に切り替えます]

[iCloud を継続します]

[端末本体内部に切り替える]

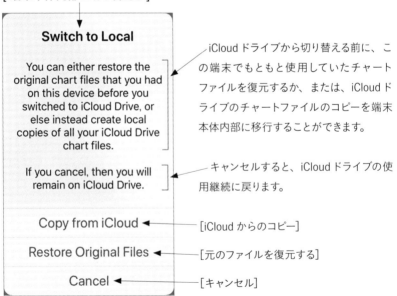

iCloud ドライブから切り替える前に、この端末でもともと使用していたチャートファイルを復元するか、または、iCloud ドライブのチャートファイルのコピーを端末本体内部に移行することができます。

キャンセルすると、iCloud ドライブの使用継続に戻ります。

[iCloud からのコピー]

[元のファイルを復元する]

[キャンセル]

6 ファイル操作

ここでは作成したチャートの、保存などに関わる各種操作についての説明です。

まずは、「3 チャートを表示させる」にて作成したチャートを保存するファイルを作成します。

チャート・ファイルの新規作成

① 「Charts」→
②「>」→
③「Select From File」→「Files」または「iCloud Files」→
④「Edit」をタップ→
⑤「+」をタップ→「File Details」→
⑥「Filename」に新規ファイルの名称を入力→
⑦「Save」

※名称はローマ字のみにしてください。日本語にしてしまうとメールでバックアップを送る際に、名称が削除されてしまいます。

第5章 「Astro Gold」によるホロスコープ作成方法〈賢龍雅人〉

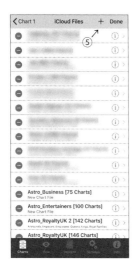

チャート・データの保存

① ▢「Charts」→

② 入力したチャート・データの右下にある白抜きの「Save」を押す→
「Save to File」→

③ 保存するファイルを選択→

④ 右上の「Save」を押す→

⑤ 保存されるとチャート・データの右下が「Is Saved」となります。

チャート・ファイルの削除と名称変更

> 📇 「Charts」→「＞」→「Select From File」
> （データ・ファイル内部に飛んでしまったら「＜ Files」で一つ前の階層 Files へ戻る）→「Edit」
>
> ・削除：左に現れる赤いアイコンをタップすると右側に「Delete」が出てくるのでこれをタップすると削除されます。チャート・データを右端から左に向かってスワイプ（指先を画面上で滑らせる操作）でも削除することが可能で可能です。
> ・名称変更： ⓘ のアイコンをタップすると「File Details」の階層に入ります。ここで「Filename（ファイルネーム）」を変更します。

チャートの訂正（※上書きとなるので注意）

> 📇 「Charts」→「＞」→「Edit Chart」→「＞」→ データ入力後に右上の「Go」を押す→「Save」→ 保存先ファイルの選択

チャートのデータ呼出し

> 📇 「Charts」→「＞」→「Select From File」→「＞」→（データ・ファイル内部に飛んでしまったら「＜ Files」で一つ前の階層 Files へ戻る）→ ファイル選択

チャート・データの検索

 「Charts」→「>」→「Select From File」
→（データ・ファイル内部に飛んでしまったら「<
Files」で一つ前の階層 Files へ戻る）→
①「Files」メニューの隣に虫眼鏡のアイコンが
出てくるのでここをクリック→
② 白抜きで「Search for chart names with…」
に検索ワードを入れます。

チャート・データの削除

 「Charts」→「>」→「Select From File」
→「>」→ ファイル選択→
削除をするチャート・データを右端から左に向
かってスワイプ（指先を画面上で滑らせる操作）
します。
※ Android 版の場合は対象データを長押しし
て、右上のゴミ箱アイコンをタップします。

削除するチャート・データを
右端から左に向かってスワイプ
（指先を画面上で滑らせる操作）

チャート・データのコピーを別のファイルに保存

AstroGold はチャート・ファイル間でチャート・データの移動ができないため、新たにコピーを作り、それを移動したいフォルダに再度セーブしてオリジナルを削除します。

 「Charts」→「Selected Charts」

チャート・データの右下にある①「Is Saved」をタップすると下記のようなダイアログが表れます。

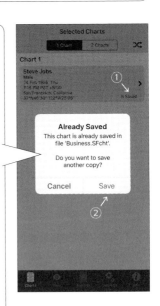

―――――― Already Saved ――――――

既に保存されています。

This chart is already saved in file " ファイル名称 .SFcht"。
このチャートは既に " ファイルー名称 .SFcht" というファイルに保存されています。

Do you want to save another copy?
別のコピーを保存しますか？

[Cancel]　　　[Save]

※ここで②[Save] をタップすると「Save to File」のページへ飛び、保存先を聞かれるので、ファイル名称の右端にあるチェック・マークを保存したいファイルにします。
そして右上の [Save] をタップすると新規保存完了です。

チャート・ファイル内部の操作

「Charts」→「>」→
「Select From File」→「Sort」

Sort Options

・Sort - File Order
　古く作成された順に並べます。

・Sort - Alphabetic
　アルファベット順に並べます。

・Sort - Date
　年号／月／日の順に並べます。

・Order - Descending または Order - Ascending
　タップにより下降順か上昇順かに切り替わります。

・Names - 'First Last' または 'Last, First'
　タップにより「名前　苗字」か「苗字　名前」を切り替えます。

チャート内のその他の操作

・2重円の表示
　[Charts]→①「2 Charts」

・インナー・ホイール（内側ホロスコープ）とアウター・ホイール（外側ホロスコープ）の反転
　[Charts]→② ✕ をタップ

・現在のトランジットを表示
　[Charts]→③「>」→「Current Transits - Hire and Now」

・最近使ったファイル（Recently Used）
　[Charts]→「>」→「Recently Used」

　最近使ったファイルを10個まで記憶しており、ここからすぐに呼び出すことができます。ただし誤って入力したファイルも残っているので、データをよく確認することが必要です。

7　ファイル・エクスポート

このアプリの最も優れた機能が、チャートファイル（出生データ）をメールの添付ファイルとしてエクスポートおよびバックアップ（保存）ができる機能です。

メールで送るファイルは、チャートファイルが格納されたファイルフォルダ単位となります。

✉ Export Chart Files
（メールを使ったチャートファイルの保存）

歯車のアイコン ⚙「Settings」→
✉「Export Chart Files」

✉「Export Chart File」をタップすると「Export by Email」というページにいきます。
①メールで送りたいフォルダをタップするとチェックマークが入ります（複数選択可能）。
②「Send」を押すと　メールアプリが起動して、自動的にファイルがメールに添付されているので、宛先を入力すればそのまま送信できます。

送信されるメールには「Exported charts from Astro Gold App」といったタイトルとなっています（ユーザー自身でタイトルを変更することは可能です）。
※ Android 版では、Gmail の他に Google ドライブ、Android ビーム、Dropbox などに送ることもできます。

第5章 「Astro Gold」によるホロスコープ作成方法〈賢龍雅人〉

例えば、iPad から送信して iPhone などで受信をする場合、Astro Gold がインストールされている iPhone であれば、メールに添付されたファイルをタップ①するだけで iPhone の Astro Gold にチャートファイルをインポートすることができます。

添付ファイルをタップすると、iPhone から「どのアプリでこのファイルを開くか」という一覧が出てきます。そこで「Astro Gold」のアイコンを探してください。
②「Astro Gold にコピー」というアイコンを見つけたらそれをタップします。

同じ名称のフォルダがなければ、そのまま「import - OK」というメッセージが出ます。
また、同じ名称のフォルダがある場合には、「file already exists :『フォルダの名称』の下に次のようなメッセージが出てきます。

「Merge non-duplicate charts」
　重複しないチャートのみを追加する。

「Overwrite existing file」
　既存のファイルに上書きする。

「Add with new filename」
　新しいファイル名にして追加する。

　状況によって上記のいずれかを選択する。

Import Chart Files（Android 版のみの機能）

Google ドライブ、Dropbox などからチャート・フォルダをインポートする。

8　サブシディアリー・チャートでの操作

　このセクションでは、未来予測の進行法2種類と回帰図を2種類、合成チャートを1種類（内部で2種類）を使用する手順をレクチャーします。

　進行法の「セカンダリー・プログレッション」と「ソーラーアーク・ディレクション」は、通常は出生図などのラディックス・チャートと二重円にして使用します。「Chart 1」を出しておき、「Chart 2」の方を操作するのがよいでしょう。

　回帰図の「ソーラーリターン」や「ルナリターン」などは、一重円で使う場合と二重円で使う場合のどちらもありますが、最初は一重円のみで出生図を読むような手順でリーディングするのがよいでしょう。

　合成チャートの「コンバイン」は2人のチャートを合成しますので、初めから二重円にして2名のチャートを出しておき、どちらかのチャートを操作するのがよいでしょう。

セカンダリー・プログレッション・チャートの作成

ソーラーアーク・ディレクション・チャートの作成

「Charts」→「Chart 2」の「>」→「Subsidiary Chart」→「>」→「Solar Arc Directions」→「>」→ 日時の確認後に「Go」をタップ
※ソーラーアーク・ディレクションでは、基本的に Use Natal（出生地を使用）を使用します。

ソーラーリターン・チャートの作成

「Charts」→「>」→「Subsidiary Chart」→「>」→「Solar Return」→「>」→「Which Return」にて年を選択後、①「Go」をタップ
※リターン・チャートではさまざまな手法がありますが、伝統的な手法に則るのであれば、Use Natal（出生地を使用）をオフ②にして、指定した年にいる場所（Location）を指定するのがよいでしょう。

ルナリターン・チャートの作成（Android 版非搭載）

「Charts」→「>」→「Subsidiary Chart」→「>」→「Lunar Return」→「>」
→「Which Return」にて時期を選択後、「Go」をタップ

《Which Return メニュー内部》
　Current：現在のルナリターン
　Nearest：最も近いルナリターン
　Next：次のルナリターン
※リターン・チャートではさまざまな手法がありますが、伝統的な手法に則るのであれば、Use Natal（出生地を使用）をオフにして、指定した時にいる場所（Location）を指定するのがよいでしょう。

コンバイン・チャートの作成

「Charts」→「>」→「Subsidiary Chart」→「>」→「Combined」→「Cast Combined」→「For」にてキャストを確認。「Method」を選択後、①「Go」をタップ

《Method メニュー内部》②
　Composite (Midpoints)：二つつのチャートの感受点を中間値で合成したチャート
Relationship (Davison)：時と場所の中間値から合成したチャート

COLUMN

「リロケーション」

「リロケーション」とは、「もし私が●●という土地に住むとしたら、どのような運命になるか？」といったようなことをリーディングする、開運法のような技法です。または、個人が住むのに最も適した場所を探す技法ともいえます。

ジム・ルイスという近代の占星術家によって「アストロ・カート・グラフィー」、「ローカル・スペース」などと共に研究され広められました。

リロケーションの原理は、生まれた場所のみを変更するもので、時間の変更は行いません。

このような技法はソフトウェア、またはアプリに頼るしかないのですが、高価なソフトウェアには始めから「Relocate」といったような機能が備わっています。Astro Gold には、「Relocate」機能はもともと備わっておりませんし、土地名を入れると同時に時差計算を行うので、そのままではリロケーションはできません。

そこで、チャート入力の際に任意の国名と地名を入力した後に、Timezone（時差）の欄に JST（Japan Standard Time ／日本標準時）または、「-9」と入力すると、希望した地名へのリロケーションしたチャートが表示されます。

COLUMN

「ヘリオセントリック・チャート」

ヘリオセントリックのチャートは、Astro Gold では作成できません。iPhone ／ iPad などの iOS の機種であれば、iKairon がヘリオセントリックのチャートを作成することができます。

Android 機種であれば、「Planetdance for Android」がヘリオセントリックのチャートを作成することができます。

第5章 「Astro Gold」によるホロスコープ作成方法〈賢龍雅人〉

 レポート・メニュー

　このセクションでは、ホロスコープ・チャートのデータを数値で表示したり、エッセンシャル・ディグニティを表示したり、トランシット・リスティング（経過表）を一覧表示します。

レポート・メニューのアイコン をタップします。
右上の Report Types アイコン にてメニューを選択します。

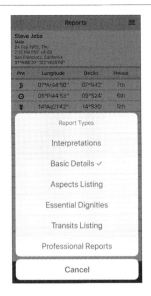

Interpretations（インタープリテーション）

チャートの各感受点の解釈が英語で表記されます。

Basic Details (ベーシック・ディティール)

チャートの各感受点の位置情報が表示されます。
- Pnt (Planet)：天体やアングルなどの感受点記号。
- Longitude (ロンジチュード)：経度、黄道上サインの位置を示します。度数、サイン、分数、秒数の順で表示されています。
- Declin. (Declinetion／デクリネーション)：赤道座標の赤緯からどれだけ離れているかを示しています。N、S共に最大30度内での表示。NとN、またはSとS、さらに度数が同じであればそれらの天体はパラレルとなります。
- House：感受点が在室しているハウスのナンバーを表示しています。

Aspects Listing (アスペクト・リスティング)

※二重円の時は、Synastry Aspectsというメニュー名に変わります。
チャートの各アスペクトの種類やオーブが表記されます。
左上のソートメニュー 📋 で並べ替えができる。

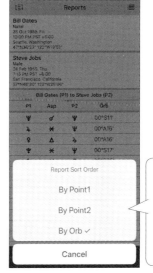

Report Sort Order
By Point1：
Point1を基準にする
By Point2：
Point2を基準にする
By Orb：オーブ順

第5章 「Astro Gold」によるホロスコープ作成方法〈賢龍雅人〉

Essential Dignities（エッセンシャル・ディグニティ）

※この機能は 2018 年 11 月現在、iOS 版のみに装備されています。

エッセンシャル・ディグニティの表示。

左上のソートメニュー 〔アイコン〕で並べ替えができる。

Day of：デイ・ルーラーを表示
Hour of：アワー・ルーラーを表示
2nd Hour of Day/Night：①太陽のあるハウスのナンバーと、②デイ・チャート／ナイト・チャートの表示

Report Sort Order ③
By Point：
上から、月、太陽、以下は公転周期の順に並ぶ。
By Score：
上から合計スコアの高い順に並ぶ。

384

Transits Listing（トランシット・リスティング／経過表）

※この機能は 2018 年 11 月現在、iOS 版のみに装備されています。

ここでは、PC の高度なホロスコープ・ソフトウェアに搭載されているトランシット・リスティング機能（または経過表、Dynamic Reports ともいう）の計算と算出を行います。

※設定は先に ![Settings] 「Settings」メニューの ➡ 「Dynamic Reports」にて行っておきます。

① Transits of Outer Planets

「Dynamic Reports」にてつけたタイトルが表記される。

日本語が使用可能。初期設定では「Transits of Outer Planets」となっている。

② Starting 〜（日、月、年号）

「Dynamic Reports」にて設定したスタート日時が表記される。

「＞」をタップするとダイヤル式の年号と月日の選択ができる。

③ For 〜（指定した期間）

「Dynamic Reports」にて設定した期間が表記される。

「＞」をタップするとダイヤル式で日、月、年の選択ができる。

④ Tap to Generate Report

レポートの計算を始める。

左上のソートメニュー で算出したレポートの並べ替えができる。

⑤ Report Sort Order
By Date：日付順
By Point1：トランシットの感受点の順
By Point2:ラディカル・チャート（出生図などの元となるチャート）の感受点、ハウス、アングル順

10 ダイナミック・レポートの設定

　このセクションでは、レポート・メニューのトランシット・リスティング（経過表）の設定を行います。
　トランジットの天体が出生図の感受点に、いつ接触するかなどを算出して表示されます。
※この機能は 2018 年 11 月現在、iOS 版のみに装備されています。

新規作成

「Settings」→ 「Dynamic Reports」→
① 「EDIT」→
② 緑色の ボタン「Create new Dynamic job」をタップ
　最下部に「Transits of Outer Planets」という項目ができている→
③ 「EDIT」→
　今できた新しい job の「Transits of Outer Planets」の右側の ⓘ を押す→
　「Job Details」というページに移る

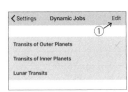
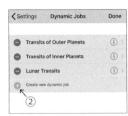
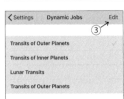

Job Details（機能詳細の項目）

- ■ Name：セットにつけるタイトル、メールでエクスポートできないので日本語の入力でも問題はありません。
- ■ Time Span：時間の範囲を設定します
  『「>」→「Time Span」』

[Report Start Date]

・「Start of Current Month」→「>」→「Year, Quarter, Month, Day」の、いずれかを選択します（年、四季、月、日の、どの単位で開始するかを選択）。

・「Then Adjust By -1 Months」→「>」→ 数字と「Year, Quarter, Month, Day」の、いずれかを選択します（設定した日時より、どの程度未来、または過去から計算をさせるのかを選択）。

[Report Duration]

・「14 Months」→「>」→ 数字の選択と「Year, Quarter, Month, Day」の、いずれかを選択します（どの程度の期間を表示させるかを選択）。

- ■ From Points：トランジットの感受点を選択
  『「>」→使用する感受点を選択』
- ■ Aspects：ピックアップするアスペクトを選択
  『「>」→使用するアスペクトを選択』
- ■ To Points：ラディカル・チャート（出生図などの元となるチャート）の感受点を選択
  『「>」→使用する感受点を選択』
- ■ Extra Events

・Enter/Leave Orb Events：アスペクト形成の開始と終了のタイミングを表示します。

　　レポート中の表示　(E)：Enters Orb：オーブ1度以内に入る
　　レポート中の表示　(L)：Leaves Orb：オーブ1度以内を出る

・House Ingress Events：ハウス・イングレス（入室）のタイミングを表示します。
　　レポート中の表示　（->H）：Enters House：ハウスに入る
・Sign Ingress Events：サイン・イングレス（入宮）のタイミングを表示します。
　　レポート中の表示　（->S）：Enters Sign：サインに入る
・Planetarty Stations：惑星の逆行／順行時のタイミングを表示します。
　　レポート中の表示　（SR）：Turns Retrograde：逆行開始
　　レポート中の表示　（SD）：Turns Direct：順行開始
・その他
　　レポート中の表示　（X）：Exact Hit：アスペクトにおける度数分数の正確なヒットを表す。

※すべての設定を終えた後は、必ず「Job Details」の右上にある「Save」をタップしておくことを忘れないようにしましょう。

11 Transits Listing テンプレート作成

このセクションでは、「Transits Listing」のテンプレートを紹介します。

Astro Gold の「Transits Listing」は、出生図などのラディックス・チャート（基本となるチャート）に対して、トランジットの天体が接触するタイミングの一覧を表示することができます。

※月の満ち欠けや日食月食のような、トランジット同士のタイミングの一覧を表示することはできません。

※この機能は 2018 年 11 月現在、iOS 版のみに装備されています。

サンプル・テンプレート1　土星のサイクルを出す

- ■ Name
  「Saturn Cycles」
- ■ Time Span
- ・Report Start Date
  「Start of Current Month」
  「Then Adjust By 0 Months」
- ・Report Duration
  「50 Years」
- ■ From Points
  「Saturn」
- ■ Aspects
  「Conjunction」「Opposition」「Square」
- ■ To Points

「Saturn」「The Ascendant」「The Midheaven」
（必要に応じて「The Moon」「The Sun」など）

第5章　「Astro Gold」によるホロスコープ作成方法〈賢龍雅人〉

■ Extra Events
50年の単位で算出するのでこれらを On にすると、膨大なデータ量になるが「Enter/Leave Orb Events」と「House Ingress Events」程度は ON にしてもよいでしょう。

・Enter/Leave Orb Events
「On」
・House Ingress Events
「On」
・Sign Ingress Events
「Off」
・Planetary Stations
「Off」

《レポート中の表示》
(E)：Enters Orb：オーブ1度以内に入る
(X)：Exact Hit：アスペクトのにおける度数分数
　　　の正確なヒット
(L)：Leaves Orb：オーブ1度以内を出る
(–>H)：Enters House：ハウスに入る
(–>S)：Enters Sign：サインに入る
(SR)：Turns Retrograde：逆行開始
(SD)：Turns Direct：順行開始

サンプル・テンプレート2　四季図を作る

　四季図は太陽がカーディナル・サイン（活動宮）に入った瞬間のチャートです。牡羊座、蟹座、天秤座、山羊座（春分、夏至、秋分、冬至）となります。

　このタイミングは、天文暦がなくとも Astro Gold の Transits Listing の機能を使えば算出することができます。

■ Name
「Sun's Sign Ingress」
■ Time Span
・Report Start Date
　「Start of Currnt Day」
　「Then Adjust By 0 Days」
・Report Duration
　「1 Years」
■ From Points
「The Sun」
■ Aspects
　すべてオフ
■ To Points
　すべてオフ
■ Extra Events
・Enter/Leave Orb Events
　「Off」
・House Ingress Events
　「Off」
・Sign Ingress Events
　「On」
・Planetary Stations
　「Off」

第5章 「Astro Gold」によるホロスコープ作成方法〈賢龍雅人〉

サンプル・テンプレート3　水星逆行

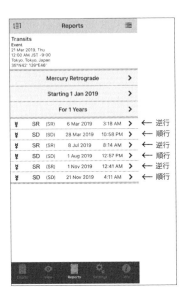

- ■ Name
  「Mercury Retrograde」
- ■ Time Span
- ・Report Start Date
  「Start of Current Month」
  「Then Adjust By 0 Months」
- ・Report Duration
  「1 Years」
- ■ From Points
  「Mercury」
- ■ Aspects
  すべてオフ
- ■ To Points
  すべてオフ
- ■ Extra Events
- ・Enter/Leave Orb Events
  「Off」
- ・House Ingress Events
  「Off」
- ・Sign Ingress Events
  「Off」
- ・Planetary Stations
  「On」

　「Planetary Stations」を On にするだけで、水星の SD (Stationary Turns Direct ＝ステーションから順行)、または SR(Stationary Turns Retrograde ＝ステーションから逆行) の時期が表示される。
　他はすべて「Off」にするだけ。

《本章内索引》

【1】はじめに……………………316
【2】アプリのインストール………318
　　　アプリの構造…………………318
【3】チャートを表示させる………320
　　　出生データの入力……………320
【4】インターフェイス・メニュー………331
【5】設定………335
　　　Displayed Chart Points（天体と感受点の選択）………335
　　　Settings Aspected Points（アスペクトのラインを表示させる感受点の選択）………337
　　　Aspects（アスペクトセットの切り替え）………338
　　　Aspects Set（アスペクトセットのオーブの設定を変更する）………341
　　　《Standard.asp》設定例………343
　　　《Tight.asp》設定例………345
　　　Wheel Display（ホイールディスプレイの設定）………346
　　　Planet Colors（表示する天体のカラーパターンを変更）………346
　　　Sign Colors（表示するサインのカラーパターンを変更）………346
　　　UniWheel Style（内側ホイール・スタイルの変更）………347
　　　BiWheel Style（外側ホイール・スタイルの変更）………351
　　　Chart Displlay（ディスプレイ・タイプの変更）………354
　　　Other Options（ホイール・オプション・その他）………354
　　　Chart Calculations（チャート計算）………357
　　　Zodiac（黄道帯の選択）………357
　　　House System（ハウスシステムの選択）………357
　　　Lunar Node Type（ルナ・ノード・タイプ………357
　　　Part of Fortune（パート・オブ・フォーチュン）………357
　　　Parallax（パララックス）………358
　　　Black Moon（ブラックムーン）………358
　　　Progressions（プログレッションズ）………359
　　　COLUMN「ソーラーリターン・チャートへの応用」………359
　　　Essential Dignities（エッセンシャル・ディグニティ）………360
　　　Home & Atlas（ホームとマップの設定）………363
　　　Export Chart Files（メールを使ったチャートファイルの保存）………364
　　　iCloud Drive Enabled（iCloudドライブをオンにする）………364

第5章　「Astro Gold」によるホロスコープ作成方法〈賢龍雅人〉

【6】ファイル操作………367
　　チャート・ファイルの新規作成………367
　　チャート・データの保存………369
　　チャート・ファイルの削除と名称変更………370
　　チャートの訂正………370
　　チャートのデータ呼出し………370
　　チャート・データの検索………371
　　チャート・データの削除………371
　　チャート・データのコピーを別のファイルに保存………372
　　チャート・ファイル内部の操作………373
　　チャート内のその他の操作………374
【7】ファイル・エクスポート………375
【8】サブシディアリー・チャートでの操作………378
　　セカンダリー・プログレッション・チャートの作成………378
　　ソーラーアーク・ディレクション・チャートの作成………379
　　ソーラーリターン・チャートの作成………379
　　ルナリターン・チャートの作………380
　　コンバイン・チャートの作成………380
　　COLUMN「リロケーション」………381
　　COLUMN「ヘリオセントリック・チャート」………381
【9】レポート・メニュ………382
　　Basic Details（ベーシック・ディティール）………383
　　Aspects Listing（アスペクト・リスティング）………383
　　Essential Dignities（エッセンシャル・ディグニティ）………384
　　Transits Listing（トランシット・リスティング／経過表）………385
【10】ダイナミック・レポートの設定………386
　　新規作成………386
　　Job Details（機能詳細の項目）………387
【11】Transits Listing テンプレート作成………389
　　サンプル・テンプレート１　土星のサイクルを出す………389
　　サンプル・テンプレート２　四季図を作る………391
　　サンプル・テンプレート３　水星逆行………392

巻末資料

1 マンディーン占星術を理解するための用語
（芳垣宗久）

四季図（イングレス・チャート）

トランジットの太陽が活動サインの0度に進入した瞬間のチャートを用いる。春分図、夏至図、秋分図、冬至図の四つがあり、この内春分図はその後の1年間全体の、他の図は各季節に属する約3か月間の動向を示す。四季図のロケーションは任意の国家の首都の緯度経度が用いられる。惑星の黄道上の位置やアスペクトは同じでも、ロケーションが変わればハウスのポジションが変化するため、それが各国の動向の差となって現れる。

始原図（ナショナル・チャート）

国家の建国時のチャートを用いる。このテクニックの問題点は、ほとんどの国家の「出生時間」がはっきりしておらず、中には建国日まで不明なケースもある。そのタイミングも建国宣言や政治的な独立、あるいは憲法の公布等が採用され、日本の始原図にも諸説がある。
※神武天皇即位図、明治憲法図、サンフランシスコ講和条約図、平和憲法図など。

政治的指導者の出生図

大統領や首相あるいは国王等、各国の政治的な指導者の出生図を分析する。影響力が強ければ財界のリーダーのホロスコープも考慮されることがある。

新月・満月図（ルーネイション・チャート）
日食・月食図（イクリプス・チャート）

　新月と満月、あるいは日食、月食の瞬間の図を用いる。新月図と満月図は2週間ごとの短期的な動きを分析するもので、四季図等で示された問題が表面化する時期を特定することにも役立つ。日食図と月食図は通常の新月図や満月図よりも重大な出来事を示し、影響の期間も半年から数年まで考慮されることがある。

外惑星のサイクル

　木星、土星、天王星、海王星、冥王星等の外惑星のサインの移動やレトログレイド、ステーション、そしてアスペクト等を分析する。伝統的には木星と土星の大会合（グレート・コンジャクション）が歴史の長期的な動向を示すと考えられてきたが、現在ではトランスサタニアンも含めたより複雑な惑星サイクルが研究されている。

イベント・チャート

　政治や経済に重大な影響を及ぼす出来事が起きた瞬間のチャートをもとに、その背景や影響の度合い、出来事のその後の展開などを予測する。事件、事故、災害、戦争の開戦、条約の調印、法律の施行、政治団体の結成等の図がそれに当たる。始原図も国家の誕生という出来事をもとにしたイベント・チャートの一種と定義できる。

アストロマップ（占星地図）

　アストロマップとはホロスコープの惑星の配置を地球上に投影する技術である。マンディーン占星術では、四季図や日月食図とったチャートをマップ化し、それらに示された宇宙的影響力が特に及びやすい地域の特定に用いられる。中でもアストロ・カルト・グラフィ（ACG）と呼ばれるマッピング法が最も普及しているが、ジオデティック・イクウィーバランス（GE）やローカル・スペース（LS）といった技術も研究されている。

2　マンディーン占星術における惑星とハウスの象徴
（芳垣宗久）

太　陽　国家元首、政権。その他社会的な影響力を持つリーダー全般。
月　　　国民、世論、農作物。女性や子供に関する問題も示す。
水　星　商取引、貿易、通信、メディア、広告、交通、輸送。
金　星　レジャー、ファッション、芸術。女性や子供、外交による和平。
火　星　軍隊、警察、戦争、テロ、暴力、ストライキ、事故、災害。
木　星　国富、銀行、金融、法曹、宗教、思想、高等教育。
土　星　抑うつ、悲観、農業、不動産、地下資源。高齢者や死亡率の問題。
天王星　改革、解放、分裂、崩壊、反抗、発明・発見、ハイテク関連の動き。
海王星　石油、化学、薬物、集団幻想、扇動、詐欺、スピリチュアリズム。
冥王星　巨大権力、暴力、組織犯罪、スパイ、暴露、核エネルギー。

第1ハウス　国民、世論。
第2ハウス　通貨、流通、財政、税制、国民の所得。
第3ハウス　交通、輸送、隣国との取引関係。
第4ハウス　国土、農業生産、天候、環境、自然災害、野党。
第5ハウス　娯楽、芸術、スポーツ、妊娠、出産、子供。
第6ハウス　国民の健康、感染症、労働環境、公務員、軍隊や警察。
第7ハウス　外交、条約、同盟国、敵対国、戦争、和平交渉。
第8ハウス　国債、関係国の財政。
第9ハウス　法廷、法律、宗教、学問、貿易。
第10ハウス　国家元首、政府、与党、有力なビジネス・リーダー。
第11ハウス　議会、立法（特に経済や政府の状況に影響するもの）、国際的な友好関係。
第12ハウス　刑務所、テロ、スパイ、妨害、亡命者、マイノリティー、国家機密。

マンディーン・チャートを解読するポイント
（芳垣宗久）

① コンジャクション、スクエア、オポジションを形成する惑星に注目する。中でも最も強力なのはコンジャクションである。これらのハード・アスペクトの影響は明確な社会的事象となって現れやすい。

② トラインやセクスタイル等のソフト・アスペクトはハード・アスペクトより理性的で調和を保とうとする動きを示していることが多い。

③ 木星以遠の外惑星が含まれるアスペクトはその影響が強く、しかも長期的となる傾向がある。

④ ステリウムやTスクエア、グランド・クロス等のコンフィギュレーションを構成している惑星も影響を強める。

⑤ 各国のマンディーン・チャートで惑星がどのハウスに入るかをチェックする。特にコンジャクションをはじめとするハード・アスペクトを形成する惑星が入るハウスによって、その影響の及ぶ領域や影響の深度が判明する。

⑥ アングルに重なるか、アンギュラー・ハウス内に入っている惑星は、その国の社会情勢に最も顕著な影響をもたらす。特にアセンダントは一般の国民を、MCはその国の指導者や政権の状態を示す。

⑦ アセンダントとMCのルーラー（支配星）、そして第1ハウスと第10ハウス内に入る惑星にも注意を払う。

⑧ マンディーン・チャートに対するトランジット惑星を計算する。特に四季図の重要なポイントをトランジットの火星や太陽、新月・満月、あるいは日月食が刺激する時期は、そこに示されていた事柄が実際に現象化する可能性が高まる。

参考文献

【第2章脚注記載以外の参考文献／倉本和朋】
Michael Baigent, Nicholas Campion, Charles Harvey"Mundane Astrology - An Introduction to the Astrology of Nations and Groups"(Thorsons, 1995/First Published by the Aquarian Press, 1984), Chapter 1: The Development of Mundane Astrology from the Babylonians to the Arabs (Michael Baigent), Chapter 2: The History of Mundane Astrology in Europe from AD 500 to the Present Day (Nicholas Campion), Chapter 3: Mundane Astrology and the Collective (Nicholas Campion)（マイケル・ベイジェント、ニコラス・キャンピオン、チャールズ・ハーヴェイ共著『マンディーン占星術−国家・集団の占星術への導入』（ソーソンズ、1995年／初版＝アクエリアン・プレス、1984年）収録、第1章「マンディーン占星術の発展、バビロニアからアラブまで」（マイケル・ベイジェント）、第2章「ヨーロッパでのマンディーン占星術の歴史、500年～現在まで」（ニコラス・キャンピオン）、第3章「マンディーン占星術と集団」（ニコラス・キャンピオン））

James Herschel Holden"The Biographical Dictionary of Western Astrologers"(AFA, 2013)（ジェイムズ・ハーシェル・ホールデン『西洋占星術家の伝記的事典』（AFA、2013年））

【参考サイト】
astro databank
< https://www.astro.com/astro-databank/Main_Page >
Wikipedia
英語：< https://www.wikipedia.org/ >
日本語：< https://ja.wikipedia.org/wiki/メインページ >
Weblio
< https://ejje.weblio.jp/ >

【参考電子書籍】
倉本和朋『西洋占星術用語事典』（説話社、2015）
倉本和朋『西洋占星術家年鑑』（説話社、2015）

おわりに

松村　潔

　今回書いた原稿の中で、最も重視したいのは日食に関してです。

　太陽の光は、いつもは物質的な意識を表す地球へ届いていますが、日食の時に月が割り込んで光を専有し、光の届かない地球は仮死状態になって、このぼんやりした意識の中で、夢見のように印象を受け取ります。これは物質的な知覚意識よりも一つ上の次元にある意識を刺激するので、その時に、私達は未来に関するビジョンなどを受け取ります。

　この少し上の次元にある意識とは神智学などで「エーテル界」と呼ぶのですが、科学は物質のことしか理解できないので、このエーテル界については全く知識がありません。

　アーノルド・ミンデルは、素粒子は人間の意識と連動していると考えているようですが、エーテル物質は自由電子よりもまた素粒子よりも高速で、一方的な時間の流れに従うことなく、未来に行ったり過去に戻ったりします。科学がそれを理解するためには、いつも先送りしている無の領域を解明しなくてはなりません。この無とは、二極化されたところの主体と客体が合流するものであり、この時にニュートン物理学的なところでの時間秩序、空間秩序が全く無化されていくのです。重力など存在しないし、ブラックホールなどは妄想にすぎません。世界の因果律が解除されてしまうと、これまでの努力はすべて無に帰してしまうので、科学的な思考の人はそれを避けようとするのです。

　日食はこのエーテル体知覚を刺激して、私達は夢見の中で、複数の未来に伸びた交差点に差し掛かります。ここで「意図」を通じて、何らかの未来を選ぶ。これを何度も繰り返す中で、私達は自分が望む未来に到達するのですが、おそらく、今後、このメカニズムを意識的に活用する必要に迫られるのではないでしょうか。

　イエスはゴルゴダの秘蹟でこのことを教えようとしましたが、それについてまともに学習できた人は少ないのではないでしょうか。

占星術は未来の運命を示しているのでなく、むしろ選択するタイミングを示しているると考えてもよいかもしれません。

　サイババは占いについての真相は21世紀になってから徐々に解明されていくといいましたが、方向性の選択ということに大きく関係していることがはっきりしてくるのではないでしょうか。いくつかの宇宙人コンタクトでは、なぜか彼らが占星術についてもっと細かく取り組んだ方がよいと説明していますが、それは彼らが時間や空間の仕組みについて詳しいからでしょう。

　日食は1年のうち2回訪れます。これは人類が進んでいく物語の中での節目のようなもので、「さて」とか「そして」とかの転回点となります。なかなか面白いので、日食だけの専門家がいてもよいのではないかと思います。

　複数のサロス"筋"は、地球に住んでいる複数の魂のグループの進行の節目を表しているので、これらを渡り歩き縒り合わせることで、時間の進行の興味深いうねりが生まれてくるのです。

　物質的な世界においては、私達は未来を選択することもできず、ただ流されるままに生きるしかないのですが、時間の進行が反対に働くエーテル界の流れをここにぶつけることで、非時間性の瞬間が発生し、この時に時間の進行方向のギアを切り替えることが可能となります。

　私が担当の原稿については、1か月前後くらいの時間で書いたのですが、書いているのがとても楽しくて、いつもの1日原稿を書く時間は1時間半まで、というルーチンをはみ出して、毎日長い時間、「ああでもないこうでもない」とキーボードを打っていました。

　マラソンのしすぎで大腿骨の疲労骨折をしてしまい、痛みが強いのでロキソニンを飲んでいて、タクシーで病院に行く以外は全く外に出かけなかったので、事務所でずっと長い時間原稿を書いていました。

　こうした、ある意味実験的な内容の原稿を出版してくれる説話社ならびに担当の高木氏にはいつも驚いているし、とても感謝もしております。原稿を書かないと死んでしまう生物である私からすると、とても貴重な人なのです。

最近の私の本は地続きになっていて、時系列の順番で読まないと、あまり意味がわからないものになってしまいましたから、本書を抜くと、その後の本の内容が理解できないことにもなりますが、空いたピースを埋めるように読んでいただくとよいと思います。1冊が独立しているというよりも、全部合わせて一つの本のようです。

村松　潔

おわりに　　　　　　　　　　　　　　　　　　　　　　　　　　　芳垣宗久

　『マンディーン占星術』をお手に取っていただいた皆様、最後までお読みいただき、まことにありがとうございました。
　説話社の高木さんから本書への寄稿のお話しをいただいたのは一昨年の夏頃でしたでしょうか。その時は私がその仕事をお引き受けしてよいものか、しばらく考え込んでしまいました。
　マンディーンは最古にして最高度の占星術であり、最も習得が難しいといわれています。この分野を極めるには確かな占星術の技量はもちろん、政治や経済、歴史、あるいは自然科学といった広範な領域の学問に通じていなければならないのです。
　私はまだ勉強を始めたばかりで、そもそも新聞すらろくに読んでいないような非常識な人間ですから、全く力不足であるとしか言いようがありません。しかしながら、人類の歴史が宇宙のサイクルと同期するという、マンディーン占星術のダイナミックな世界観の魅力をより多くの人々にお伝えしたいという欲望に負け、このたびはマンディーンのごく基礎的な知識を整理してご紹介するというスタンスで、執筆に参加させていただくことにいたしました。
　とはいえ、途中から筆を滑らせ、東西ドイツの統一を例に取ったケースワークまで書いてしまい、拙い分析でマンディーン占星術の権威を貶(おとし)めてはいないかと、今更ながら恐れております。
　本書でマンディーン占星術にご興味を持たれた方は、ぜひ海外から優れた専門書をお取り寄せになり、その奥深い世界に触れていただきたいと思っております。参考文献は第2章の倉本さんがたくさん挙げてくださっていますが、中でもMichael Baigent、Nicholas Campion、そしてCharles Harveyによる共著『Mundane Astrology: Introduction to the Astrology of Nations and Groups』は、古典的な文献から現代の実践まで幅広く研究した良書ですから、まずは同書から入門することをお勧めします。占星術の専門雑誌『The

Mountain Astrologer』も、時事的かつハイレベルなマンディーン関連の記事が載っているので勉強になります。

　私がマンディーンという主題に躊躇（ちゅうちょ）した理由は、実は、もう一つありました。それは昨今ウェブ上で散見される「ネット予言者」の存在です。

　その定義は明確にしにくいのですが、ブログやSNS、動画等を通じて毎年・毎月・毎週、あるいは数日に1回の頻度で「地震が〜」「テロが〜」「政変が〜」と不吉な予言を発表し続けている人々といえばご理解いただけるでしょうか。彼らは世界中に何百何千と存在しているため、結果的に毎日誰かが何かを予言するという状況になり、当然、いつかは誰かの予言が的中することになります。

　それらの予言コンテンツには、マンディー占星術をツールとして乱用しているケースも多々見られるため、そのような行為に僅かであれ加担することにならないかと心配になったのでした。

　最近の欧米の占星術界では、売名のために破滅的な予言を発表する行為に対し、コミュニティー内部からもきちんと批判の声が上がるようになっていますが、日本の占星術業界もそのような方向で成熟していければよいと希望しています。

　ところで、そもそもマンディーン占星術の法則は有効であり、その予測は本当に「当たる」ものなのでしょうか？　占星術家が書いた「占星術の本」には、見事に的中したマンディーン予言のエピソードが多数紹介されており、それらは読者の胸を踊らせてくれます。ところが、真摯（しんし）な態度で過去の事例を研究すれば、現実には失敗例の方がはるかに多く、「正確な予言によって社会の発展や安全を促す」という当初の目標は全く達成できていないことがわかってしまいます。マンディーン占星術の歴史は、まさに「失敗の歴史」であると言わねばならないのです。

　それでも、現代の私達にマンディーン占星術を学ぶ価値がないなどと考えるのは早計でしょう。

実際、マンディーン・チャートを通じて歴史や世の中のトレンドを分析していると、人類の集合的な意識、世界霊魂、あるいは時代精神などと呼ばれるものの存在がありありと感じられるようになってきます。そして、センス・オブ・ワンダーとでも申しましょうか、畏敬の念のような感情が自然と湧いてくるのですが、それを経験すること自体にも意義があるように思われるのです。

　現代人はとかく自分自身とその周囲のことばかりに関心が向かいがちで、占星術家もそのニーズに応えることに躍起になっていますが、時にはマンディーンのようなマクロな視点からゆっくりと世界を観察し、宇宙の神秘に思いを馳せる時間を持ってみてもよいのではないでしょうか。

　最後になってしまいましたが、本書への寄稿者としてお声をかけてくださった説話社の高木さん、本当にありがとうございました。松村潔先生には今回はもちろん、長年に渡りたくさんのお仕事をいただいており、心より感謝いたしております。倉本さんと賢龍さんとは今回初めてご一緒にお仕事をさせていただきましたが、お二人の熱心なご研究ぶりにも感服いたしました。

　また、90年代のドイツに駐在し、ベルリンの壁崩壊をリアルタイムで取材した元新聞記者のＴ・Ｉさんには、第5章の執筆に当たってご協力をいただきました。この場を借りて御礼申し上げます。

芳垣宗久

おわりに

倉本和朋

　本書を発案・企画の上、私に執筆の機会をくださった株式会社説話社取締役・高木利幸様に感謝、御礼申し上げます。大変お世話になりました、誠にありがとうございました。

　拙稿については、担当させていただきました「マンディーン占星術の歴史的背景」のタイトルを謳う上で、その概ねの輪郭・要点は網羅できたものと考えてはおりますけども、この「おわりに」を書くに当たり、改めて振り返るに、本編で触れるのが比較的手薄になった時代・項目がいくつかあるように思われましたので以下、簡略ではありますが補足いたします。

①エジプトについて……メソポタミア同様、天空との密な関係を早い時期から有していたとは申せ、「占星術をメソポタミアで発展したような過去・現在・未来を分析するための複雑なシステムとみなした場合、アレクサンドロス大王の東方遠征が行われた紀元前331年以前のエジプトでは占星術は用いられていなかった、といえる（中略）だが、占星術を天空の神々との意思疎通の試みというふうに、よりおおまかなものとして定義するのであれば、上記時代以前のエジプトで占星術は用いられていた、といえる」（ニコラス・キャンピオン『西洋占星術の歴史I－古代世界("A History of Western Astrology Volume.1 - The Ancient World")』、103頁）。

②ヘブライ世界について……中東で最も複雑な宇宙観を有していた二つの地域であるメソポタミア・エジプト間の狭く細長い土地で栄え、しばしば左記両隣と戦闘状態にもなりつつ独自の発展をたどったものの、紀元前331年までにこの地域で現れた占星術に関してはバビロニア・ギリシャの占星術と大きな差異はないようです。

③キリスト教がローマ帝国に融合して行った紀元後最初の四〜五百年について……リチャード・タルナス※ª が名著『西洋の思想・精神の情熱：私達の世界観を形作った考え・発想を理解する("The Passion of the Western Mind: Understanding the Ideas That Have Shaped Our World View")』（Ballantine Books, 1991）でパウロ※ᵇ 同様、キリスト教の普及において大きな影響力を発揮した人物の一人であると指摘した聖アウグスティヌス※ᶜ が、哲学者プロティノス※ᵈ ならびに彼の弟子で占星術をも学んでいたポルフュリオス※ᵉ ら新プラトン主義者達の思想と関わるさまなど興味深い部分もありつつ、大枠においては本編で述べました475年以降の「占星術の斜陽の時代」の始まりの時代といえるでしょう。

《脚注》

※a　リチャード・タルナス（Richard Tarnas ／ 1950 〜）……哲学・心理学の教授として学術界で活躍、上記ベスト・セラー図書で西洋思想界にセンセーションを巻き起こしつつ、天王星を占星術的に洞察した著書などにより英米占星術にも影響を揮った人物。UAC2008レグルス賞職業イメージ部門受賞。

※b　パウロ……初期キリスト教の使徒で、新約聖書の著者の一人。はじめはイエスの信徒を迫害していたが、回心してキリスト教徒となり、キリスト教発展の基礎を作った。

※c　聖アウグスティヌス……古代キリスト教の神学者、哲学者、説教者。キリスト教がローマ帝国によって公認され国教とされた時期を中心に活躍。

※d　プロティノス（203 〜 270）……新プラトン主義の創始者といわれる哲学者。

※e　ポルフュリオス（ポーフィリー (Porphyry) ／ 234 〜 304 頃）……著書としてジェイムス・ホールデン英訳の占星術教科書『哲学者ポルフュリオス ("Porphyry the Philosophor")』（AFA, 2009）があります。

なお、占星術家など人物の敬称は略とさせていただきました。

　本書をご購入の上、私の文章をお読みくださった皆様にもお礼申し上げます。ありがとうございます。拙文中に誤り・瑕疵（かし）が見い出し得る場合、それらは私の不行き届き・責任です。

2019年1月　倉本和朋

おわりに　　　　　　　　　　　　　　　　　　　　　　　　　　　　賢龍雅人

　今から約9年前、「これからは携帯で、いつでもすぐにホロスコープのチャートが出せるようになります」、私の記憶が曖昧なので文言が正確かは定かではありませんが、ホロスコープアプリに興味を持ち始めたのは、この松村潔さんの一言からでした。

　私は占星術歴が浅く、学習を始めたのは、ほぼ占星術アプリが出始めた頃と同時期くらいだと思いますが、天文暦から手書きでチャートを作成するのが当たり前だった頃から占星術を使われてきた先輩方々からすると、かなり大きな変化だと思います。

　もちろん、占星術の勉強を始めたばかりの学習者には、天文暦で天体の動きをつかむことが大切ですが、アプリにもアプリの良さがあります。

　特に便利なのは、ホラリー占星術。

　例えばサイフを失くした時に、気づいた瞬時にスマホでチャートを立ち上げればよいわけです（スマホを失くしてしまったら元も子もないですが……）。また、散歩がてら夜空を眺めて、実際の天体とチャート上の天体の位置関係などを見ることも楽しいです。さらに今までは、飲み会で手相を見ることができればモテるといわれてきましたが、これからはアプリでサッとホロスコープが読めてもモテるかもしれません。

　そしてホロスコープアプリだけでなく、天文暦アプリにも紙の天文暦に負けないものもあります。突然に「あれ、水星逆行っていつから？」と思った時にも、分厚い天文暦を持ち歩かなくとも、瞬時に確認ができます。

　これらは、まさに手のひらの宇宙です。

　このようなツールの進化により、より占星術を身近に日常に取り入れていく人が増え、占星術を学ぶ方の裾野が広がれば、と常々思っております（実際に、「占星術はこれから勉強するのだけれど、とりあえず自分でもわかるかなと思ってアプリだけ入れてみました」的な人もチラホラいらっしゃいました。）

そして、アプリを通して、私自身が多くの占星術のテクニックを学ぶこともできました。やはり何か技術を習得する上でのツールは重要ですよね。さぁ、勉強しようと思ったらパソコンが立ち上がらなかった、なんてことになったら、やる気が失せてしまいますよね。

　これから天王星が2019年、本格的に牡牛座に入ることにより、さらなるツールの技術革新などに期待が高まります。

　本書の「『Astro Gold』によるホロスコープ作成方法」は、いかがでしたでしょうか。

　私自身の鑑定現場の経験と、各方面で開催させていただいている「Astro Goldの使い方の講座」を通して書き上げてきた内容です。極力、実践にすぐに役立ち、使えるように作ってきました。そして今回は書籍化に当たり、多くの部分に書き換えと加筆を行っております。

　今回取り上げた「Astro Gold」は、発売が始まってから約8年が経過しておりますが、基本的なインターフェイスや操作方法は当初からほとんど変わっておりません。つまり、既にアプリとしての構造が、完全に完成された状態でありました。

　その後も次々にホロスコープアプリは登場してきていまして、個性的なものも多く、それはそれで興味深いのですが、鑑定現場での機動性や、美しく整理されて見やすいインターフェイス、データバックアップの信頼性などにおいて、いまだ「Astro Gold」を超えるアプリはないと思っております。

　ここから占星術の世界に入って、次にさらにテクニカルなことを行いたいと思えば、同じメーカーが出している上位ソフトの「Astro Gold for macOS」や、チャートデータの完全互換性がある「Solar Fire v9」を導入するのもよいと思います。

　最後に感謝の気持ちを伝えたいと思います。

　日本で初めて、書籍『占星術完全ガイド』（フォーテュナ）にて、ホロスコープ作成アプリを扱うチャンスを下さり、恩師でもある伊泉龍一さん。

アプリのみならず、常に親身になってアストロロジャーとしてのアドバイスをくださる恩師、鏡リュウジさん。

説話社さんとのご縁を結んでいただいた、まついなつきさん。また、まついなつきさんと共に、アプリの講座を行うことを強く勧めて、応援して下さった芳垣宗久さん。

ご自身のホラリー研究会にて、「Astro Gold」の講座を行わせていただけた、いけだ笑みさん。その当時の、東京でのホラリー研究会主催者でお世話になった竹宮千生さん。

「Astro Gold」の使い方の講座を、さらにステップアップとして占星術学習者のためのアイデアを下さった、説話社ちえの樹の田中さんと阪上さん、そしてアルカノン・セミナーズの石川さん。

ちえの樹での講座で使用した「Astro Gold」のテキストで降り掛かったある問題に関して、冷静に状況判断とアドバイスを下さり、今回の出版にまでご尽力いただきました、説話社の高木さん。

このマニュアル・テキストの作成に当たり、細部に渡り非常にマニアックな質問に難なく答えて下さり、協力して下さった石塚隆一さん。

そしてさまざまな場所で開催させていただいた、「Astro Gold」の講座にご参加いただきました方々。

皆様のおかげでこのマニュアルを書籍にすることができました。

占星術に携わる多くの方々に、感謝の意を申し上げます。

賢龍雅人

執筆者紹介

松村　潔（まつむら・きよし）
【第1章担当】
1953年生まれ。占星術、タロットカード、絵画分析、禅の十牛図、スーフィのエニアグラム図形などの研究家。タロットカードについては、現代的な応用を考えており、タロットの専門書も多い。参加者がタロットカードをお絵かきするという講座もこれまで30年以上展開してきた。タロットカードは、人の意識を発達させる性質があり、仏教の十牛図の西欧版という姿勢から、活動を展開している。著書に『完全マスター西洋占星術』『魂をもっと自由にするタロットリーディング』『大アルカナで展開するタロットリーディング実践編』『タロット解釈大事典』『みんなで！　アカシックリーディング』『あなたの人生を変えるタロットパワーク実践マニュアル』『トランジット占星術』『ヘリオセントリック占星術』『ディグリー占星術』『本当のあなたを知るための前世療法　インテグラル・ヒプノ独習マニュアル』『三次元占星術』『完全マスター西洋占星術Ⅱ』『ボディアストロロジー』『アスペクト解釈大事典』『タロットの神秘と解釈』（いずれも説話社）、『決定版!!　サビアン占星術』（学習研究社）ほか多数。
< http://www.tora.ne.jp/ >

倉本　和朋（くらもと・かずとも）
【第2章担当】
1968年生まれ。2004年、西洋占星術に興味を抱く。2007年、松村潔先生の著書を読み、以来西洋占星術の勉強に本腰を入れる。2008年、占星術洋書読書に着手。
2010年、占星術書(和洋)レヴューを書き始める。2012年10月、会社を辞める。2014年2月、「占い師」として起業。
著書に『西洋占星術洋書ガイドブックVol. 1～5』、『西洋占星術洋書を読むための英語勉強法』（すべて説話社／電子書籍版）などがある。

芳垣　宗久（よしがき・むねひさ）
【第3・第4章担当】
1971年東京生まれ。占星術研究家。鍼灸治療家。ホロスコープを人間の創造力を引き出す思考ツールとしてとらえ、伝統にもジャンルにもこだわらない自由な研究を展開。特に小惑星占星術やアストロ・ローカリティ−（地理占星術）といった近代的なテクニックに詳しく、近年ではルネサンス時代の魔術的占星術の世界にも参入。個人相談や原稿執筆のほか、セミナー・講演等も積極的に行っている。占星術スクール「ヘルメス学園」主催。
共著に『説話社占い選書6　もっと深く知りたい！　12星座占い』（説話社）、『超開運 ダウジングでどんどん幸せになる本！』（芸文社）がある。
< https://munehisa-yoshigaki.com/ >

賢龍　雅人（けんりゅう・まさと）
【第5章担当】
有楽町の交通会館にて、9年間で延べ1万人以上を鑑定している現役の占術家。説話社「ちえの樹」や産経学園、占いスクールで、タロット・西洋占星術などの数多くの講座や、ブラッシュアップのためのリーディング会などを開催。『占星術完全ガイド―古典的技法から現代的解釈まで - ケヴィン・バーク (著) 伊泉龍一 (翻訳)』にて「ホロスコープ作成のためのソフトウェアとアプリケーションの紹介」、『鏡リュウジの占星術の教科書 - 鏡リュウジ (著)』にて「ホロスコープの作成方法」と「天文暦、アスペクトの時期表を扱うには」を執筆。

マンディーン占星術
<small>せんせいじゅつ</small>

発行日	2019年4月10日　初版発行
著　者	松村　潔・芳垣宗久・倉本和朋・賢龍雅人　共著
発行者	酒井文人
発行所	株式会社説話社
	〒169-8077　東京都新宿区西早稲田1-1-6
	電話／03-3204-8288（販売）03-3204-5185（編集）
	振替口座／00160-8-69378
	URL http://www.setsuwasha.com/

デザイン	市川さとみ
編集担当	高木利幸

印刷・製本　中央精版印刷株式会社
© Kiyoshi Matsumura & Munehisa Yoshigaki & Kazutomo Kuramoto & Masato Kenryu
Printed in Japan 2019
ISBN 978-4-906828-53-1　C 2011

落丁本・乱丁本はお取り替えいたします。
購入者以外の第三者による本書のいかなる電子複製も一切認められていません。